Bright from the Start

The Simple, Science-Backed
Way to Nurture Your Child's
Developing Mind, from Birth to Age 3

如何科学开发孩子的大脑

智商与情商发展指南

[美] 吉尔·斯塔姆 （Jill Stamm）
宝拉·斯宾塞 （Paula Spencer） 著

钟达锋 译

机械工业出版社
CHINA MACHINE PRESS

图书在版编目（CIP）数据

如何科学开发孩子的大脑：智商与情商发展指南 /（美）吉尔·斯塔姆（Jill Stamm），（美）宝拉·斯宾塞（Paula Spencer）著；钟达锋译 . —北京：机械工业出版社，2019.7（2025.5 重印）

书名原文：Bright from the Start: The Simple, Science-Backed Way to Nurture Your Child's Developing Mind, from Birth to Age 3

ISBN 978-7-111-63089-0

I. 如… II. ① 吉… ② 宝… ③ 钟… III. 儿童 - 智力开发 - 指南 IV. G610-62

中国版本图书馆 CIP 数据核字（2019）第 132987 号

北京市版权局著作权合同登记　图字：01-2019-1620 号。

如何科学开发孩子的大脑：智商与情商发展指南

出版发行：机械工业出版社（北京市西城区百万庄大街 22 号　邮政编码：100037）

责任编辑：杜晓雅　　王　戬　　　　　　　责任校对：李秋荣

印　　刷：北京建宏印刷有限公司　　　　　版　　次：2025 年 5 月第 1 版第 5 次印刷

开　　本：165mm×205mm　1/20　　　　　印　　张：15$\frac{4}{10}$

书　　号：ISBN 978-7-111-63089-0　　　　定　　价：59.00 元

客服电话：（010）88361066　68326294

孩子真正需要的很简单，就是 ABC

每天都有很多家长提问，从这些问题可以看出他们多么在乎孩子是否能有个聪慧的头脑和美好的未来：

要不要读书给孩子听？给孩子买什么样的玩具？教孩子手语真的能提高智商吗？让保姆怎么做才能刺激孩子的大脑发育呢？孩子两三岁，要开始学外语吗？是所有电视节目都不能让孩子看，还是有些不能看？要不要放古典音乐给孩子听？

这些问题是近些年才引起关注的。虽然家长们总是希望孩子能健康成长、成功成才，但是因为我们一直以为智力是遗传的，所以并不怎么关注孩子的智力，不会想到花点时间和精力做点什么来促进孩子的智力发展。直到近些年我们的观念才有所改变。以前人们认为孩子的智力潜能是先天注定的，但现在我们知道实际上不是这么回事。

新技术的出现，使我们能亲眼"看到"人脑内部是如何运行的。通过实际观察，医学界发现，大部分人的大脑功能都是在出生后逐步发育完全的，在婴幼儿早期的经历体验极大地影响了他们将来的学习能力。

　　每个在新世纪出生的孩子，无论是先天缺陷儿还是哈佛神童，都应该有懂得孩子大脑发育基本规律的父母。掌握大脑发展规律，是掌握一切育儿知识的基础，包括身体发育、社交情感发展、语言发展等。父母从一开始就关注孩子的大脑发育状况，会对孩子将来的学业和生活产生深远的影响。

　　本书能帮你走出对早期大脑发育的认识误区，揭开事实真相，介绍简单有效的方法，培养孩子聪慧卓越的大脑。

首先，警惕夸大宣传

　　我们生活在一个激动人心的时代，时常有关于婴幼儿大脑的科学研究新发现。前沿神经科学研究挑战着一些旧观念，同时让一些不起眼的想法显得更突出、更重要。对婴幼儿心智发展的研究不再仅仅依靠行为观察或对损伤脑组织的研究。关于大脑如何发展，我们现在有了明显确凿的证据。对于这些新发现，连科学家都感到惊讶，特别是发现大脑竟然这么早就开始获取知识信息，比以前预想的早多了。

　　不幸的是，虽然这些新发现慢慢地传到了孩子家长的耳朵里，但是正确的实际应用却没有跟上。在媒体新闻中随处可见关于大脑科学最新研究成果的头条消息。也许你在自己喜欢的早间新闻节目中看到了缺少母爱的罗马尼亚孤儿院孤儿，或者注意到妈妈们在网络群聊组里讨论音乐与智商的关系。《时代》和《新闻周刊》都有关于婴幼儿大脑的专栏故事。家长们都见过母婴店里一堆一堆的产品，包装或产品目录上写着"寓教于乐""激发学习兴趣""开发大脑潜能""好玩、益智"等字样。教育娱乐一体，简称"教娱"（Edu-tainment）。"教娱"已成为一个产值达 6 亿美元的大产业，其中 1 亿多美元用于开发生产专供婴幼儿"智力发展"的视频和光盘。

问题是，标题名称和广告宣传误导性很强。我们目前为孩子做的很多事情，实际上并不能收到我们想要的效果。一方面，我们不一定知道为什么这样做，也不一定知道这样做有什么用，只知道很多家庭在这方面花了很多钱和精力。而另一方面，有些活动有明显的效果，十分必要，但家长们却忽视了，错过了，因为他们没有意识到这些活动的重要性。

对于这股智力开发的热潮，我看到许多不同的反应。有很多家长急于跟上最新的健脑益智风潮，并为此焦虑不安，也有同样多的家长对"大脑科学""婴儿大脑开发"之类的说法不以为然，不屑一顾。还有些家长仍然认为"都是基因决定的"，怎么跟孩子互动没多大关系。经常有人问我："关键是要上个好的幼儿园、学前班吧？"这样的问题反映了一个普遍的看法：认知学习要到孩子上学的时候才开始。

不论家长是低估还是高估大脑发展的重要性，或者居于两者之间，他们内心都有一种普遍的焦虑："我做得够不够？对不对？孩子落后了怎么办？斯塔姆博士，您说我该怎么做？"

找到准确、现实的答案对于家长们来说出奇的难。儿科医师在提供喂食、睡眠、安全等方面的建议之外，没时间再给你提供智力发展方面的建议。育儿指南之类的书不会重点讲大脑科学知识，甚至根本就不涉及这个问题。虽然你可以在很多地方找到孩子成长发展的阶段表，但这些内容强调的是孩子的身心变化，并不论及影响孩子身心成长的环境氛围。新闻报道很难有时间、版面解释实验研究，更不可能解读研究成果，提供可操作的实际建议，并帮你决定如何花时间、精力、金钱在孩子身上。虽然育儿方法和建议各式各样，无穷无尽，但是像"为什么要这样做而不那样做"这样必要的解释却很少见。你在那些"益智"小玩具和音乐灯光坐便器上读到的产品说明，是广告公司为了吸引眼球而设计的广告词，并不是理解大脑功能的神经科学家写的。

大脑真相：孩子真正需要什么

本书把神经科学从实验室搬到育婴房，能解答你的一些困惑，缓解你的一些担忧。我将解释科学家们如何发现了关于婴幼儿的新知识，这些新知识对我们有什么意义，我们应如何应用这些科学知识，改变我们与孩子的互动交流方式。

科学告诉我们：

1. 孩子真正需要的比你想象的更简单。

2. 要及早地满足孩子的简单需求，而且要有更好的一致性和持续性。

3. 本书的建议完全在每位家长的能力范围之内，无论你的家庭条件怎么样。

4. 事实上，这些建议就像学 ABC 一样简单。培养聪慧快乐的孩子的三大基石就是 ABC：注意力（attention）、亲子联结（bonding）、交流能力（communication）。

我们进一步分析一下以上 4 点。

孩子真正需要的比你想象的更简单

有些父母把大脑科学的新证据解读为，只要你的育儿方法对了，照着做下去，孩子就能成为天才。这根本不是对科学发现的正确理解。科学数据并不支持孩子 6 个月大就看益智教育片，12 个月大就玩儿童软件，两岁就学外语。事实完全相反，对于很小的孩子，他们将来的成功不是靠"学业"，而是看孩子是否喜欢保姆，看他听过多少睡前故事，看你作为孩子的父母是不是只顾玩手机、看电视。没错，逗孩子玩比给孩子放幼教片更重要！

科学研究表明，我们可以有意识地安排一些活动，锻炼婴幼儿注意力的集中程度，延长其注意力的集中时间，促使孩子与人建立更紧密的情感联结，更好地与人交流互动——这些对孩子将来的成功都很重要。很有可能你现在就已经这么做了。

你可能会惊讶地发现，我的一些建议简单至极，但是不要认为简单的东西就不重要！事实上，在神经科学领域很多最简单的事实为大脑健康提供了最坚实的基础。本书所有信息都根植于大脑科学的现有研究成果。

我想让你认识到，科学告诉我们，很多事情很简单，你完全做得到，而且能产生极好的效果，对孩子的智力发展十分重要。

要及早地满足孩子的简单需求，而且要有更好的一致性和持续性

简单的事情至关重要，持续的关爱就是其中最好的例子。孩子不需要识字卡，在人生的前 3 年，他们需要的是从充满爱意的家庭中获得持续优质的看护，这样才能在幼儿园及以后的学习中脱颖而出。这听起来好像太简单、太普通了，跟成功没有直接的关系。但事实确实如此。某些生理的器质性变化直接源自这样一些基本要素：谁带孩子，带孩子的人文化素质、知识水平怎么样，孩子日复一日的生活规律怎么样，等等。没有充满安全感与关爱的良好基础，日后的课堂学习就很困难。

以前，父母们最早也要从幼儿园开始，才会着重关注孩子的学习能力。到了 20 世纪 60 年代，像"开端计划"这样的早期干预项目获得了成功，导致了从 4 岁开始学前教育的热潮，但是考试成绩差仍然是公立中小学的一大问题。为什么这么多学生表现这么差，不适应学校教育？是不是他们天生迟钝，智商低？是因为管教缺失，还是因为家庭贫困？研究者们越来越感觉到，"学前阶段"之前的那个阶段更为关键。

适应学校教育，不是说已经学会了学校教的内容，不是说 3 岁能背字母表，4 岁能从 1 数到 100，5 岁熟悉字母"A"的 4 个发音。家长们经常花很大的精力，让孩子获得这些技能，孩子没学会，就忧心忡忡；学会了，就引以为荣。但是现实是，这些东西孩子以后一定能在课堂上学会，提前学会并没有什么优势可言。"适应学校教育"指的是，在来到幼儿园开始课堂教育时，孩子有一个准备充分的大脑——健康、活跃、得到滋养、敏于观察、善于学习的大脑。

本书的建议完全在每位家长的能力范围之内，无论你的家庭条件怎么样

纵观全书，我提供了许多生动具体的案例，让你了解如何将科学知识融入孩子的日常生活之中。这些建议我称为"聪明的主意"。别急，我不是推销某种花哨的小发明、小程序，也不需要特别的课堂培训。我的很多建议，很多家长已经自然地做了，比如给孩子唱歌，跟孩子说话。其他的就是一些游戏互动的简单变化。所有的建议都需要一些最基本的设备：婴儿必备用品、家用物件、常见的玩具——当然，还需要你的参与。

我会解释这些活动有什么重要性，给你明确的理由，让你放心地去和孩子进行这些活动。事实上你会发现，为孩子安稳健康地发展创造一个良好环境，是多么简单的事。

我的意见忠告不仅仅是针对家长们的。任何长期负责婴幼儿看护的人都应该知道这些极为有用的信息。如果你的孩子某天需要由保姆、阿姨、托管人员看护，他们也应该掌握本书包含的信息知识。我强烈建议你与他们分享本书。

了解孩子的需要，就像你学 ABC 一样简单

3 个统揽全局的概念是你和孩子日常互动的指导方针：注意力、亲子联结、交流能力。

注意力指的是运用大脑能量集中关注某事物的能力。近年的研究发现，早在孩子 1 岁时，其大脑就已经在一定程度上具备了这种能力。面对面的互动和游戏能帮助孩子更好、更长时间地集中注意力。然而，现在很多科技小玩意儿却起到了相反的作用，分散了孩子的注意力，占用了真实游戏互动的时间。电视、视频游戏、电脑对两岁以下的儿童有害无益。

亲子联结给孩子带来安全感，安全感是大脑正常发育的基石。比如，现在我们知道，抚摸能释放大脑化学物质，进而增强依恋关系。依恋关系影响大脑发育，这一发现意味着给婴幼儿选择托管服务，与为学前儿童选择幼儿园和学前班不同，要

考虑更多的因素。

交流能力包括理解话语，学习语言，还有一些影响日后读书识字的活动。因为我们已经掌握了大脑运行的奇妙规律，所以现在你可以有很多方法进行"智力投资"，促进孩子语言和阅读能力的发展。

在以上 3 个方面给孩子以足够的支持，你将为孩子未来学业和事业的成功打下必要的坚实基础。你可以形成自己的方法，持之以恒，积少成多，终将有所收获。

本书的其他独到之处

令人欣慰的是，前沿神经科学证明了许多基础性的老式育儿方法是对的，科学研究的结果只是提升了这些做法的重要性。这是个好消息，希望能增强你的自信，减少你的焦虑、内疚。

读到最后，你会发现本书还有以下与众不同之处：

本书既讲了做什么、怎么做，也详细解释了为什么这样做。虽然我提出了很多促进大脑发育的建议和亲子互动游戏方案，但是我要说，我不会做个必做事项计划表，列出禁止事项，然后说只要照着计划表去做，孩子的智商就能提高多少个点。这是不现实的，也不是科学的态度。

我想让你理解，为什么孩子需要我提出的各种活动。我想让你知道，是什么能让孩子的大脑转动起来。有了这些易学易记的大脑发育方面的背景知识，你就能更好地理解最新的信息，不被广告宣传迷惑，也能更理性地看待最新的风潮和同事、朋友、邻居的观点，自主决定怎样分配时间精力，把孩子从出生带到 3 岁。

我的建议和忠告根植于有关大脑发育和大脑运行规律的基本原则。新生儿的大脑喜欢与它所熟悉的东西相似的环境。我赞同儿科专家哈维·卡普（Harvey Karp）博士的说法，他把新生儿出生后的头 3 个月定义为"第 4 妊娠期"[⊖]。这个说法的意思是，新生儿的神经系统、消化系统、体温控制系统等还不成熟，不能适应新的环境。在婴儿刚脱离子宫的这个特殊的人生第一阶段，父母要做的是创造一个模拟子宫的常规护理环境。卡普提出的 5 种抚慰啼哭婴儿的方式（包裹、侧卧、嘘声、摇晃、吸吮）实际上都是在模拟子宫内环境。从大脑发育的角度看，这些建议让我们注意到，通过一些互动方式，我们可以慢慢地把孩子引入人体以外的世界。大脑习惯于熟知事物的这一理念，是他提出这些建议的依据！让大脑清楚接下来会发生什么，这在每个人生阶段都有平复心灵的效果。在一个几乎所有事物都从未"见"过的全新世界，刚出生的婴儿会怀念以前在子宫里"舒适"的日子，因此能适时地让孩子感受到往日的舒适，不失为一个好主意。以前在子宫里，胎儿能毫不费力地：

- ⑨ 获取营养
- ⑨ 维持体温
- ⑨ 听到母体规律的心跳而得到安慰
- ⑨ 随母体运动
- ⑨ 漫润于温暖安全的环境中

提供满足孩子需求的良好环境，为下一个人生阶段做好准备，这是本书后面提出的许多主张的基础。大脑的主要功能是使我们保持活力，这一事实加上大脑其他的主要运行原则，能影响你在育儿方面做出的很多决定和选择。大脑是：

- ⑨ 生死攸关的人体器官

⊖ 3 个月为一个"妊娠期"，总共 3 个妊娠期。——译者注

⑨ 探寻规律模式的器官

⑨ 喜欢轻松娱乐的器官

⑨ 喜欢新奇事物的器官

⑨ 尽力节省能量的器官

⑨ 寻求意义知识的器官

在本书接下来的章节你将看到，深入了解大脑健康运行状态，能为你提供内部参考教案——你是孩子的第一任老师。

我提出的方案是根据婴幼儿认知发展阶段构建起来的。也就是说，本书没有你通常看到的那种根据身体发育阶段（身高、体重等）来进行归类的信息。我重点关注大脑神经网络的发育成熟，有意聚焦于随之而来的认知能力的阶段性变化。所以，本书采用以下年龄段划分：

新生儿期——从出生到6个月：这个阶段，孩子的视力发展到成年人的水平；6个月时，视觉器官已发育完全，孩子稍加支撑就能坐立起来，可以从不同的角度观察世界，这就使其学习能力产生了一个大转变。

婴儿期——6～18个月：这是语言初现的阶段，这个阶段会出现第一个词、第一个短句并逐渐形成概念。听觉系统快速发展，既提升理解能力，也促进表达能力。这也是交流互动扩大加深的时期。随着交流的增多，孩子的个性就慢慢显露出来。独立行动能力（包括爬行和站立行走）开启了一个新的可探索的世界，这在前一个阶段是做不到的。

幼儿期——18个月到3岁：在这个阶段，孩子不仅与大人交流，而且还与其他孩子在游戏小组里玩游戏，交流互动，这大大促进了孩子的认知发展，特别是语言理解和表达能力的发展。随着孩子的经历越来越丰富，他的概念和知识网络越来越复杂。

最重要的是，我发现，虽然很多父母知道孩子在哪个年龄段要达到怎样的水平，但他们不知道如何鼓励促进孩子朝好的方向发展。因此，我的建议的重点不在于孩子在某个时间能做什么或不能做什么，而在于大人的行为表现，即你自己或者你的保姆能做什么，让孩子在特定的年龄段达到相应的认知水平。

你可根据自己的兴趣汲取本书的知识，可深可浅。本书在每章会讲解一些新发现和基本原理，然后提出应用方法。如果你对这些新发现背后的实验研究感兴趣，还想了解更多内容，请参看附录。参考文献部分包括每章涉及的研究文献资料。你也会发现更多关于大脑本身的信息资料，还有一些建议阅读书目和资源网站的网址。

孩子的光明未来掌握在你手中

你可以根据对早期智力发展的全新理解，决定：

- 如何与孩子相处，回应孩子的需求。
- 展开什么样的互动活动。
- 选择什么样的婴幼儿托管环境。

你的选择和决定将影响一个发展中的大脑，塑造一个真正健康、快乐、聪明的孩子。

引 言

　　"你生的是个女孩，她活不了多久，想看的话你就好好看看吧。"

　　这是我刚成为一位母亲时听到的话，这些话也预示着我即将走上这条职业之路——大脑研究，虽然我当时并不知道。

　　我对婴幼儿大脑发育的研究不只是来自一个观察者的兴趣，更是来自一个母亲的亲身实践体验。我对婴幼儿大脑能量和潜力的理解，来自研究者和母亲的双重身份，很少有人能像我这么幸运，具有这种双重身份。（虽然有那么一段时间，我绝不认为自己是"幸运"的。）

　　我认为自己是个学习型的专家，我一生的工作就是学习早期大脑发展方面的最新科学研究成果，然后把它们转换成普通大众易学易用的育儿建议。为此，我与同事共同创办了一个非营利性机构：新方向婴幼儿大脑发育研究所。研究所现在是亚利桑那儿童协会的成员机构，该协会致力于亚利桑那州的儿童和家庭福利。成千上万的家长、教师、护理人员，还有商业机构和社区的领导参加了我的研讨班，学习这些简单的科学信息。很多人看到我开办了这个致力于婴幼儿大脑发展的机构，以为我是学早教专业的，并有相关的学位。其实我对婴幼儿的研究兴趣源自学习的角度。我的博士学位专业是"教育技术"，专业方向是研究人们如何学习。作为亚利桑那州立大学的教授，我教授的是研究人们如何学习的课程，课程内容包括儿童心智如何发展成熟起来为学习知识做准备。2001年，我开发了一个名为"大脑盒子"（"Brain Boxes™"）的系统，并申请了专利，教父母们和其他护理人员与婴幼儿早期发展相关的科学知识。这个产品旨在使婴幼儿参与促进大脑发展、为日后的学校教育做准备的互动游戏活动。"大脑盒子"的原型在我的工作室和其他育儿情境中经过了5年的测试检验。最近我又做了一个适用于家庭环境的产品，取名"宝宝大脑盒子"，专门针对1岁以下的孩子。这个以游戏为基本内容的盒子，里面有玩具和图书，还有讲解如何吸引孩子注意力的知识卡（详情点击网址 www.babybrainbox.com）。

除了学术训练，我还有一个母亲对孩子大脑潜能的最直接认识。我的小女儿克里斯汀现在是加州大学洛杉矶分校神经科学方向的博士研究生。她在该校阿曼森·洛夫莱斯大脑测绘中心研究儿童大脑发展，该中心是神经科学研究领域的顶尖机构，世界上最大型的大脑测绘项目在该中心进行。

我与自己的女儿志同道合，共同分享前沿研究成果，这是多么令人兴奋的事！我从没想过，我家早年对儿童大脑发展的关注，会给我们的职业带来这么有趣的转变。我早年对大脑的关注始于克里斯汀的姐姐珍妮，她就是那个医生预言无法存活的早产儿。珍妮因为早产，一出生就有多重生理缺陷。但是现在我可以自豪地说，我的两个孩子都很成功，虽然成功的方式不一样。我为她们的成功感到骄傲，也有些许惊讶。

我在1974年怀上珍妮，那时我28岁，在亚利桑那州斯科茨代尔市当小学老师，教五年级。由于之前一直跟孩子打交道，所以听到怀孕的消息我很高兴，满心期待孩子的降生。当时我完成了所有博士课程，剩下的就是写毕业论文。

记得有一天我走进教室，脑子里充斥着一个很多孕妇都有的念头："我的肚子撑不住啦！"不过我那时怀孕才 5 个月，不到完整孕产期的一半。

第二天我就分娩了。那时候我不知道，我母亲怀我的时候打了二乙基苯甲酚（一种合成雌激素），用于防止早产，但这种激素会给孩子带来先天缺陷。结果，一般女性的子宫可以扩张 9 个多月，容纳不断长大的胎儿，而我的就不行！因为我的子宫几乎对半分开，我健康、正常、完美的女儿所占据的那一半子宫当时已经胀大到了生理极限。所以她提前出生，比预产期早了将近 4 个月。

虽然孩子的爸爸和我无比震惊痛心，但我们还是决定"好好看看"她。看她的第一眼没给我多大安慰，珍妮长长的睫毛似乎是她身上唯一大小正常的部分。她只有一把尺子那么长，约 30 厘米，体重不到一斤。

我可以把珍妮的头捧在我的掌心，就像手握网球一样。出生 1 分钟后，她的阿普加测试评分（Apgar Score）为 "1"（阿普加评分综合测量新生儿的心率、肌肉紧张度、呼吸、反应力、肤色变化等），大多数正常健康的新生儿得分为 8 ～ 10。5 分钟后，珍妮的得分还是 "1"。10 分钟后，还是 "1"。她柔软，发紫，毫无生气，只有心脏在跳动，微弱但平稳。

珍妮能活下来纯属偶然，她是美国第 4 个被放在人工呼吸机上的婴儿。在凤凰城的慈善撒玛利亚医院，产科专家约瑟夫·达累（Joseph Daley）以拯救幼小生命为己任。他计算着珍妮的大小和月份，考虑到她有一对健康、文化程度高的父母，认为她还有机会活下来，过上正常的生活（智商那个时候被认为是遗传的）。虽然如今不到 1 斤的早产儿成活的概率很大，很多孩子后来都能茁壮成长，但是在珍妮出生的年代，这种想法是很疯狂的。大约在她出生 10 年前，约翰·肯尼迪总统的儿子帕特里克因为肺部发育不全，出生后两天就夭折了，他只早产了 6 个星期，而珍妮早产了 14 个星期！

然而一连上呼吸机，珍妮就奇迹般地"走上了正确的人生道路"。本来活不到12个小时的珍妮顽强地活了下来，活了一天，一个星期，又一个星期。一天又一天过去了，她还要靠机器呼吸，我怀疑这是不是一个奇迹。

我们每天看珍妮5次，她躺在保育箱里，是那么的弱小、无力，每次我都在想："我们为什么要让孩子这样活下去？"她身上插着这么多管子，有这么多灯照着，还有警报嘶鸣，不停地监视、无止境地检查。

我努力挤出一点点奶，通过喂食管直接流到她的胃里。每次挤奶时我都在想："这样折腾她长期预后会怎么样？"

插入喂食管的手术没有用一点麻醉。我想，他们怎么能这样对待一个弱小可怜的婴儿？无视孩子经受的巨大疼痛吗？但医生们很有信心地告诉我，他们不能用麻醉药，打麻醉药婴儿受不了，可能活不下来。他们还安慰我说："放心，婴儿没有疼痛记忆。"

但是我很担心。20年之后，神经科学家才发现这种巨大的伤痛对婴儿大脑结构的真正影响。他们发现，在这么早的阶段出现这么大的伤痛，真的会严重影响大脑其他区域日后的发展。

但在1974年，没人知道婴儿时期的这一经历会影响大脑一辈子。

也没有人知道，当她的肺部发育成熟不需要呼吸机时会怎样。到最后珍妮能自己呼吸时，她已经四个半月大了。以后她可能有多重残疾，可能有视力缺陷，或者四肢麻痹僵硬，难以行走。一位医生提醒我们："以后你们没有建议可供参考，因为她是世界历史上首批有幸这样存活下来的孩子，只能走一步看一步了。"巧合的是，这个医生竟然姓"盛夏恩"（Sunshine，此姓字面有"阳光""快乐"之意）！

我们把珍妮抱回家时，她也只有3斤6两。

在那段揪心的忙乱之中，重症监护室的护士们是我们的精神抚慰。她们陪伴早产婴儿的时间最长，经常充当我们克服低落情绪的啦啦队，在无尽的等待中，给我们加油鼓劲。护士们喜欢珍妮，她们在她身上看到了某种可贵的东西——是个性、勇气、希望，还是生命的顽强？"她一定能行！"她们悄悄地跟我说。

我别无选择，只能相信她们。

于是，我呵护、学习珍妮的人生路就开始了。是的，你没看错，我说的是"学习珍妮"，我从她那里学到的与我教给她的一样多！

当我开始思考我所面临的巨大挑战，一本有名的书中的一段话经常在我心头回响。

"我要对我的花朵负责"，把珍妮抱回家后的几个月我反复这样对自己说。"我要对我的花朵负责"，我一遍一遍地默念着，好像要把它背下来，生怕忘记。这句话来自《小王子》。一只狐狸向王子进言：

"是你浪费在你的花朵上的时间，才让它如此显要。"

"是我浪费在我的花朵上的时间，"小王子也说，这样他就能记住这句话。

"人们已经忘了这个事实，"狐狸说道，"但是你不能忘记。你自己培养的东西，你要负责到底。你要对你的花朵负责……"

"我对我的花朵负责，"小王子重复说道，这样他就永远不会忘记。

不是说我怕忘记自己要对珍妮负责，我想，我是在拼命地说服自己，负起责任来为珍妮做点什么，总会有效果。

我坐在家里，看着我可怜的孩子，任由泪水不住地往下流。在医院的守夜结束了，她爸爸回到忙碌的工作中。鼓励珍妮并安慰我们的重症监护室护士回到了医院，继续守护新生命。医生们也没给多少出院医嘱。现在严酷的现实就是，一切都要我来面对。要我来"浪费"足够多的时间，找到打通这个小家伙智慧之路的途径。

起初，我祈祷她快快长大。快满一岁的时候，她还只有 7 斤多。（终于达到了足月新生儿的体重！）于是我们带她到加利福尼亚进行第一次全面的发育体检。医生似乎对她的发育和相对健康感到满意。

我指出来说："你看，她的头都不能左右转动，这是怎么回事？"

医生似乎并不怎么在意："我想没事的。"他建议两个月后再来做一些检查，看她长得怎么样。

处在我们这种境遇中的父母，听到医生说"没事"，就像落水的人看到了救命船。我们会爬上船，乘风破浪。

可是两个月过去了，我们好像要"弃船而逃"。之前满怀信心的那个医生冷峻地说："珍妮的神经网络没有任何发育的迹象。"他传递的信号很清楚——她不会走路，不会说话，不会读书，什么都不会。

时光一晃，30 年了，某种意义上讲，医生说得没错，珍妮只能坐轮椅，从未站起来过。

但是不会说话？那就错了，珍妮·斯塔姆不仅会说话，还会欢笑、提问、讲笑话、捉弄人、争辩、聊天、发脾气。购物单上的物品，她一样也不会忘记。你一看就知道她是教师的女儿！她太会说了！

通过无尽的观察、尝试、失败、纠正，我开始注意到更多有趣的现象。虽然她的头不能左右转动，但是她有很强的婴儿惊觉反射，比如，当突然听到巨响时，她会猛地抽动手臂和腿，放在胸前，好像要护着自己的胸口。后来，我注意到，虽然连单个的词都不会说，但是托住头和肩让她仰躺着，她却会发出一些类似单词的声音。这能作何解释？在我看来，这是智慧的迹象。她能在事件之间建立联系。那时，一周有那么几天，我会让邻居过来看着珍妮，自己出去遛狗。到两岁时，珍妮看到我拿出牵狗绳，就哼哼唧唧不高兴，她知道我待会儿就要离开她了，她将两个事件联系起来了。

珍妮像小扣子一样精致可爱——金色卷发、蓝眼睛、小巧的身体，到两岁半时，她开始说单个的词。每次给她系上柔软的白色宝宝鞋时，我都会慢慢地，口齿清楚地说："打——个——结。"珍妮会说"打"字，会说"结"字，却不会说"打个结"。我们在这个短句上努力了6个月。6个月中的每一天，一天练习好几次。每次给她穿上白鞋，我就说："你来说，打——个——结——。"她会试着动用全身的肌肉，挤出两个音节："假——喋——。"然后她会用手拍自己的头，因为她知道自己想说什么，但就是嘴巴不听使唤。

终于有一天珍妮成功了。她使了使劲，准确地说："打个结。"声音清脆如银铃。这是一个开始，是教珍妮说话这个漫长艰辛的历程的开端。就在那一天，斯塔姆的名言产生了："无论如何，绝不放弃孩子！"多年以后，我用这个来之不易的智慧帮助许多正常孩子的父母，鼓励他们挤出时间多与孩子交流互动。

如果说珍妮让我看到大脑神经如何缓慢地连通起来，那么比她小5岁的克里斯汀的成长就是一个令我意想不到的快速发展过程。我做了一个全新的手术，重塑了子宫，手术有风险但很成功，因此我的第二胎完全正常。孩子足月、强壮、健康完美，就像镇痛剂一样抚慰了头胎带给我的伤痛。克里斯汀潇洒地跨越每个成长阶段，发育状况完全符合标准。她的大脑按照自然的馈赠闪电般地茁壮发展。

经历了这两个截然不同的过程，我想我有资格跟焦急的父母们讲讲如何呵护他们至爱孩子的大脑。我跟他们说："不急，保持耐心，你能做到。方法正确，带'正常'的孩子很简单，这件事我有亲身体验。"

我知道，关于大脑发展，我们研究者，特别是我本人，还有很多没有摸索清楚的地方。而且很多时候，我们得到的最新的神经科学研究成果，还没来得及转换成父母们能实际操作的建议；科学知识可能还处于理论阶段；特定课题的研究范围要么太细（比如神经元、细胞层面的研究），要么太大（比如研究不同文化环境如何影响语言运用）。本书的写作，在很大程度上依赖我当小学教师时所学到的东西，依赖我在大学教别人成为合格教师的经历，依赖我作为两个孩子的母亲的经验。特别是大女儿珍妮，她给我提出的独一无二的挑战，让我学会了十分仔细地观察孩子如何学习认知。这些独特的人生经历，充当了我吸收科学知识的过滤器，让我将自己见到、听到、读到、研究过的每一个神经科学家发现的主要信息"翻译"给需要它的父母们。

克里斯汀和珍妮

Bright from the Start

目　录

⊖　参考文献为在线资源，请访问 www.hzbook.com 下载。

第一部分

大脑的真相

第 1 章

Bright from the Start

每个家长都应该知道的五个"哇哦"

-------为什么人生的第一年如此重要？科学家们又是怎么
　　　知道的？
-------我的孩子在出生时智商就被决定了吗？智商在成长
　　　过程中还可能提高吗？
-------成长发育过程中的大脑究竟需要什么？

现在，已经有明确的证据向我们表明，儿童早期的经历对大脑发育有塑造作用。结合最新神经科学、心理学和儿童发展科学的研究发现，我们现在对婴儿早期最需要什么和什么时候需要有了清楚的认知。接下来的工作就是去印证这一古老的智慧：深爱孩子的家长们通过规律的喂养，提供给孩子的基础营养才是最为关键的部分。你可以通过以下方法培养孩子健康的大脑：

○ 和孩子花更多时间一对一相处，表达爱意。

○ 和孩子一起玩耍。

○ 对孩子的回应要迅速且可被预测。

○ 爱抚和拥抱孩子。

⑨ 有一些跟孩子固定的互动模式，能够展现对孩子的关爱。

⑨ 和孩子对话。

⑨ 读书或者唱歌给孩子听。

听起来很容易，对吗？事实上，这很简单，只要遵循"ABC"原则：注意力、亲子联结、交流能力，这 3 个核心方法已经被证明是有效的。直到最近，才有研究者能够证明为什么这些规律性的互动行为会对孩子正常的发展有极其重要的影响。幸运的是，这些都是你或者其他关注孩子成长的成年人非常容易做到的。我希望这些知识能够让你在养育孩子的过程中不再那样焦虑、愧疚或者困惑。

大脑发育过程中的五个"哇哦"时刻

真正的探索之旅，并非源于不断地开疆拓土，而是来自于看待事物的崭新视角。

——马赛尔·普鲁斯特

在具体介绍影响儿童早期发育的方法之前，我建议大家先了解大脑发育研究领域非常重要的学术发现。正是这些学术发现，才有了对"ABC"原则的关注。

孩子的外表在不经意间，每天都发生着变化。同时，如果你能向内看到孩子的大脑，你会发现大脑更是在以惊人的速度生长发育着。事实上，儿童的大脑发育比学术圈内外的人们想象的发生得更快，也更早。仅仅在生命开始的第一个月，新生儿出生时就约有 1000 亿个脑细胞并以 20 倍的速度增长，最终形成 1000 万亿条连接，从而让新生儿可以感知这个世界。这个数字可能太大，以至于让读者难以产生直观感受，读者也很可能对神经科学的基础知识涉猎甚少。但 1000 万亿这个数字不论代表什么事物，当放到一起并且产生协同作用，你也能理解这在新生儿小小的脑袋里，是一股多么强烈的能量。你可以想象另一个更加直观的身体部位，比如婴儿的脚，如果也用和大脑一样的惊人生长速度发育着，那么到孩子 2 岁的时候，他的脚就会长到成人脚掌的 3/4 大小。不难想象，如果真是这样，我们应该就会给脚更多的关注了！

仅仅在过去的 10 ～ 15 年中，类似于正电子成像术（PET）和功能性核磁共振成像（fMRI）这样的影像技术的进步，让人类终于能够看清一颗成长和运作的大脑中正在发生着什么。这些技术通过"动作影像捕捉"，用图像化的形式呈现大脑应对不同的外界刺激和执行不同功能的时候，具体是由哪个部位参与工作的。这些实验早期主要针对成人，直到最近，研究者才尝试利用这个技术，从新的维度来研究大脑的运作。这项研究深刻地影响了我们对新生儿大脑发育过程和时间顺序的认知。举例说明，图 1-1 展示了在应对不同的简单视觉刺激时，大脑区域活动上的区别，箭头所示区域代表了枕叶部位（脑后部）在处理视觉信号时的活动。当大脑某些部位有外界刺激进入时，血液也会流向那些部位。

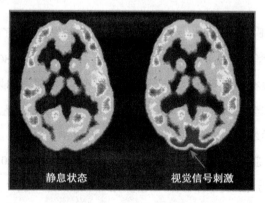

静息状态　　　　　视觉信号刺激

图 1-1　神经成像术：我们是如何知道所知信息的

"哇哦"1：智商在出生后还是可以被改变的

过去，人们认为基因决定命运。智商一直被认为是出生时就决定的，后天再也无法改变。当然，一部分孩子的确生下来就比较聪明。但现在我们也清楚地知道，孩子的智力范围在出生时并非固定，而是有 20 ～ 30 分的浮动空间。尽管基因和身体健康度一定程度上决定了孩子未来的行为发展，但出生后孩子能够持续接触到的外部环境，也对儿童的智力发展和行为构建有着重大影响。

健康的大脑发育，可以被理解成生物基因（孩子生来具备的）和早期养育（后天环境影响的）之间配合进行的曼妙舞蹈。这两个因素紧密相关，现在科学家们也试图通过改变环境因素，观察其对基因表达产生的阻碍或者促进作用。早先，我们认为基因带来的影响是固定不变的。也就是说，只要携带什么基因，人体就会对应地表现出该基因的生物特征（比如眼睛的颜色）。然而，现在我们知道，有些基因会休眠，而后天环境会决定这些基因是否能被激活。这个发现具有重大意义！家长对孩子持续进行的早期教育，很可能有抑制不良生物特征被激活的作用，比如降低儿童形成多动的、冲动性和攻击性行为的可能性。

关于如何通过后天经历改变由先天基因决定的"命运"，有一个非常振奋人心的例子，是有关恒河猴的故事。这些猴子生来就有一个基因发生了变异，如果在婴儿期缺少跟母亲的交流互动，长大后这些猴子的性格就会变得异常有攻击性。但如果在婴儿期能够跟母亲形成具有安全感的互动关系，即便具有相同的基因，猴子们的性格也不会再变得那样有攻击性。在两种情境中，猴子们都具备完全一样的基因类型，但是这些基因却会产生不同数量的化学激素。这表明，动物早期的生活环境的确可以影响基因的表达。此外，被这样养育大的母猴子，会在未来采用相同的方法养育自己的孩子。因此，相比之前认为基因决定社交行为的说法（比如攻击性行为），可能性更高的是，后天的养育经历决定了后代的行为方式。美国国家儿童健康和人类发展协会的比较动物行为学实验室负责人史蒂芬·索米（Stephen Suomi）博士将这种现象称为"优良养育的缓冲作用"。这就是所谓的后天环境影响！我们现在还不是非常确切地知道动物实验的结果是否能直接应用于人类行为，但是这些新发现，也让我们更加愿意相信，这样的神经生物学的基本原则，很有可能对人类也同样适用。

这对你的孩子意味着什么：关于究竟是先天基因还是后天养育决定孩子的智商和性格的经典辩论终于告一段落。这两者是紧密相关且互相影响的。孩子长大后，很可能比父母的智商水平高出很多；同时，出生就很聪明的孩子，也会因为不同的外界环境影响，变得更聪明，或者保持相同的智商水平。

"哇哦"2：脑细胞连接部分的成长发生在出生后的最初几年

任何跟婴幼儿相处很长时间的人，比如父母、早教机构和幼儿园老师、日托中心员工，都能感受到孩子生命的最初阶段是充满惊喜的。身处教育行业中的我们，尽管并不能明确解释原因，但都一直相信，我们应该对儿童的早期成长阶段更加重视。因为早期医学界并不能像针对其他身体部位那样用X光、超声波和血液测试的方式来检查大脑内部的运作，所以人们对早期教育的重视，往往来自事后诸葛亮般的认知。当然，现在我们能充分了解，为什么早期教育如此重要了。

孩子刚刚出生时，他身体的绝大多数部位就已发育好了，只是处于雏形的状态。比如说，在整个生命过程中需要跳动超过20亿次的心脏，这时已经具备了完整的模样，并且在胸腔里准备开始工作。肺、肝、肾——这些部位都准备就绪，并且孩子最重要的循环系统甚至在出生前就完全形成，之后跟着整个身体一起持续稳定地生长发育。

但对大脑而言却不是这样。离开子宫的婴儿大脑还是个半成品，仅有成人大脑的1/4大小。但是在出生2年后，也就是孩子度过第2个周岁生日的时候，大脑的尺寸就会长到成人的3/4，而到了5岁的时候，幼儿的大脑在大小和重量上，就能达到成人大脑的90%。

当然，这并不等于说人一生中吸收的90%的信息都是在5岁前完成的，事实上差得远呢！这其实意味着，在儿童早期成长阶段，信息在大脑中的传递和处理模式已经基本形成了。这些信息处理路径和结构会在之后的人生中，伴随着学习过程，被一而再，再而三地重复使用。

儿童早期阶段的快速生长过程，一部分来源于基因的逐步表达；另一部分则受生活环境的影响。从婴儿出生伊始，其生长环境就逐渐开始对其细胞生长产生潜移默化的影响。

尽管绝大多数脑细胞（神经元）是在出生前产生的，但是他们之间的连接在出生前几乎没有形成。大部分神经元之间的连接，也称作神经突触，是必须在出生后形成的。在大脑逐步成熟的过程中，每一个神经元都会发出很多个分支，来跟周围其他的神经元进行信号的传递。这样神经元之间互相连接的"分支线"有两种：一种用来向外发送信号（轴突），一种用来收集和接收信号（树突）。一般认为大脑的早期发育过程主要是来自于树突生长的影响，因为树突能够收集大量的信息。这些神经突触的工作方式很像是脑细胞之间的电话线，让这些脑细胞能够向彼此传递信息。每一个个体的脑细胞连接的构成模式，奠定了孩子动作、思想、记忆和感受的基础。

新生儿的大脑就像是一个城市的通信网络，在这里每个大的社区模块之间的主要沟通路径都已经存在，但是时间和之后的经历才是形成每户和每户间独特交流模式的必需因素。大脑中的连接因为不同的需要按照独有的模式生长着，这样才促使了大脑的个性化生长发育。

这对你的孩子意味着什么：儿童的学习其实在上幼儿园之前早就已经开始了。每一天，孩子醒着的每一刻，每一个来自父母、兄弟姐妹和其他亲人的声音、图像和动作刺激，都使婴儿的新神经连接不断地形成。他哭了，然后被抱起来，这样他的大脑里就会形成一个新的思维连接：当我这样做的时候，这样的结果就会发生。每一次你轻拍他的背，给他喂食，或者带着他走到一个新的地方，婴儿大脑里又会形成更多新的神经细胞连接。毫不夸张地说，每一个针对外部环境刺激和新的体验的反应，都会让婴儿的大脑出现新一轮的进化。事实上，形成、重构和减少神经细胞连接是早期大脑发展的主要工作。这个魔术般的过程构成了所有的学习模式。

每个孩子在成长过程中形成的大脑连接网络都是独一无二的。在这个星球上，没有一个人可以完全复制另外一个人的基因图谱和后期的生长环境，即便是同卵双胞胎也不可能。

"哇哦" 3：大脑的使用方式会影响其成长模式

孩子很可能生在一个很糟糕的生活环境中。他们可能在极寒的环境中被熊皮毯子包裹着，也可能在热带丛林中被哥哥或姐姐紧紧抱着。他们可能会听到几百种语言和无数种口音中的一种。这些母语发音的表达方式可能是大声的、严厉的、醉醺醺的，或者是温柔的、欢快的和友好的。有些孩子会被父母有意识地保护起来，减少其与残酷生活现实的接触，但还有些孩子会在一出生就被丢在到处是乞讨者的低收入街区，任其自生自灭。不论在哪里，孩子的大脑都会主动地去适应其出生的环境。

　　没有任何一种特定的大脑生长模式能够确保孩子在所有环境中生存。大脑天生便有这样的能力：根据环境所需形成脑细胞之间的连接。也就是说，为了活下去，大脑会根据环境不断发生改变！能否生存，取决于大脑是否可以持续地适应新的信息和不断变化的环境。这种生存本能是无意识但又非常有力量的。婴幼儿阶段的大脑有极快的适应能力，因此不论是在什么样的自然环境、文化和家庭结构中，新生儿都可以最大化地利用其出生环境中的所有资源。

　　在婴幼儿早期发育阶段，神经元之间可以形成的连接，其实比最终真正需要的多出数亿条。例如，典型情况下，一个2岁孩子的大脑里的脑细胞连接数量比正在阅读这本书的您多出两倍。平日的常规活动，比如喂食、洗澡和玩耍，都会强化特定的大脑突触，同时那些不能得到强化的脑细胞连接最终会慢慢消失。这种自然状态下的进程就叫作神经网络修剪。

　　由于人们习惯于相信，更多就是更好，多数人会假设大脑发育的过程中神经突触的数量也在持续变多。毕竟，没有人喜欢失去东西的感觉。但其实，神经网络修剪是人类为了提高生存能力而进化出来的一种巧妙能力。只有通过这样的方法，新生儿才有办法去适应各种截然不同的生存环境和家庭状况。那些经常被使用的脑神经连接会被留下来，随着使用频次上升被愈加强化。在细胞层面上，正是通过神经通路的重复性使用，能量在神经元之间的传递变得越来越快速和高效，因此也就能帮助人们花费更多的精力处理那些日常生活中最擅长和熟悉的想法、声音和概念，使其慢慢在特定方向上具备更强的专业性。

　　不如把大脑里的神经通路想象成公路网络。在神经网络修剪效应发生之前，如果我们需要从地点A走到地点B，会有许多大大小小不同的路径可以到达。随着经验的积累，我们逐渐领悟到哪些路线可以更简单、更快速地到达，所以之后也就更经常地采纳这些路线，而越来越少地走那些狭小的、低效的路径。慢慢地，最常走的那条路就会越变越宽，并最终形成超级高速通路，让从 A 到 B 的路程最短、最快。

在生命最初那几年，大脑神经突触连接的数量可以达到峰值。之后，这个数量会在儿童生长发育早期逐步趋于稳定，再之后，当进入儿童发育后期和青春期阶段时，突触连接数量会被修剪掉 40%。为了让大家更直观地了解究竟发生了多少改变，可以单看从 4 岁到 10 岁的这个阶段。这段时间里，仅仅是大脑中处理视觉信号的突触数量，就减少了约 1 万亿。但为什么在这么多脑神经连接消失的同时，个体还会形成那么多的生存技能呢？这是因为就在神经网络修剪效应如火如荼地发生时，大脑髓鞘的形成也在同步进行。随着脑髓鞘的形成，那些依旧被保留的脑细胞之间的交流速度和效果被进一步提高。而髓磷脂是一种生长在神经纤维周围的脂类物质。它通过辅助外界刺激产生的电信号在神经纤维之间传递，让脑细胞之间的交流更快和更简单。脑髓鞘会在不同的时间点，于大脑中的不同位置形成。很巧的是，这些时间点，往往跟个体习得或者提升新的生存能力的时间点高度重合。这就是说，大脑的学习能力可以在发育到特定时间点时得到提升。在婴幼儿出生后的头两年，脑髓鞘的生长速度最快，这个时候大脑也在处理最多的全新基本信息，比如语言、温度、色彩、声音、气味、质地、因果关系、识别究竟什么是脸部，等等。不过脑髓鞘的形成直到成年后依旧在发生，这个过程中，大脑神经对信息的处理速度在青少年阶段达到最高值。

图 1-2 是被放大后的大脑切片，用以展示单个神经元和神经连接。左图中展示的神经元大多是婴幼儿出生时候就具备的，注意，他们之间几乎没有什么神经连接。中间的图是神经细胞活动大爆发的时期，也就是儿童长到 6 岁左右时的脑部神经连接状态。所以，难怪一年级的孩子那么活泼好动，完

全坐不下来呢！因为在这个阶段的孩子眼中，世界上万事万物都是紧密相连、互相影响的。随着脑神经连接的产生，一个 6 岁孩子的大脑开始真正活起来了。另外，还请注意那些像灌木丛一样的神经树，以及旁边茂密的神经突触。学习在这个年龄几乎可以毫不费力地发生，但是像自制力这样的特质还是需要等到晚些时候才能形成，在这片过度连接的区域逐渐形成抑制性通路。我们都知道这些是如何发生的：

隔壁的小男孩来到你家，好奇地向你询问他昨天在你车上看到的钓鱼竿。他跟你说了一个很长很长的故事，一开始是以前他跟爷爷去钓鱼，然后是，其实他的爷爷有肾结石……然后他又提到他的阿姨因此抱怨说，她为支付爷爷的医药费快破产了……再之后，他又说他本打算把在这个生日收到的钱存起来，但最后还是打算用来买个风筝……，如此种种。

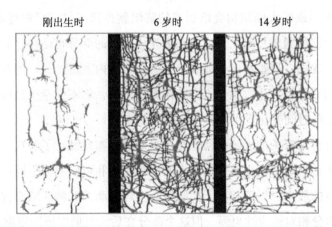

图 1-2　神经修剪：刚出生时、6 岁时和 14 岁时的脑部神经连接

直到大概 14 岁左右（图 1-2 右图），大脑开始修剪掉那些极少使用的和没有完全形成固定环路的神经连接。（如果恰好你认识一个 10 多岁的孩子，你或许可以跟他们开玩笑说，科学证明他们正在逐步失去脑神经连接！）关

于这方面的一个例子是：当你在 4 年级的时候，知道坐在你旁边的姑娘的名字是非常重要的事情。但现在，多年后的你已经离开了家乡，你也早已经忘却了当时那位姑娘的芳名。为了减少对大脑的损耗，这样的信息就会被修剪掉。

这对你的孩子意味着什么：哪些神经连接会形成，又有哪些会最终保留，这些起初都跟一个人的早期人生经历有关。作为父母，你有能够影响孩子大脑的能力，决定最终什么样的"路"会被构筑，以及这其中哪些会被大脑最为频繁地使用。关键因素是：重复、规律行为、积极强化。

"哇哦"4：早期的脑细胞连接很难被改变

这里有更多的例证来证明为什么婴幼儿时期的孩子需要尤其多的关注：最早期阶段形成的大脑结构会给后续的脑细胞连接提供"组织范本"，从而影响之后的脑细胞成长和发育。大脑最先成长好的部分也是在之后最难被改变的部分。比如，那些在出生前和出生后一个月内就已经长好的神经系统部分，主要用于调控人体血压、心率和体温。显然，你不会希望这些极为重要的生理系统随时间变化发生根本上的改变。

和处理情绪有关的大脑结构也在极早期就基本成型。了解这一点极为重要，因为正是这些结果决定了一个人的情绪反应和可以根据不同环境给出恰当情绪回应的能力。尽管相对于控制核心生理活动的大脑区域而言，管控情绪反应的部分相对适应性更强，但这个部分在后天发展中依旧很难被改变。

这对你的孩子意味着什么：越早形成的大脑神经系统越难被改变，这一点既是好消息也是坏消息。好消息是，这意味着如果孩子一开始就有很好的情绪发展，那这个功能可以持续下去，并对之后的大脑发育有着积极的影响。如果一个孩子的早期情绪发育良好，那之后的人生中，面对挫折和压力，他都能很好地应对。这种能够促进高效学习的、稳定而长期的情绪反应机制，它的孕育离不开一个可预测性强的成长环境，而作为环境提供者的父母需要做到：

- ◉ 创造充满趣味的体验
- ◉ 确保强有力的安全感
- ◉ 充满爱意且频繁地抱着孩子并爱抚
- ◉ 不断让孩子看到和听到有趣的事物

不过，坏消息是，反过来也是成立的：如果孩子在一个混乱的、得不到支持的和充满虐待的环境中长大，那么这些环境给孩子带来的伤害同样难以被消除。

"哇哦"5：一切都还不晚

如果你的孩子已经快到 3 岁或者更大了，那我们先稍微暂停一下。我希望能先鼓励你"深呼吸一下"！有时候我遇到的父母，在了解到儿童早期发展的重要性之后，立刻变得非常紧张或者悲痛，因为他们害怕之前很多事情都没有做"对"（也许我应该读更多的书给孩子听……我就知道我应该坚持让瑞秋上音乐课程……要是我没让我妹妹做瑞恩的日常看护就好了，毕竟她的动力只是因为离了婚希望多赚点钱）。不管现在你因为什么后悔，都请让这些如烟逝去吧。我想分享一句我最喜欢的格言，来自玛雅·安吉罗（Maya Angelou），这句话是很好的经验总结：我做到了我知道的一切。如果我能知道更多，那我也能做得更好。我们每个人都已经根据手头有的信息做到了最好，而且机会还在，你的孩子还在成长。相对于任何一个微小的抉择，提供给孩子包含爱、安全感和鼓舞的整体心智模式，才是影响孩子健康成长的力量。

科学已经证明，孩子的大脑不会在3岁以后就停止发育生长。所以父母想影响孩子大脑的神经结构发展永远不迟，提高孩子的生活质量也永远来得及。不论你的孩子是在3岁还是5岁，甚至14岁，请记住，一切都还来得及。

大脑在人的一生中都有非常突出的能力，可以根据它从周围环境中接收到的信息进行结构重组。研究者称其为"神经可塑性"，任何年龄段的人都具备。研究者们也刚刚开始了解到，神经可塑性由不同环节组成，包括增多神经连接的数量和让这些神经连接的形状、结构发生物理性改变。纵观人的整个生命周期，神经可塑性都被认为奠定了所有学习和记忆行为的基础，也被认为很好地解释了大脑是如何在严重受伤后恢复各种功能的。

这对你的孩子意味着什么：你不是仅仅有短暂的3年关键期来"塑造或者毁灭"孩子成功人生的可能性（或者上哈佛的机会）。任何年龄段的孩子都可以从"ABC"原则中受益。在孩子0～3岁的阶段，能够充分注意这些养育要领，其价值主要在于预防。如果你足够幸运，能从头开始养育一个正常而健康的孩子，那么你现阶段所做的最基本的事情，可以很好地帮助这个孩子面对未来人生的困难，给他带来有力的影响。就像加州媒体在针对影响大脑早期发育的早教宣传口号中提到的那样，"你的选择，会决定他们未来的机会"。父母所能提供的最重要的事情就是，一段充满爱意的、稳定的亲子联结，以及由此带来的跟孩子之间频繁的、充满意义和互动性的接触。防患于未然，这既可以节省时间、金钱和烦恼，而且还很容易做到。

生长发育中的大脑

大脑的生长，大致按3个动态方向进行，且都是可以预测的。这个生长的进程自动发生：从后到前、从内到外、从下到上。理解这个进程，能够给作为家长的你提供一个全新的窗口来观察孩子的成长。比如说，为什么在孩子出生的第一年，与其建立良好关系非常重要呢？因为这段时间，孩子大脑中部和最内层的情感相关区域正在生长。另外，在孩子与认识能力相关的大脑区域还没有开始发育之前，培养孩子的逻辑能力也是没有意义的。更重要的是，脑部系统的长期发育是否完善（比如说和课业学习相关的部分），强烈依赖于在最早期大脑是否得到了健康的成长，比如情感上的安全感等（见图1-3）。

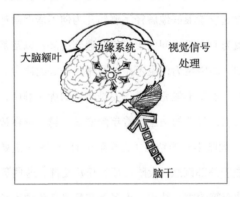

图1-3 箭头表示大脑是如何从后到前、从内到外和从下到上进行同步发育的

（1）从后到前：这部分的大脑主要负责视觉的早期形成，位于大脑后部（即枕叶部位）。6～8个月婴儿的视觉系统就已经跟成年人差不多了。这就是为什么我们说儿童早期学习主要是通过视觉完成的。

现在看大脑更靠前的部分，听觉系统在这里形成得也非常快速。人们耳朵上方的区域（即颞叶部位）在早期阶段非常重要，不过相对于视觉区域，这个部分在后期有更多的机会继续发育，所以孩子早期阶段对于新的语言的发音有很好的适应和接受能力。

接下来，再往前就是大脑的运动和语言区域，也就是语言产生的部位。我们知道，相对于表达和说出想法，儿童能够更早地具备听见和理解语言和词语含义的能力。在孩子 0～1 岁的生长阶段，他们会越来越多地发出声音和咿呀学语。这个时候，大脑运动区的神经连接会越来越多，孩子也就逐步具备了更好地控制舌部和嘴部肌肉的能力。儿童开始说话的时间点是非常多变的，所以也并没有一个所谓"常规的"语言获取速度。

最后，一直到大脑前部，即额头的后面，这就是负责计划、抽象推理和理解行为之间因果联系的大脑区域。这个叫作大脑额叶的部位在孩子上初中之前是不会完全发育好的。所以这也就很好地解释了婴幼儿为何不能理解他们不应该触碰热炉子的原因，学龄儿童为何在逻辑问题上可能会遇到挑战，以及甚至是那些家长认为有很好理解能力的初、高中生为何也不是总能做出最好的决定。因为他们的大脑其实还没有完全发育好，也就不能完全具备安排行为的优先顺序，或者是对行为结果充分理解的能力。所以，我们的确是随着年龄增长，越来越睿智。

（2）从内到外：大脑中心的结构（边缘系统的一部分）主要负责处理和调节我们的情感。这部分先于外部区域（大脑皮质）开始发育。这些负责将大脑接收到的信息打上情感重要性标签的中心结构，大多是在最早几年的生长阶段中形成的。它们能够健康生长的程度，会影响到和外部大脑皮层形成神经连接的强度和质量。正是这些神经连接控制我们与思考、计划和感觉相关的信息处理能力，以及我们的记忆能力——基本上就是学校学习过程中需要用到的大脑工作部分。换种说法，在儿童的早期阶段，大脑如何形成处理情感的能力，直接奠定了儿童未来学业表现的能力基础。

（3）从下到上：这部分的大脑主要负责基本生理功能，包括心脏的起搏、呼吸和体温控制。它很早就开始发育，主要位于脑干区域。相比而言，那些能让你保持注意力的能力、控制情绪的能力和协调运动的能力发育较晚，需要等到大脑皮质部分的神经连接形成之后。

为什么说婴儿的大脑就像面包圈

下面是一个便捷、具体的图像，帮助你想象你孩子的大脑是如何形成的。当我对大众进行演讲时，我通常使用以下道具：一支铅笔，一个面包圈和六层纸巾。我使用这些常见的物品来代表不同的大脑区域，帮助听众在脑海中形成长期的印象，而不必记住所有的科学性概念。曾经有学生许多年后来找我，还提到"大脑中的面包圈结构"——我们俩都能完美地明白这个概念的速记方法（见图 1-4）。

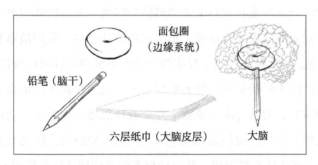

图 1-4　记住大脑结构的简单方法

我从俄勒冈大学的荣誉教授罗伯特·斯尔维斯特那里借用了这个观点（稍做修改）

铅笔，作为基底，代表着负责脑干作用的神经组织相对含量。这个部分主要负责调控心脏起搏、呼吸和其他我们平时无意识的生理功能。当一个人在压力下或者在做剧烈运动时，心率和血压（自动调节系统）就会出现反应并发生变化，但是对于脑干的绝大部分而言，它们的基本功能会维持稳定，不会不时发生改变，并且它们也不会因为我们转瞬出现的想法或者对话而出现改变。另外，有些稍晚形成的神经系统，则会根据我们的想法和经历出现随时的改变，但绝对不是脑干部位。

如果孩子是早产的，脑干的某些功能就需要来自新生儿重症监护室的额外辅助。比如，早产婴儿需要被放在温暖的保温箱中，以稳定他们的体温，他们的呼吸是通过呼吸器支撑的。即使是足月的婴儿，这些系统也需要几个月的时间来调节。任何父母都能证明这一点：首先孩子总是会不定时地睡着和醒来，渐渐地他能够有规律作息和区分白天和黑夜。最终，孩子可以睡一整晚觉了。

面包圈，位于铅笔上方，代表构成大脑边缘系统的一组脑部结构。边缘系统是由一组既相互独立但又互相连接的结构构成的，主要负责处理所有的外来情感信息。当工作状态良好时，这些大脑的边缘系统就会让人类具备观察、检测和区分真实威胁和想象中的威胁的能力，并且让我们更好地记住这些经历，这对人类而言非常重要。边缘系统的功能中，我们最熟悉的应该就是"战斗还是逃跑"反应。这个反应源于边缘系统中一种叫作杏仁体的结构，该反应也可以因为看到某些事物而触发。比如说，在森林的地面上看到一个长而细的物体时，大脑边缘系统就会立即开始思考，如果这个物体是一条蛇而不是一根棍子的话，我们要如何应对。边缘系统会向大脑的其他区域发出适当的信号（比如让心跳加快，从而让更多的血液到达腿部肌肉），最终让人类可以快速逃跑。边缘系统中的另一个结构叫作海马体，负责记忆的存储和提取。同样地，当杏仁体发出警告信息时，海马体会把相应的反应储存在记忆里，供未来遇到类似情况的时候参考。

边缘系统从婴儿出生开始到5岁左右就基本形成了，这就是为什么对于婴儿而言，有一个安全的、有保障的和充满爱的环境特别重要。如果孩子被忽视或虐待时，这些结构（特别是杏仁体和海马体）往往会发育得比较小，并且功能不正常。这些孩子通常会变得过度警觉——他们经常对周边环境中的潜在威胁充满警惕，并且会额外关注可以满足类似食物、安慰和陪伴等基本需求的方法。他们从新信息中学习的能力会减弱，因为他们自然而然地会将更多精力聚焦于满足更多的基本需求。我们会在第 8 章中讨论更多相关的细节。

六层纸巾，代表位于大脑皮层最外层的六层新皮质（也称为皮层）中的神经组织。在我的课程和演讲中，我会将六层纸巾卷成一个粗糙的大脑形状，正如你在图 1-4 中看到的那样。在一个真实的大脑中，皮层是灰色的，并且被高度折叠，就像大脑外的"树皮"。这构成了我们通常印象中那个具有凹凸不平褶皱表面的大脑。

如果我们把这些褶皱压平，它的大小大概像一个超大尺寸的比萨。这是一个相当大的问题，因为皮层是大脑处理和储存所接收到的外部信息的部位。请注意，这几层纸是如何皱巴巴而紧密围绕着面包圈的。最核心的交流在密集连接的皮层和边缘区域之间发生。边缘系统深处有个叫丘脑的结构，该结构通过各种感官（嗅觉除外）接收大部分进入大脑的信息。然后丘脑将这些数据传输到皮层的适当区域，例如视觉加工区（视觉皮层）、听觉处理区、运动区等。

无论如何，大脑皮层都非常重要。对于父母和照顾者最重要的事是，皮层能够处理和储存各种类型的信息和记忆，比如孩子在学校学习到了什么，不论学习的内容是来自于阅读和语言、历史和代数、创意活动和音乐制作、解决问题的过程，还是仅仅来自于静静站着排队时。

大脑皮层产生作用的能力高低，最主要取决于下方的边缘系统的形成过程是否健康。边缘系统是大脑的"心脏"。为了帮助我们更好地形成想象，也可以说面包圈是生命的支柱！因为这涉及孩子的社交和情感发展，健康的边缘系统也影响孩子未来的以下能力：

⑨ 集中注意力，以及更加容易地吸收信息

⑨ 记住更多他所学的内容

⑨ 更好地控制自己的行为和对他人的情绪反应

这些目标是每位家长都会为孩子制定的。毫不意外的是，这些也同样会在孩子未来自我价值形成过程中起到极为关键的作用。

珍妮的故事：早期记忆的力量

直到我的残疾女儿珍妮出生很多年之后，我才终于发现，她的"铅笔和面包圈"（脑干和边缘系统）在一开始就已经被损坏了。早年间她的外科手术没有使用麻醉剂，并且新生儿重症监护室（现在已经算是老式的）里面持续不断的机器运作、蜂鸣器和过于明亮的灯光都给她正在发育中的神经系统带来了很多伤害；即使年龄增长了，珍妮依旧在无意识中记住了这些刺激。和成年人通常像快照般回忆起过往重要事情不同，孩子会形成一种渗透性更强的记忆。这种记忆会不断地提醒她，曾经痛苦的、糟糕的事情在未来任何时候还可能发生。她现在已经三十多岁了，但直至今日，她的行为依旧会在瞬间发生极大的转变。她在一瞬间，从一个可爱的、健谈的人，突然转变成一个紧张的、过激的和受到惊吓的灵魂，会有明显的歇斯底里，并会有惊跳反射后的残留症状，会随时准备挠伤自己或者尖叫。

好在对她和对我们（她的家人）都很幸运的是，我们非常了解很多诱发她情绪的因素，包括突然发生的改变或者很大的吵闹声。多年以后，有次我曾带她和她的爸爸、妹妹一起，去参加国庆焰火活动。我希望她能享受这个所有美国人的传统庆祝仪式，充满爱国热情地喜爱这"空中火箭的红色光耀和空气中爆破的炸弹"。然而，她表现得非常激动，甚至大哭不止，出现无法抑制的恐慌，一直在哀求我要离开。现在我终于理解，仅仅安慰她这些声响不会伤害她，对她而言是没有任何实质意义的。她的反应来自大脑里一个深层的、内部的和中心的区域。我们现在正致力于帮助她更好地应对那些会让她沮丧的刺激，或者我们会跟她一起避免这些刺激。今年国庆，我非常开心地带着她看了一个不用动脑的、平静的"女性电影"，我们都度过了一个愉快的夜晚。

注 意 力

第 2 章

Bright from the Start

A 代表注意力：为什么这很重要

出于本能，你就能意识到注意力是很重要的，即便你并没有从孩子大脑的角度来考虑这件事。可能你听到有人说："天呐！他好机灵，好专注！你家孩子真是聪明呢！"注意力经常会在无意中被认为跟智力有关。

这也本该如此！注意力是学习的重要基础。大多数人会意识到，任何人如果想有意识地学习任何东西，首先他们就需要先具备充分的注意力。孩子生来就有保持警觉的能力，但是引导和控制注意力，则是他们在之后需要发展的行为。孩子的注意力系统在最早几年的发育模式，会影响到他未来一生中集中注意力的能力。比如他能否听明白你跟他说的为什么不能冲出马路，能否很好地观察你为他演示怎么系鞋带，能否读一本书，能否坐在教室里学习今天的数学课，能否写好博士论文，甚至能否在工作中有良好的表现。所有这些都跟在婴儿时代就开始发育的注意力系统有关。

绝大多数这些神经的发育都是自然展开的。但是科学家们也发现，环境因素（比如孩子是如何度过一天的，他有过什么样的人生经历）也会影响到这个自然的进程。比如说，被极少数的照顾者们安全地照顾着是非常重要的，因为这会让孩子的大脑处于放松和敏捷的状态，对周遭的环境保持观察，而不是将所有的大脑能量都关注在"谁会来喂我？谁会回应我最基本的生存需要？"我会在第 8 章更多地谈论这方面。另外，现在我们也明白了，帮助孩子有更好的专注力和提高他的注意力范围是可能的。下面是一些你可以用来促进孩子的注意力系统发育的主要方法：

- 花更多时间和孩子面对面相处。尤其对于婴儿而言，面孔具有独特的吸引力和好处。
- 创造更多机会跟孩子进行多样的、适合他年龄的游戏。
- 控制孩子待在电子屏幕（比如电视和电脑屏幕）前的时间和活动质量。
- 允许孩子每天有一段"放松时间"，他们在这个时间和空间里不需要在任何事情上花费注意力。

这个部分的后续章节里我会着重介绍每个建议的细节。但在这之前我建议你更多地了解这些建议之所以重要的原因，这样你在实践的过程中会觉得更舒服。

注意力是如何运作的

"集中注意力"不是一件仅需要大脑的某一个部分参与完成的事情。注意力是一个系统，就像消化系统或者呼吸系统那样，涉及身体结构不同部位的协调工作（在这种情况下，指的是大脑的感官和脑部结构）。俄勒冈大学认知和决策科学方面的研究人员在心理学家迈克尔·波斯纳（Michael Posner）博士的带领下，通过脑扫描和行为研究，证明注意力系统的确是由 3 个部分构成的。

为了集中注意力，你必须要：

- ⑨ **机警**：首先能够将注意力关注到你感兴趣的事物上。
- ⑨ **转移**：转移你所集中注意力的对象（你的注意力转向到新事物上）。
- ⑨ **保持**：将注意力主要集中在一件事上，同时忽视其他的刺激、想法和情绪。

第一个部分，保持机警，是婴儿天生就具备的能力。首先，婴儿们会将注意力集中在一些相似的事物上。比如，在全新感官和经历的冲击下，新生儿会首先注意到已经非常耳熟的父母声音，因为他们在子宫里就已经对这些声音的节奏非常熟悉了。著名的儿科医生贝里·布雷泽尔顿（Berry Brazelton）博士给家长们展示了一个非常迷人的练习，家长们可以在医院里和家里跟孩子们重复进行。首先，把新生儿放在可以同时看到爸爸和一个陌生人（比如医院的员工）的位置，两个人的站位略微呈反向。之后，两个人同时开始用温柔而轻快的音调呼唤孩子的名字。"你好呀，雅各布，好孩子雅各布……"之后孩子就会把头转到熟悉的爸爸声音那边，甚至还会踢踢他的小腿，挥挥他的小手。爸爸这个时候通常会非常惊喜和充满爱意。不过在出生后不久，孩子就会开始逐渐将注意力转移到在他原本的世界里不太熟悉的事物上。

保持机警，和注意力转移（第二个构成部分）的能力都是在新生儿出生后的 14 周之内形成的。在很多孩子能够自如地走路或者说话之前，注意力系统甚至就已经开始逐步发展了。这也是为什么出生后的第一年是强化孩子保持机警和转移注意力能力的最佳时间。你可以通过那些用到视觉跟踪和声音变调的互动、表情和简单的小游戏来训练孩子。

第三个构成部分，忽略其他潜在干扰而在一件事情上集中注意力（保持）的能力会发展得相对缓慢很多。能够在一段时间里集中注意力在一件事情上，同时忽略其他干扰，这涉及所谓抑制反应的参与。"抑制"是指止住或者限制，也就是停止冲动。你必须能够抑制住自己对其他外界刺激的反应，并且将注意力集中在手头的事情上。比如说，如果我坐在电脑屏幕前，当眼睛盯着屏幕时，我不仅需要把所有的精力都集中在让我好好地坐在座位上，还需要阻止其他会干扰注意力的信息来刺激我。为了集中注意力好好工作，我不得不忽略背后的警笛声，以及其实我的肚子正在咕咕叫的事实。我还需要能够延迟满足感的能力：如果我工作完一个小时，我就可以完成手头的事情，并且可以开始放松和享受晚餐了。这些抑制能力主要依赖于额叶的作用，而额叶的成熟比大脑其他部位慢得多。到孩子2岁的时候，用于保持注意力的抑制能力会开始逐步发育，一直到7岁才基本完成发育。

控制当下冲动的能力对于未来成功的重要性，可能比任何人先前意识的都要更为重要。一个经典的、古老的研究，也就是现在熟知的棉花糖实验，是这样展示的：

一群4岁的孩子被逐一带到房间里，他们面前的桌子上放着一个棉花糖。实验员会跟每个孩子说，她需要到大厅里处理些事情；如果孩子需要她回来，可以按一个按钮。不过，如果孩子能够等到实验员处理完事情回到房间里之后再吃这个棉花糖，那实验员会在现在的棉花糖基础上，再多给孩子一个棉花糖。然后，实验员就离开了15分钟。由沃特·米歇尔（Walter Mischel）博士（曾就职于斯坦福大学，现在在哥伦比亚大学）所带领的研究者们录下了每个孩子的反应，并发现孩子们出现了各种各样的反应。有些孩子立刻就吃掉了棉花糖，有些则能够克制住自己。有些孩子甚至还有策略性地分散自己的注意力，比如他们会唱歌、走来走去或者闭上眼睛。

通过观察孩子在年幼的时候控制自己的本能冲动（为了获得更多的棉花

糖而选择等待）的表现情况能够预测孩子未来的行为模式。对于解决问题和获得人生成功而言极其重要的抑制能力，会随着大脑的成熟逐渐被孩子获得。幸运的是，这个技能还可能通过后天培养获得。

你可以"锻炼"注意力系统

越来越多的神经科学家们开始尝试找到最好的方法来做到这一点。他们逐步形成大脑是遵循用进废退这一生长规律的认知。这也就是说，大脑如何被使用会在一定程度上影响个人最终能够发展出来的技能。

波斯纳实验室的研究者们尝试探索 4 岁和 6 岁孩子在某件事情上的注意力能否通过训练被加强，这一任务主要利用特殊设计的电脑游戏来完成。这个游戏中包含类似这样的任务，它需要孩子们跟踪在屏幕上移动的物体，并在之后将它们从众多物体中识别出来，并将相同的两个进行配对。2005 年发表的结果显示，通过脑电图（EEGs）和注意力智力测试的结果显示，这样的互动的确能够加强孩子们保持注意力的能力。波斯纳实验室的研究者们相信，这样的研究可以进一步促进注意力训练，从而不仅能够帮助有注意力问题的孩子（注意缺陷多动障碍，也就是 ADHD），还能在普遍程度上，提高针对学前阶段孩子的教学质量。

那这是否意味着你也可以用电脑来帮助孩子达到同样的训练效果呢？"不要在家里尝试这个训练。"研究者们是这么回应的。貌似在人类出生后的两年内，电脑游戏对大脑会产生和之后相比非常不一样的影响（参考第 5 章）。这个实验中使用到的特别游戏是专门为这个实验设计的，是根据训练猴子进行太空旅行的电脑训练程序改编而来！接下来我会向你展示更多更好的方法来帮助孩子获得更长的注意力时间。

影响注意力的新威胁

欢迎来到注意力经济时代，在这里最稀缺的资源不是想法甚至人才，而是注意力本身。

——托马斯·H.达文波特和托马斯·C.贝克，《注意力经济》

我们身边都出现越来越多的事物在分散我们的注意力。拿我举例，我不会称自己为技术专家，因而我至今也没有iPod，不过我的确有：

- 两部手机：一部放在车里"免提"使用，另一部放在钱包里（是的，有些时候我必须同一时间两个都用，比如在红绿灯前）。
- 两个不一样的电子邮件账户：我的大学电邮地址和新方向婴幼儿大脑发育研究所的电邮地址。多亏了网页邮箱，两个地址都可以全天候联系到我。
- 三个语音留言号码，这样我能够在两个手机短信中心的基础上，进行规律性地检查。

我的生活中充满了多线程处理任务。但同时，我还是那个已经了解分配性注意力相关研究的人！这提醒了我们，被分散的注意力有时候会创造出一种幻觉，仿佛我们正在完成更多的事情。但是事实上，我们达到的结果质量是下降的。然而，我似乎无力来对抗所有分散注意力的怪物们的诱惑。

我的现身说法阐述了在21世纪，对于低龄孩子而言的两个新问题：

（1）必须拼尽全力以争取养育者的注意力。想象一下你是在我所处的环境里的一个小婴儿。看看你都需要做什么来争取我的注意力！总结一下在你自己的家里，都有什么样的小玩意儿能够吸引你的注意力：电视？电视游戏？上网或者跟朋友网络聊天？使用你的掌上电脑？听iPod？事实是，许多普通的、充满爱意的家长会发现他们所处的环境和我的非常类似。将工作和家庭分离，从未像现在这么困难过。对于那些在家工作的父母而言，甚至就算是兼职，这一点都真实存在：从物理角度你的确人在那里，但是你的注意力早就飘远了。就算在那些我们试图保持专注的"有质量的相处时间"里，你收到的一份邮件也会分散注意力。知易行难，我们最终还是屈服了。

你能做什么：强化一些没有电子设备的时间。当你和孩子一起玩耍的时候、吃饭的时候、亲子阅读的时候，关掉你的手机并且拿走你的黑莓。显然你不会全天都这么做，但是能够在生活中创造一些"无电子设备空间"还是非常明智的。你可以在孩子需要你的时候快速回应，"等我一分钟"对于一个低龄的孩子而言，听起来就像是"永远不会回来"。

（2）不经意间发展出对电子设备的自然偏好。我们对手机和其他电子设备的常规化使用，让它们也成为孩子日常生活的一部分，甚至还让这些设备具备了一定的诱惑力。因为对于孩子而言，电子设备是他们生来就能接触到的世界的一部分，从出生伊始，大脑对世界的认知结构包含了这些小玩意儿。一个初学走路的孩子并不是生来就更喜欢将时间花在电脑屏幕前，超过出门在空地上玩耍，也不是宁愿敲打塑料键盘也不去玩沙子。但是，当他看见父母们总是在上网，他的大脑就会也认为这是一种正常活动，并且也想参与其中。孩子的学习很大程度上通过模仿进行，所以今天就算看到一个仅仅2岁的孩子开始被家长允许玩电脑，也完全不会让人感到意外。这并不是因为他们真的理解电脑的运作，并且真的希望获得自己的苹果电脑，以用作学习的工具或者玩具。虽然家长们往往是这么理解孩子的要求的（"哇！米奇的需求好高端！他居然想要一台电脑！"），其实孩子仅仅认为这是生活中非常正常且想得到的一个部分，这样他们就能用来做任何想做的事情了。这样的自然偏好中暗藏的一个危险是，这件事情会取代孩子其他的多样生活体验，并且会进一步损伤孩子的注意力系统。

你能做什么：今天的孩子们通过自己的理解来学会使用技术设备，你不需要教会一个年幼的孩子如何使用这些工具，来帮助他们日后成为技术大拿。凯蒂或许有一个"像妈妈（的手机）那样的"玩具手机或者初学者的电脑会配备"像爸爸（的键盘）那样的"儿童版本键盘，这本身无可厚非。这些仿制的玩具会让孩子能更好地遵从自己的兴趣，并且通过使用这些物件，能够通过自我探索来研究如何模仿你的行为。但通常意义上来说，现在的家长还是需要保持高度关注，要给孩子们提供多种多样的活动体验，包括室内和室外的活动，并且尽量使用生活中的素材，以及可以用光影和声音作为孩子玩耍的玩具。对于一个婴儿或者学步期的孩子来说，他们的注意力系统发展刚刚起步，多样的和来自自然的外界刺激环境是非常重要的。学会在叠衣服的时候把袜子配对，这样的学习体验能够让孩子记住他正在寻找的那只袜子，同时忽视其他类似的袜子或者衣服。在他这么做的时候，你还可以跟他有这样的对话："另一只毛茸茸的蓝色袜子在哪里呢？"这件事情比他在一个闪光的学习型键盘前耗费精力要有价值得多。

健康注意力的成因

你的孩子生来就不得不争夺别人对自己的注意力，并且沉浸在充满技术的社会中，为了对抗这样的力量，你也可以使用研究人员早就了解的成果，关于人类会在什么事情上花费注意力以及背后的原因。认知科学家（那些研究我们是如何学习的人）发现存在已知的特定因素可以影响大脑在任何年龄段集中注意力的能力。你可以利用这个信息来帮助和指导自己选择玩具、活动和其他与孩子互动的方法。

这里有 6 个和孩子注意力发展有关的因素：

1. 强度

大脑容易注意到存在强烈对比的事物，并在比较极端的事情上（比如嗡嗡的噪声或者安静的耳语）花费更多的注意力，反倒在中等强度的刺激上注意力一般。举例而言，如果你希望让孩子能够真的听进去你的话，对他轻声细语往往更加有效。这种在语调上跟你通常说话不一样的改变，能够更好地吸引孩子的注意力（学校老师非常了解这一点，这也解释了为什么往往那些肢体动作夸张的教师们能够更好地管理整个课堂）。

强度有巨大反差的事物更容易吸引注意力这一条不仅是用于声音，对于视觉刺激也是一样。初生婴儿更容易关注那些清晰、深刻或者有着鲜明对比的事物，而不是那些苍白的、混杂的或者线条繁复的事物。针对视觉的研究也证明，在婴儿出生后的 6 个月内，有强烈反差对比的颜色，比如说黑与白，或者红色、黑色和亮黄色，都能在吸引和保持婴儿注意力上达到最好的效果。

尝试这个：年龄稍微大一点的婴儿可能会喜欢那些有着明亮、简单和清晰图案的绘本（比如《小鼠波波》系列书籍），而对复杂的和线条繁复的图案（比如毕翠克丝·波特的粉彩和《彼得兔》的画作）兴趣平平。下次你跟孩子说话的时候，就可以试试使用低声耳语的效果，比如当你在换尿布的时候——尤其是当他在不停扭动的时候，你第一次尝试这个方法，可能可以让他保持不动到你完成这件事情！

2. 尺寸

相对于中等尺寸大小的物体，大脑更容易注意到那些极其大和极其小的事物。比如大脑容易关注到非常高的人、最高的大楼和庞大的大象。大脑还容易注意到黑色衣服上极小的一块绒布、一窝幼崽里最小的那只猫咪，以及玻璃桌上极小的一块水渍。孩子们也会通过他们对于所见的反应，立即向我们展示尺寸的大小的确影响到他们对事物的关注，而且有极端尺寸的事物的确更容易吸引他们。

　　尝试这个：给孩子提供不同大小的玩具，比如一堆积木或者一堆圆环。非常大的和非常小的填充动物玩具和书本也能够吸引孩子的注意力。我最喜欢的一个是具有华丽装饰的"套娃"玩具，每次你打开最大的一个娃娃，里面就会出来一个一模一样但是小一点的娃娃。依次打开每个娃娃，你都会发现里面有个更小一点的，直到你打开到最小的那一个！注意：千万不能让孩子自己进行这个活动，因为最小的娃娃可能会被孩子误放进嘴里带来窒息风险。

3. 新颖

　　新颖性作为生物学认知的"基本原则"之一，显得如此重要。我们非常容易对于新奇之物做出反应。大脑对于新鲜的事物、景象、声音或者是人都会表现得极其小心，这是一种生存本能机制。我们通常理解的好奇心，事实上就是大脑为了理解每种新体验的需求。在一开始，我们的大脑就在进行"朋友还是敌人"的判断。这个新东西是什么？会伤到我吗？我可以吃它吗？它会让我开心吗？一旦大脑判断出这个刺激是安全的，不会带来任何对个体的伤害，一个叫作"习惯化"的生物进程就会开始了。神经元事实上会开始减少已经萌生出来的感觉神经数量，并且"放松"机体深入探索该信号刺激的诉求。不过，一旦这样的事情被"归类"，注意力就会快速地被转移到下一个新奇的事物上。这就是一个年幼大脑的工作，以区分各种事情的重要程度和含义。对新生儿而言，几乎每个时间都是全新的，因为都是第一次发生！所以新生儿们在刚出生的时候往往相比出生几个月以后，对未知更为好奇，因为出生几个月之后他们就已经"了解"了周遭的环境。他们可以在身边的事物发生变化的时候立刻发现：妈妈换了个很不一样的发型，爸爸第一次戴了眼镜，房间里的家具被重新放置了，或者是家旁边停了一辆新车。你的孩子往往会在新出现的事物上比平时盯着看更长时间，或者当你明显改变了发型时，在他意识到你还是原来的妈妈之前，他甚至可能会变得非常不开心！

尝试这个：你并不需要每周都去玩具店买最新出炉的玩具。你只需要简单交替使用玩具，把它们放置在家里不同的区域，挂上和婴儿房不一样的物件，和朋友交换玩具，或者仅仅是把家里的图片换个位置。你可以抱着孩子边走边指出哪些是新的事物，哪些是孩子熟悉的。和孩子介绍新的食物、新的朋友，通过改变生活经历，你可以利用大脑对新奇事物的需求，给孩子带来更多的学习体验。看！你又为他提供了一个新事物！

4. 不一致

"其中一个物体跟其他的不一样"，这句话会唤起那些跟着《芝麻街》系列长大的父母的回忆。哪怕你只偶尔看过，我打赌当你听到这句话的时候，熟悉的音乐一定在你的脑海里响起了。这些歌词描绘的就是不一致的概念——就是那个不合适的物体，它不属于任何类别，因为它跟周遭的所有东西都不一样。幼儿园老师介绍字母"P"的时候，往往会先把这个字母混到一堆孩子们已经熟悉的字母"C"里面，直到孩子们自己发现不同。一般这个过程不会用很长时间！

尝试这个：举个例子，如果你希望孩子能够注意到一个新的事物，可以把它放到很多相似的物体里面，然后让孩子来发现不同。孩子会在发现爸爸头顶上有个袜子的时候大笑，因为他觉得袜子并不属于那里。

5. 情绪

相较于无关的信息，与情绪相关的事件，以及我们在日常生活中所经历的感觉，在大脑里的储存程度更深。大脑用于评估接收到的信息的重要性，且更容易关注那些与情绪相关的事情。情绪有助于注意力形成，而注意力促进记忆。这个重要的表述体现出情绪好坏对于在学习过程中能否保持足够的注意力有着极为重要的影响。

当你非常紧张、焦虑、害怕、抑郁、愤怒或者沮丧的时候，专注于学习就会非常困难。我们的情绪状态会影响集中注意力的能力。研究者们开始理解为了更好地促进学习过程，好的学习条件里需要包含正面积极的情绪和良好的注意力水平。当你处在放松但也很机警的状态时，学习状态就是最好的。

尝试这个：你可以在很多地方利用这个知识，从孩子一出生就可以。一个总是昏昏欲睡和饥饿的新生儿是不可能准备好跟你玩耍的（当然也就没有准备好学习）。当孩子被喂饱、换好尿布、处在放松和安静机警的状态时，和孩子玩一些有趣的游戏效果最好。或者是，如果你希望教一个16个月大的孩子刷牙，最好的方法就是利用她最喜欢的泰迪熊来当道具。她跟泰迪熊之间有非常正面积极的关系，也就意味着当你把牙刷放在泰迪熊身上的时候，孩子更容易接受你教的内容。相反，如果你在教一个全新且陌生的事情时，不利用任何跟孩子有强烈关系的事物，那孩子就很难接受。

6. 个体重要性

我们都会更为关注那些和我们或者是生活幸福感直接相关的事物。你是否有过这样的体验，当你在一个拥挤的、吵闹的派对里，和前面的人进行深入交谈时，突然听到在房间的另一头有人在其他的对话里提到了你的名字？你对自己名字的强烈敏感仿佛穿透了薄薄的空气。因为其他人正在谈论你，这很重要，所以你会关注！

任何跟我们的名字相关的事物，对我们而言都极为重要。小朋友尤其喜欢看到或者听到他们的名字。因此，那些画上、印上或者盖上孩子姓名首字母或者全名的产品才会那么大受欢迎。也因此当他们因为自己的名字拼写过于罕见，发现在礼品店或者博物馆纪念品商店的马克杯、铅笔或者钥匙环上找不到自己的名字时，孩子们会表现出极度的失望。

尝试这个：如果你把故事里主角的名字换成孩子自己的，那你的孩子会对你讲的故事更为关注。育儿专家们都知道，在把他自己的外套或者纸张放到他的小房间里时，他会极其兴奋（并且因此也学会做这件事情），因为那是他的空间，上面有他的名字；有些家长会在家里使用这一招，尤其是在家庭成员众多的家里。

注意力问题：我对 ADHD 的看法

如果家长们仅从注意力的角度来看，ADHD 通常被认为是注意力缺乏，或者说注意力缺陷。注意缺陷多动障碍（ADHD）的特点是注意力持续不集中，或者表现得多动或冲动。在需要保持注意力或者需要脑力参与的环境下，这个症状会进一步恶化。尤其当需要完成的任务是单调、重复和毫无新意的时候。许多孩子都在 7 岁前被诊断出患有 ADHD，有一些甚至在 2 岁之前就被确诊。

ADHD 通常被认为是遗传因素导致的，也就是说，很可能是因为某个基因导致化学失衡或者某种神经递质的缺乏。这种化学物质是大脑细胞通过神经突触释放出来的，用于和其他脑细胞进行交流。ADHD 的遗传标记尚未在人类基因组中被最终确定，但是研究者们已经发现一些潜在基因，可能影响到注意力系统的运作。研究者们相信，这种障碍症会从一个具有这种基因的家长身上被部分继承。如果父母双方都有 ADHD，那孩子很大概率上会有相关症状。事实上，25% 左右患有 ADHD 的孩子都会有直系亲属也有这个疾病。

在美国，现在有 3% ～ 7% 的孩子被诊断出有 ADHD。在一个 30 人的班级里，往往就会有 1 ～ 2 个孩子患有 ADHD。甚至在很多学校，有报告显示多达 20% 的孩子有 ADHD 的症状——也就是 30 个孩子中有 6 个甚至更多。根据美国精神病协会的研究，ADHD 是现今美国儿童群体里最常见的心理疾病。

为什么现在有这么多的孩子会有注意力缺陷问题呢？我相信有两个原因可以解释存在于遗传性病例和实际报告间的巨大差异。这两种情况也示范了孩子是如何被影响的，不论他那个特别的基因倾向是否得到表达：

（1）早期的、无意的针对注意力系统的训练，尤其是对碎片化信息的部分，是如今这个信息时代的副产品。这种训练来自多个途径，包括一种新的趋势——两岁半以下的儿童看太多电视。同样的，成年人和年龄较大的儿童在看电视的时候，也会出现注意力的迅速转移，这些都会被和他们生活在一起的孩子看在眼里（参考第 5 章）。

（2）在学习技能方面，男孩的大脑还没有从认知角度充分准备好。男孩群体中被诊断为 ADHD 的数量比女孩多出 3 倍。特定的脑部区域在发育顺序上，存在着性别差异，尤其是那些在学校需要用到的技能部分。比如，早期阅读需要的大脑阅读功能区和写作需要的大脑运动功能区，都会遵循不同的发育轨迹，并且往往女孩会更早发育。所以，现在在很多托儿所或者幼儿园中常见的就是，女孩在这些方面的技能，相对于男孩明显的快速发展，不论这个男孩是否遗传了注意力缺陷基因。

重要的是，就算有 20% 甚至更多的人在注意力方面存在挑战，大多数的孩子还是没有太多问题的。但是理解注意力系统的基本知识，并且了解提升注意力究竟需要做什么，对于更好地帮助指导和孩子之间的常规互动，以及避免潜在的风险，都是非常有必要的。

提升注意力：在不同年龄段你可以做什么

编写完善的生长发育图表通常用于帮助我们了解婴幼儿在每个年龄段应该有能力做到什么，但是极少有这样的图表告诉家长们在孩子不同的年龄段应该做什么！我在作为珍妮的妈妈的过程中，逐步形成了这样的偏见，并且影响到我作为教育者的工作。如同任何人可以想象到的那样，对于一个有着多重残疾的孩子的家长而言，需要面对的众多挑战之一就是当我们看着这些生长发育图表，就会发现我们的孩子从来不可能"达到目标"。在很多方面，我们孩子的能力，甚至都不在这张图表能够衡量的范围之内。为了更好地管理我自己作为家长的生活，我很早就开始问自己这个问题："我究竟可以做什么来影响珍妮的能力，以帮助她达到图表里那些具体的发育指标呢？"当我开始将注意力从她做不到什么转移到我能够做什么，这就是真正有效的工作开始的时候了！

表 2-1 以及后面针对亲子联结和交流的表 2-2、表 2-3 都是聚焦在家长自己的行为上。你会发现很多建议，讨论你和孩子主要的看护者能够在不同年龄段和阶段做的事情，以促进孩子的重点行为发展（这里我们所使用的年龄阶段区分，是基于神经生物学和社会学上的变化，以及根据本书中描述的认知改变来界定的年龄段）。下面几个表中罗列的许多行为细节会在后续 5 章中加以详细解释说明。

表 2-1

婴儿：0～6个月
有意地与婴儿进行频繁地面对面互动，并且在说话的时候距离他们面部 25～30 厘米远，使用非常夸张的面部表情和嘴部动作。
和婴儿进行直接的眼神接触，尝试激发和保持与婴儿之间的眼神接触。
将拨浪鼓或者其他物体放到你们中间，然后不断让婴儿的眼神关注到这个物体上。

（续）

婴儿：0～6个月
在一天中，让婴儿能指出房间里那些被标示出的物体。
用父母独有的方式跟婴儿对话，来刺激其听觉上的注意。
注意一天中婴儿清醒和保持机警的时间段。利用这些时间来做些精心设计的互动。
定期改变或者移动玩具和其他明亮的物体，来保持婴儿对它们的新鲜感。
多使用那些有着明亮对比色的玩具或者物体（红色、黄色、黑色和白色），或者图案上有着巨大反差，比如条形或者格纹的物体，来吸引婴儿的注意力。逐渐增加其他明亮的颜色，比如蓝色和绿色。
将风铃和玩具都放到距离孩子面部 25～30 厘米的位置。
对婴儿扮鬼脸，然后看他如何进行模仿（比如伸出你的舌头）。

表　2-2

幼儿：6～18个月
在这个阶段开始的时候（6～9个月），有意识地和幼儿进行频繁且精心设计的面对面互动，说话的时候面部距离幼儿 25～30 厘米，使用夸张的面部表情和嘴部运动。
和幼儿进行直接的眼神接触，尝试激发和保持和幼儿之间的眼神接触。
用拨浪鼓或者其他物体放到你们中间，然后不断让幼儿的眼神注意到这个物体上。
在一天中，让幼儿能指出房间里那些被标示出的物体。
在这个阶段开始的时候（6～9个月），有时候可以用父母独有的方式跟幼儿对话，来刺激其他听觉上的注意。
关注一天中幼儿清醒和保持机警的时间段。利用这些时间来做些精心设计的互动。
定期改变或者移动玩具和其他明亮的物体，来保持幼儿对它们的新鲜感。
当希望幼儿来观察成人的行为时，使用提示词"看"。确认幼儿开始关注后，再进行这个动作。这就开始了利用提示词获取注意的"常规模式"。
当得到幼儿的注意之后，你在做出"展示"一个特定的动作时，只做口型，不要发出声音，以鼓励幼儿把更多的注意力放到动作本身。
每一次只引入一个变量（概念），这样幼儿能够在这个变量上全神贯注，同时其他的变量保持不变。例如，仅仅根据颜色为物体分类，所有的物体大小和形状都一样，仅仅在颜色上有所不同（比如红色、蓝色和黄色的球，或者是红色、蓝色和黄色的袜子）。
到了这个阶段后期（16～18个月）时，利用餐具垫作为道具，鼓励幼儿将注意力放到活动即将开始的位置。
如果不是为了幼儿的安全考虑，可以在适当的时候把幼儿放到宝宝座椅之外，这样他能够更好地观察和跟随父母的眼神。

表 2-3

学步幼童：18个月～3岁

如果你希望吸引一个学步期儿童的注意力，可以频繁地让面孔进入到他们的视线范围之内。

和学步期儿童有直接的眼神接触，尝试激发和保持与儿童之间的眼神接触。

和儿童进行前后滚球的活动，来鼓励他们进行眼神的跟踪和手眼之间的配合。

在一天中，让儿童能指出房间里那些被标示出的物体。

引入新的词汇时，发音清晰，这样儿童能够看清楚大人的嘴部和面部动作。

关注一天中儿童清醒和保持机警的时间段。利用这些时间来做些精心设计的互动。

定期改变或者移动玩具和其他明亮的物体，来保持儿童对它们的新鲜感。

当希望儿童观察成人的行为时，使用提示词"看"。确认儿童开始关注后，再进行这个动作。这就开始了利用提示词获取注意的"常规模式"。

当得到儿童的注意之后，你在做出"展示"一个特定的动作时，只做口型，不要发出声音，以鼓励儿童把更多的注意力放到动作本身。

当成功让儿童接受一个变量（概念）之后，引入第二个变量。例如，在不考虑尺寸和形状的情况下，根据颜色分类所有的物体（比如红色、蓝色和黄色的不同大小的球，或者是不同的物体，类似于卡车、球和袜子这些，只把他们按照颜色的不同进行分类）。

用餐具垫作为特定提示物的"道具"，来让儿童安定下来并且聚焦注意力在某个活动上。

利用书中的物体或者角色，让儿童关注细节（比如"厄尼手上拿着什么？找到那只蓝色的鸟。这个司机一开始去了哪里？之后呢？最后呢？"）。

跟儿童进行一些肢体运动的游戏，让他们穿过中线（比如跨过前方的箱子，或将物体放到身体的另一边，进行大量的运动技能游戏）。

玩手指游戏或者唱手指歌，让处于学步期的儿童可以基于某种顺序掌握更加复杂的概念。

在一定规则下玩"我偷看"的游戏。

重复简单而有韵律的拍手顺序，或者用特别的信号来让儿童安定下来（例如，"如果你能够听到我，摸一下你的肩膀；如果你可以听到我，像这样拍下手。"）。

利用抚摸或者按摩的方法来让儿童冷静和安定下来，重新找回注意力。

在这个年龄段的后期，可以玩类似于扮演雕塑、红灯绿灯这样的游戏，让儿童获得抑制行为的能力。

第 **3** 章

Bright from the Start

面对面时间：你是孩子的第一个玩具

------我应该如何让孩子的注意力系统从一开始就发育
　　　良好？
------我的孩子能看到多少？
------面部哪些部分最重要？

　　如果你的孩子能告诉你他最想看到什么，他很可能会说"你的脸！"在
那双明亮的眼睛和不停动着的嘴巴面前，任何事物都黯然失色。你的面部能
够向孩子表达宽慰、微笑和爱意。许多实验已经证明，婴儿对人类面部的关
注时间，比对其他任何事物都长。事实上，新生儿一来到这个世界上，就有
着对人类面部天生的喜爱。

　　不过贴在墙上的脸部照片，或者是屏幕上的图片却没有相同的功能。对
婴儿来说，最有吸引力的是那些变化着的表情，以及跟表情活动相对应的
声音。

　　每一天，当你的孩子在不断长大的过程中，他都会非常享受"使用"你
的面孔作为娱乐自己的玩具，并且这个玩具会很好地抓住他的兴趣点。看着

你熟悉的脸庞，他会感到很舒服和美妙。基本上你的面部会在很大的程度上保持不变，所以不会让孩子感到惊恐，但同时也会因为你的心情、话语和目的，面部表情出现几百万种微小的变化。最棒的是，你的脸部表情是孩子可以通过自己的动作来改变的。所以，就算摇铃玩具和填充动物玩偶在你孩子的生命中有重要的地位，但是你的面部对他来说才是第一个也是最重要的互动玩具。

科学是怎么解释的：为什么孩子需要看到面部

我用我小小的眼睛来侦察……

——经典儿童游戏

毫不意外，成人的面部在孩子大脑学习如何集中注意力的过程中，扮演着非常重要的角色。孩子生来就希望通过"近距离和私人化"的方式看到你，也就是面对面。从一开始，婴儿的视觉系统就被设置成对20～30厘米距离的事物能够看得最清楚。有趣的是，这也就是妈妈把孩子抱在怀里喂奶的时候，她的脸部跟孩子的眼睛之间的距离。科学家在孩子能够看到什么这件事情上研究了很多，并最终通过以下方面展示为什么面部对于孩子而言是如此迷人：

婴儿最喜欢他们能够看得最清楚的东西。新生儿最主要看到的是黑暗和亮光之间的鲜明对比。同样，因为在视觉对比上，事物的边缘相对于背景来说往往有着更为强烈的视觉反差。所以相对于中间的物体而言，婴儿们看得更清楚的是物体的边缘。当你的脸靠近孩子时，对他而言最清楚的部分（也就是最容易被注意到的部分）就是你的眼睛、嘴巴，以及你的发线，其实就是所有跟你的皮肤背景色有着强烈反差的部分。

随着婴儿视力的提升，相对于清晰的图像，他们会更青睐面部。在位于加拿大安大略省的麦克马斯特大学里，视觉和心理学科学家达芙妮·毛瑞（Daphne Maurer）博士的实验室中，研究者们举着一个海报板，上面有两个物体：一个是包含黑色、灰色和白色随机斑点的圆圈，这些斑点被排列成互相之间有着明显对比度的图案顺序。另外一个圆圈中的斑点被排列成看起来像一张脸，但是这些斑点之间以及和背景色之间都没有强烈的颜色反差。一个六周大的婴儿会更喜欢看有强烈颜色对比的圆圈，但是八周大的婴儿会更喜欢看像面孔的那个圆圈，即使这个图在颜色上并没有明显的对比。

早期识别面部的经验有助于婴儿未来更好地分辨不同的人。从10天大开始，婴儿就已经能够研究你的面部特征，并且思考它们是如何布局的。毛瑞博士也已经证明了，使用海报板并同样在圆圈里放置三个方块，新生儿会更倾向于看三个方块被放置在类似面部眼睛和嘴巴位置的圆圈，而不是那个被放反过来看着不太像面部的圆圈。在2002年，她证明了这样的早期视觉输入，有助于帮助大脑在未来更好地识别出熟悉的人，不论是从房间的另一边，还是从一个全新的角度（比如从侧面或者弯腰的角度）。这主要通过在婴儿早期，练习识别面部的时候用到的提示。

事实上，婴儿对面部的兴趣，很可能也是未来社交技能发展的基础所在。婴儿似乎一生下来就具备识别社交相关信息的能力。即便是刚出生2～5天的新生儿也会更喜欢看向那些跟他们有直接眼神接触的面部，而不是那些回避眼神接触的脸。在婴儿最开始这几个月的持续发育过程中，他们的眼睛会用一种独特的方式来扫视面部，尤其会对眼睛和嘴部区域有着重复的和持续上升的兴趣（见图3-1）。

为什么婴儿会盯着眼睛和嘴巴？因为这些部分恰好就是那些传递重要信

息的区域：

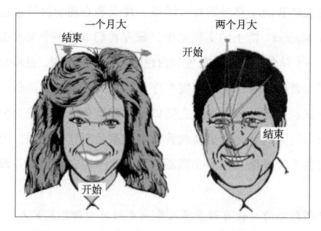

图 3-1　婴儿面部扫描模式变化，他们更加关注养育者的眼睛和嘴部

情绪状态：妈妈高兴吗？我的保姆在意吗？她是不是生气了？还是很放松？研究者已经证明这些情绪是极容易通过眼睛和嘴部的表情被识别出来的。这些微小的改变在传递表情的时候有着重要的作用，事实上，现在一些机场的安检人员正在受训以读懂这些微表情以及动作和肢体语言，来发现潜在的可疑旅客。

口头话语的含义：当你低语，"乖，一切都没有问题"时，你的孩子还不能够理解这些话。但是你撅起的嘴唇和平静的目光会被他看到，并帮助他理解你正在安慰他。这明显跟后面这个场景下你表达的意思不一样，也就是你眉毛上扬，眼神看向远方并且扬起嘴角微笑地说出："看那只小狗！"

在人类生命最初的阶段，个体的生存依赖于能够读懂接近他的人的面部表情，以帮助自己判断对方"是敌是友"，人类的孩子也立即就开始练习如何区分表情之间的不同。所以跟孩子之间进行细致的眼神接触是很重要的。你的眼睛的确可以抓住他的目光。

性别很重要：他看，她也看，但为什么女孩子尤其喜欢看面部

尽管男婴和女婴都会刻意去寻找和喜欢面部，研究者们发现，不同性别之间存在一些有趣的差别。这些在视觉偏好上的差别甚至可以在刚出生一天的孩子身上看到（在文化因素施加任何影响之前）。

在剑桥大学发展精神病理学教授西蒙·拜伦·科恩（Simon Baron-Cohen）博士的一个实验中，刚出生一天的婴儿们（一半男婴，一半女婴）被放在婴儿车里。在每个孩子的一侧，都有一位女性看向他们（不是他们的母亲，仅仅是一位面容姣好的女性），在另一侧，有一个正在旋转的风铃。女婴们会更多将头朝向有面部的那边，而男婴则更喜欢风铃。这样的区别是如何存在的呢？尤其是当一个小人儿到达这个星球上还没有超过 48 小时的时候。

研究发现，眼部视网膜所连接的细胞在组成上有物理性的不同。一位研究性别和学习的儿科医师和心理学家伦纳德·萨克斯（Leonard Sax）博士在研究报告中提到，特定的结构会因为性别差异在数量上出现不同。在眼睛的视网膜中，女孩会有更多的 P 细胞（parvocellular，小细胞）和对颜色敏感的锥细胞相连。这些细胞主要存在于视觉处理区域的中心位置，负责处理大脑对绝大多数静止物体颜色和质地的感知。它们有助于回答这个问题："这是什么？"有趣的是，男孩有更多的 M 细胞（magnocellular，大细胞），这些细胞跟视网膜中的杆细胞相连，并且主要记录黑色、白色和灰色阴影；这些细胞遍布视网膜，并且主要负责处理移动的物体图像。M 细胞可以回答这个问题："它在哪里？它要去哪里？"

分析出"那是什么"和"物体在哪里"的过程是由大脑完全不同的两个部分在处理的。在 20 世纪 80 年代我们就已经了解了这个事实，这多亏了来自宾夕法尼亚大学认知神经科学中心的心理学家玛莎·法拉（Martha Farah）博士在 PET 扫描技术上的功劳。但是根据这个发现，女孩所具有的视觉系统会看到更多的"是什

么"，而男孩的视觉系统会看到更多的"在哪里"，这是一个新转折。

这个非常吸引人的发现并不意味着父母应该因为性别的不同而跟孩子有不一样的互动方式。然而，我发现非常有意思的是，这些在细胞层面因为性别产生的不同，会在未来的学前时间段影响孩子的行为模式。仅仅需要看一下孩子们在画画时的不同：典型情况下，男孩子会选择6支或者更少的蜡笔，而且主要使用黑色、银色、灰色和蓝色，并且他们爱画动词：某些动作、某些运动（比如像撞车这样的事情）。相反的是，女孩会使用10支或者更多的蜡笔，并且是非常鲜艳的颜色，比如红色、橘色、绿色和黄色，并且会用更加微妙的色调。女孩们倾向于画更多静止的物体（名词），尤其是类似于房子、树、人和宠物这些，还会画很多细节。

萨克斯博士指出，如果不能够理解这些生物本质导致的区别，就会造成无意识的后果。一个常见的例子：充满善意的学前和早期教育老师（通常是女性），会非恶意地去批评某个男孩，因为老师认为这个孩子"本应该在他的图画中使用更多的颜色和画一些更开心的人"，因为老师不能理解小马修这种天生对于描绘两种物体相撞的兴趣，她会最终让马修感到自己在有些地方似乎有所欠缺。根据斯坦福大学教育学院院长黛伯拉·史蒂派克（Deborah Stipek）博士的研究，这种早期的挫败感非常重要，因为这会影响到孩子在第一学年结束的时候，决定自己是否喜欢上学。她在报告中指出，这个"来自老师"的信息，会对孩子产生持续一生的影响！

那些了解这种性别差异的老师，可能既会表扬那些画了有关家庭的复杂图画的小女孩，也会表扬小男孩，因为他使用了"很多的黑色圈圈来表示汽车大碰撞时候的动作"。随着孩子的成长，你同样也能明显感觉到小男孩和小女孩兴趣发展的不同。放轻松，享受孩子本来的模样就好。如果你有一个女孩，她会非常爱你的面孔，从她生下来就如此。如果你有一个男孩，你甚至需要给他提供更多面对面的关注，这样才能让你的面孔成为他熟悉的事物，得到他的爱意。

让我们来看下面这些关于婴儿和主要养育者之间需要面对面交流的非常重要的原因，以及一些简单的方法，供你推进这个自然而然的乐事。

聪明的主意：面对面时间

1. 给面对面的交流腾出时间（放下手机！关上电脑！）

当然，绝大多数家长无法抗拒看向他们的孩子的大眼睛。和你的孩子花时间进行面对面、眼对眼的交流应该通过养育活动的日常环节进行：在换尿布的时候跟孩子说话，喂食的时候看着他，一起散步的时候指出新的事物。我并不是说"面对面时间"是某种特殊的、需要你额外跟孩子进行的活动时间！

然而，现代社会通过各种方法渗透到我们的日常生活中，并且会破坏我们最好的注意力。最让我担心的那个盗走面对面交流时间的主要小偷就是我们的手机。它小而轻便，并且是我们跟伴侣、母亲、女朋友和工作保持联系的重要媒介。我承认，所有这些基本的或者简单的娱乐消遣，都好过跟孩子度过无聊乏味的一整天。跟孩子在一起的同时打电话，这已经是常见的生活现象了。我在儿科医生的办公室、在车里、在户外操场里、在商店里，都见过在看孩子的同时打电话的妈妈们。尽管她们的身体和孩子在一起，但是她们跟孩子完全没有任何理应非常重要的眼神接触。

显然，妈妈们的确有的时候需要打电话。但是我们也都知道，那些看上去跟电话（或者是让人上瘾的黑莓手机、掌上电脑、笔记本电脑等）密不可分的人们，基本上会将一天中绝大多数时间都花在上面。如果孩子的父母或者养育者也是这样，那会是个大问题。

你跟孩子之间的"面对面时间"长度非常重要。跟孩子花时间分享你的快乐，比如通过眨眨眼睛、笑一笑和轻快的声音这样的魔幻组合，就会让你的小查理或者玛丽莎感觉到，对你而言他是多么的弥足珍贵。这种集合眼睛、微笑和嗓音的信息传达模式与生俱来，是一个有效的注意力系统发育的起始点，影响大脑（**注意力**）、可靠的社交和情感健康（**亲子联结**），以及语言发育（既有接收和理解信息的能力，还包括表达能力，也就是**交流**）。

2. 让"面对面时间"自然发生

现在我已经强调了和孩子花时间共处是多么重要，但是我还要强调一下，我并不是建议你全天候都把眼睛锁定在孩子的身上。我是希望你意识到为什么跟孩子有眼神接触非常有价值，而不是让你过度地盯着他的脸。事实上，我们现在了解到的是，母亲们都本能地避免眼神接触这件事情。

谈到眼神接触的时候，全世界不论是母乳还是非母乳喂养的母亲们，都会有这样一个与众不同的做法。来自瑞士日内瓦大学的医学博士丹尼尔·斯特恩（Daniel Stern）在他全球性的养育者行为研究中指出，喂养时，母婴在最初几分钟的相处模式在任何地方都是一样的。妈妈会有意不去跟自己的孩子进行眼神接触！这个全球性的信息仿佛在说："让我们快点搞定这件事。你不过是需要生存养分而已，所以赶紧吃。"这种眼神接触的匮乏，会被婴儿无意识地、清晰地接收到，并且正如斯特恩所言，会被婴儿理解成"我要赶紧完成获得生存养分这件重要的事情"。在全世界，无论文化差异多大，这个信息都是一样的。在养育环节中，这最初的几分钟不是充满爱意的交流时间。营养和养分对于生存非常重要。这是一个任务！没有时间来进行社交。

在这最初的关注获取营养的几分钟之后，社交性接触和交流开始发生了。喂养活动的中期和后期阶段，是眼神交流、表现爱意和互动的绝佳机会。这种由表情和情绪构成的社交"舞蹈"，是帮助父母和孩子之间形成情感联结和信任的基石所在。在喂养的最终阶段，往往会出现这些早期的小互动：握手、按摩、说话、大笑，仅仅是"随便玩玩"也会让孩子感到非常满足。这是如此"舒心而快乐"的时光！

这种固定模式会伴随着哺乳过程，一天发生 6 ~ 8 次。这些发现是非常好的例子，帮助你理解如何自信地让面对面交流时间自然发生，你仅需要按照养育者和孩子之间的生物规律来互动就好。

3. 限制孩子"被系着安全带"的时间

从 1985 年开始，美国每个州都通过了这样的规定，要求年幼的儿童在行驶的汽车里时，必须坐在儿童安全座椅里。这是一个多么重要，并且挽救了很多人生命的进步！在过去的很多年中，各种形式的安全座椅被发明出来，并被进一步研发以提升它们在事故中的安全性，以及使它们更容易被家长们青睐。我完全同意，对于所有阶段的婴幼儿发展而言，安全都是绝对重要的。但是，这个新兴的广受欢迎的婴儿安全座椅系统中，也有一个潜在的不利因素。父母们往往不会意识到这个因素，因为他们都关注在安全性和使用的便利性上，而且很容易在无意识的情况下过度使用这些座椅，导致给孩子的注意力系统正常发育带来损伤。

现代"行驶系统"中，婴儿车载座椅可以被改装成婴儿车。这些座椅可以卡在汽车或者婴儿手推车的基座上。我能理解为什么这种可变婴儿车会如此受欢迎。它们强调安全性、时尚和便利，再也不需要将婴儿从摇篮上抱出来，再放到车载座椅上，再从座椅上抱出来放到手推车里。你可以直接将一个酣睡中的孩子从车里带到家里，并且就算他醒过来也是处在安全的环境中，整个过程中完全不需要将他从座位上挪出来。

但是容易被忽视的是，这样一个系统，当你和孩子不在车里的时候，一旦被过度使用，会减少孩子接收视觉信号的范围（视野），而这些视觉信号对于孩子形成注意力非常重要，尤其是在婴儿头 14 个月里。这种婴儿篮出于安全考虑，边缘往往非常高，并且孩子的座位位于篮子深处，这会将孩子的视觉范围局限在眼前的部分，并且让孩子难以辨别来自两侧的声音。如果他听到了狗叫或者门铃响，他很可能会尝试将头转向声源处，但是无法看到任何和声音相关的事物。同样的，他也看不到妈妈带着微笑，跟婴儿篮后方的朋友打招呼时的眼神。相比之下，一个待在妈妈背带上的 7 个月大的婴儿，不仅可以转动他的头，还可以转动整个身子去观察妈妈在看的事物和人（"妈妈的朋友在我身后呀，我最好转过身子来看看"）。

研究者们发现，孩子追踪眼神和定位声音的能力，对于形成有效的注意力系统非常重要，而这个系统是社交互动的一部分。当孩子听见门铃响，他会本能地将头转向声音来源处，但是如果他看不到任何东西，就可能用烦躁的情绪，来表达对这样关联缺失的困惑。但是，如果这样的关联缺失一而再再而三地发生，那当类似的情况再发生时，他就不再会愿意转过头了。他"走神"了。

因为这样的座椅特别方便和多功能，很多孩子都会在大量的时间里被置于其中。尽管现在关于这种新设备的过度使用对孩子大脑发育的影响程度，还没有人做过对照试验，但我还是建议父母限制孩子们在这些设备里的时间，尽量只在为了确保孩子安全的时候使用这些设备（比如在车里的时候）。当你已经安全到达目的地，把你的孩子从座位里抱出来，并让他有机会用天生的能力来转换注意力和跟上你的引导。

最大限度地鼓励孩子观察并和世界互动，能促进大脑的健康发育。这些方法能够让孩子的视角发生改变。

- 与其将孩子放在婴儿座椅里，不如将孩子背在身上，或者放在柔软的前置或后置背带上。你还可以在不同时间里，使用所有的方法。
- 如果在家的时候，你必须把他放在一个安全的地方（比如当你洗澡时），可以考虑把他放在一个有弹性的椅子或者摇椅里。它们的把手不能限制孩子的视野范围。
- 确保孩子在地毯或者是你的膝盖上待一段时间，这样他可以"练习"留心事物，并且关注他自己的世界。

4. 喂养孩子的"大脑"

如果你采用母乳喂养，那你已经知道这样喂养孩子的很多好处，包括让孩子具备对特定感染的抵抗力，以及提高孩子对特定营养素的吸收能力。如果你是用配方奶粉喂养孩子，考虑到现在的配方奶粉都有非常先进的营养组合，你也能确定孩子得到了充足的养分。不需要开始进行关于孩子需要被喂养多久的大讨论，我只希望关注在喂养这个行为上（不论是母乳还是非母乳）以及这个行为将会如何影响孩子的大脑发育。

你估计已经听过关于母乳喂养和后期智商发育之间的正相关关系。研究已经发现母乳喂养的婴儿在长大后，相对于那些被配方奶粉喂大的孩子而言，平均智商要高出 5 分。

在很长一段时间里，营养学家们一直力赞母乳有多优质，尤其是在营养素、维生素、矿物质、生物酶和免疫因子上的特殊组合，母乳中还包含了脂蛋白成分中的脂肪酸 DHA（二十二碳六烯酸）。事实上，配方奶粉的制造商们也花费了上百万美金来分析母乳中的有效成分，并希望能够在配方奶粉中复制这些成分。他们希望能够让那些选择非母乳的家长们相信，他们的孩子也不会错过这个提升智商的机会。

　　但是，如果并不仅仅是因为母乳喂养中的营养成分，而是因为整个母乳喂养的过程有助于智商提升呢？在母乳喂养和使用奶瓶喂养的方法中，存在一些行为上的显著差别。这些差别，可能会对婴儿大脑某些部位的形成具有潜在的影响。尤其是，我认为有些智商差异，可能跟孩子在被喂养过程中经历的社交互动类型和质量有关，以及跟喂养时孩子被放置的位置有关。我们来看一下典型的喂养环节：

- 孩子被成功地放在妈妈左胸一侧，并且很认真地进行了几分钟的吸奶作业。然后妈妈和孩子之间眼神对视，妈妈开始温柔地跟孩子说话，或者向孩子耳语。这个时候，孩子的眼神向他的左方凝视。
- 妈妈甚至可以拿起孩子小小的左手，轻轻按摩和跟他的小手玩耍。孩子可能会开始用手轻拍妈妈的胸部，或者用手去接触妈妈另一只空闲的手并跟这只手嬉戏。注意，当孩子被放到妈妈的左胸一侧的时候，他可能会用左手来进行探索，而且他身体的左半边会被抚摸和安慰。
- 现在我们完成了左半边的喂养，孩子被转移放到右胸侧。这种社交互动继续进行。不过这次，他所能感受到的感觉和可以自由进行的探索，会主要发生在右边，他的目光也会主要凝视右方。

　　这个过程跟绝大多数使用奶瓶进行喂养的过程不一样，尤其在一些关键步骤上。用奶瓶喂的时候，大多数成人都会在抱孩子的时候有比较偏好的"一侧"；奶瓶会被握在喂养者的惯用手里（通常是右手），孩子被置于另一侧胳膊上（通常是左手）。这样，抚摸和跟孩子进行互动的机会就被限制了，因为喂养者并没有能空出手来！此外，极少有家长会进行换边。对我们中的绝大多数人而言，把孩子放在右手，然后用不太擅长的左手来抓住奶瓶，是件不自在的事情。

为什么这很重要？

大脑中的两边半球，是通过叫作胼胝体的带状纤维相连接的。这种结构在两边半球进行交流活动的时候非常重要。发育完好的胼胝体可以更好地整合左右大脑半球所处理的信息。能够促进这种本能地跨越身体中线进行交流的活动，都有助于身体更好地形成大脑胼胝体。事实上，如果一个学龄儿童遇到了任何一种学习问题，可以让其多进行这种跨脑半球的活动，这往往会是各地特殊教育教师们会使用的治疗方法。

在先前的例子里，我们可以用这样的方法来看：

◉ 母乳喂养的婴儿正在改变眼神凝视的方向，当他处在左侧胸的时候，他的眼神会跨越身体中线看向左边，而之后当他处于右侧胸的时候，眼光又会跨越身体中线看向右侧。

◉ 在喂奶的时候，被母乳喂养的婴儿可能会用到身体不同边的胳膊和手。他会用手来拉妈妈的项链，或者拿下她的眼镜。

目前还没有对照试验可以证明和衡量这种简单和可以多次重复的喂养活动，可以在多大的程度上影响大脑胼胝体的发育。不过我个人非常推荐母乳喂养，结合我对儿童早期发展的理解，我的建议是，如果父母真的要选择用奶瓶来喂养婴儿，那他们也应该不断地进行换边！仅仅是简单的改变也至关重要（针对其他如何在游戏中促进大脑两边半球顺畅合作的方法，请参考第 4 章）。

有意思的是，在 2006 年，杜克大学的研究者们发现另一个环境因素，也可能导致母乳喂养的孩子比用配方奶粉喂养的孩子有更高的智商，即他们的母亲很可能有更好的交流能力——也就是说，她们会更频繁地跟孩子说话。就和换边喂奶一样，这也是一个父母或者其他喂养者在喂奶过程中可以实施的简单操作（有关交谈和智商之间关系的更多内容，请参考第 14 章）。

5. 鼓励孩子模仿的本能

人们经常用"有样学样"来形容低龄儿童偏好模仿身边人的做法。在 20 世纪 70 年代之前，大众还认为婴儿直到 8～12 个月大的时候才具备这个能力。之后，研究者们意识到，即便是 12～31 天大的新生儿也可以模仿面部表情，比如张开嘴和伸出他们的舌头，以回应做同样动作的成年人（可以在家跟哪怕刚出生一天的新生儿尝试这点，来看孩子是否具备接受的心态：把你的脸靠近他，然后缓慢伸出你的舌头。保持这个动作一段时间并且等待。你的孩子可能也会伸出舌头来回应你）。这项由安得鲁·梅尔茨科夫（Andrew Meltzoff）博士带领，华盛顿大学学习和脑科学研究院参与的研究工作，让一个有关初生婴儿能力体系的研究就此诞生。

模仿是有助于婴儿学习如何说话和与其他人进行恰当互动的重要基本能力。当我们看到其他人的动作时，我们也会在自己的大脑里"做"一遍。就算是婴儿也可以把他们所看到的别人的行为和自己在做的动作进行关联，这也证明婴儿也具备社会学习的能力。

多亏了一位热爱冰激凌的科学家，研究者们现在相信，他们已经发现了大脑在模仿的过程中发生了什么。15 年前，来自意大利帕尔玛大学的贾科莫·里佐拉蒂（Giacomo Rizzolatti）博士和他的同事们在一只猕猴身上进行实验。他们在它的大脑中植入记录电极，来监测参与计划和执行活动的脑神经元的活动模式。在一次休息之后，有一位研究者吃着冰激凌进入到实验室中。猴子大脑中被监测的神经细胞（原本在休息时间是处于安静状态）突然被激发——但是当时这只猴子身上并没在进行任何测试。惊呆了的实验组成员们意识到，猴子的大脑在它看到研究员拿着冰激凌并送到嘴边的时候就被激活了。他们立刻设计并重复进行相关实验，来重塑这一过程。之后研究组意识到，特定的大脑细胞不仅会在我们执行动作的时候被激活，也会在我们看到别人做这个动作的时候变得活跃。

这些特殊的细胞叫作镜像神经元。这个突破性的实验有助于我们解释为什么当我们看到别人打哈欠的时候自己也会打个哈欠，以及我们是如何学会说话和拍球的，甚至我们是如何分享类似开心或者悲伤的情绪的。来自加利福尼亚大学洛杉矶分校大脑定位中心的神经病学和行为科学助理教授马科·亚科博奈（Marco Iacoboni）博士的工作有助于证明在人类的大脑区域中存在一个网络，这个网络中的细胞具有镜像神经元的特质。这个网络被称为镜像神经元系统。这个系统可能构成了人类通过模仿进行学习的基础，并且跟我们如何理解他人的行为和意图有关。不过，科学家们对于这个系统还需要进行很多研究，举例而言，孩子们可以理解其他人拿起杯子喝水的动作，因为看到别人举起杯子的时候被激活的大脑区域，和自己举起杯子时被激活的大脑区域，是互相重合的。一个 2005 年的团队（其中包括参与了那个奇妙的、通过冰激凌和猴子实验发现了镜像神经元的一些研究员）发现当成年人听到描述特定动作的话语时，大脑中被激活的镜像神经元，跟他们自己做出或者看到这个动作时被激活的神经元，是完全一样的。

现在你可以看出来，这些特别的神经细胞对于让低龄儿童长时间集中注意力观察是多么的重要！加利福尼亚大学洛杉矶分校的米雷拉·达普雷托（Mirella Dapretto）博士在实验室里进行的一个新的研究证明，镜像神经元系统（除了大脑中负责处理面部信息的视觉皮质、杏仁核和梭状回之外的系统）也参与到孩子们观察和模仿面部情绪性表情的行为中。在她的研究中，孩子们被带到实验室里，并经过功能性核磁共振（fMRI）的扫描。这项扫描可以让被试者在特殊的护目镜下，看出来人们正在表达的不同情绪（愤怒、害怕、开心、悲伤或者没有情绪）。在这个扫描环节中，孩子们需要同时模仿他们看到的情绪。扫描过程会衡量孩子在进行模仿的时候，有多少血液会流向大脑的相应区域。除此之外，孩子们和他们的父母需要填写问卷，用于进一步了解孩子们在共情和关心他人方面的能力。最终经过分析图像数据，研究者们发现儿童大脑额叶皮层的镜像神经元参与得越充分，孩子在共情他人情绪方面的能力也越强。

达普雷托博士的实验还证明了，镜像神经元系统在患有自闭症的个体里可能会受到阻碍。他发现，自闭症儿童不能像其他正常发育的儿童那样，激活同样的镜像神经元区域。神经学家们研究注意力和社交技能发育的方法之一，就是通过研究那些在这些方面存在障碍的人。比如说，自闭症就是一种脑部疾病，其特征就是患病者缺乏对面部和声音的优先注意，以及不能像其他人那样对于相同的刺激给予关注（联合性注意）。

孩子们在不同阶段发展出不同的技能，所以如果你发现孩子没有模仿你做的每一件事，或者好像并没有被你的面部深深吸引，不要太过惊慌。不过，你应该给予孩子基本的关注，来了解孩子这些方面的能力是否得到了发育，以及是通过什么样的方式在发育（参考后面的专栏内容："警告标记：孩子回避眼神接触"）。

镜像神经元系统在健康的婴儿体内会自然而然地进行发育，所以孩子们会自发地参与到跟养育者和周边世界的互动中。作为父母和养育者，我们应该利用这个事实，也就是通过孩子会天生就关注面部，来教孩子们了解这个世界，以及如何集中注意力。也许，因为他们在理解他人行为和意图方面的能力部分是通过镜像神经元系统进行的，所以孩子们也会认为，集中注意力也是成年人做的事情之一。

一些简单的日常互动训练如下：

⑨ 玩躲猫猫。前几次你玩这个简单的互动时，双手从脸上移开，嘴里发

出"嘣！"的一声，这对孩子而言是一个完全的惊喜。不过在能够把"嘣！"和你的咧嘴大笑关联起来的时候，他开始模仿这个笑容，并向你咧嘴大笑。

◉ "张大嘴！"当你喂孩子吃固体食物时，你是否曾经在把勺子伸向他嘴的同时，张大了你的嘴巴呢？这个时候，你就是在引发他的镜像神经元反馈！

◉ 挥手拜拜。跟孩子演示这个动作，帮助他模仿，并最终让他理解"为什么要这么做"。首先，你的孩子会随意挥手，仅仅是模仿你，而并不能将挥手这个动作和相对应的场合联系上。比如，你可能会跟祖母挥手再见，然后走回屋子里；一段时间之后，当你谈起祖母的来访时，你的孩子会将小拳头张张合合。不过很快，孩子就能学会在有人离开的时候，挥手跟他再见。通过这个简单的模仿，他会习得在正确的场合使用这个手势。

◉ 坐下来读书。即便是一个不到 12 个月的孩子，也能通过模仿学会"读书"。你不需要非得跟孩子讲书上写的那些故事和话语，只是简单地把各种图片指给孩子看，并且向孩子描述书页上的颜色或者小动物，就能够起到作用。很快，你就会看到你的孩子能自己开始读书，并且会模仿你，指向书页并且发出咿咿呀呀的声音。再之后，他可能就会跟一个洋娃娃或者泰迪熊坐在一起，并且给他的小伙伴"读书"，就像你在给他读书时那样。

在幼儿期，有样学样的行为会越发明显，很可能是因为孩子现在已经有能力调动所有的运动能力：笔直的、移动着的、灵巧的。他越来越擅长模仿那些所看到的成年人运动的模式，同时我们也会注意到这一点。幼儿期也是语言能力爆发性发展的阶段，所以我们还会听到语言上的模仿。我知道，一个 16 个月大的小孩，会在每次看到她的小狗莉莉的时候说："小坏狗，莉莉！"这就是她从父母那里学会的有关这个可怜的小狗的词汇，而且现在这也是她能够跟小狗说的所有的话！

6. 分享注意力

当养育者和孩子进行眼神接触的时候，还有一些重要的事会发生。当养育者猛然看向其他的人或者其他事物的时候，孩子也会自动地开始跟上养育者的目光。科学家们称这个是共同注意。哪怕只有 10 个月大的孩子，都已经在学习语言的时候，参考养育者的目光和指向手势了。梅尔茨科夫博士的实验室研究也刚刚证明了，当成人把眼睛从睁开变成合上的时候，10 ~ 11 个月大的婴儿会注意到成人的眼睛是否合上或者睁开，并且当成人的眼睛是睁开的时候，婴儿会更加频繁地转头。也许，更重要的是，研究者们发现这种可以跟踪目光的能力跟婴儿未来在 18 个月时的语言能力有关。那些更擅长目光追踪的孩子，会有更高的语言评分。

通过以下这些方法，你可以促进孩子的共同注意的发展：

⊙ 标记物品。当在日常生活中，你已经开始通过手指和命名物体的方式来教孩子词汇的时候，首先跟孩子建立眼神接触，就算是一个很短的瞬间，也要确定他的注意力"在你这里"。

⊙ 边指边读。当你跟孩子一起读绘本时，看向书上的事物，并指向它。通过边看边指，你就是在向孩子传达这样的信息，"这就是我在看的地方。如果你也在看这里，你就会看到一些有趣的东西！"

⊙ 也要指出和分享声音。你还可以通过听到的声音，跟孩子练习分享你的注意力。比如，你跟孩子说："你觉得那个声音是什么？是一只鸟吗？让我们来好好听听。是的！你能听到小鸟正在唱歌吗？"

警告标记：孩子回避眼神接触

如果你的孩子有回避眼神接触的倾向，并且当你叫他名字时也不看向你，你需要着急吗？这两个都是一些需要观察的特定行为。

儿科医生很可能会告诉你，你的孩子是否达到了每个发育阶段的目标，但是作为家长，你还可以观察这3个方面的信号：社交能力、沟通和行为。特别值得关注的是自闭症是一种每500个孩子中就有1例被确诊的广泛性发育障碍。现在最新的报告显示，这个数字已经高达1/150了。平均诊断年龄在3岁，不过医生们相信，在18个月之前，就已经有明确的征兆了。下面是一张来自第一征兆公司（First Sign, Inc.）的列表，这是个致力于自闭症和其他发育障碍疾病早期征兆教育的全国性非营利组织。如果你对此很关心，请不要迟疑，去跟你的儿科医生讨论这些；你也要确保给孩子做过正式的听觉评估，以排除听觉障碍导致交流缺陷的可能性。

如果你发现孩子有这些迹象，请务必告知儿科医生：

- 直到6个月和6个月之后，都没有出现过大笑，或其他温暖的、快乐的表情
- 直到9个月和9个月之后，都不曾出现声音、微笑或其他面部表情的反复交流
- 直到12个月也没有开始咿呀学语
- 直到12个月也没有出现反复的手部动作，比如指向某物、展示、伸手拿或者挥手
- 直到16个月也没有说过任何单词
- 直到24个月都没有说过任何由两个单词构成的有含义的短语（并非模仿或者重复）
- 在任何年龄阶段出现说话或者咿呀学语的丧失，以及社交能力的丧失

玩耍时间：玩耍的真实功能

-------我是不是应该让玩耍更具有教育价值？

-------婴幼儿到底需要多长时间来玩耍？

-------他们需要学习型玩具吗？

-------什么样的玩耍体验是最好的？

你可能听到很多类似的说法，"玩耍就是孩子的工作"以及"孩子是通过玩耍进行学习的"。每本你看的育儿杂志，每位你咨询的育儿指导，以及每个你交流过的早教中心，都会跟你说一样的信息。不过你可能不知道这背后的原因。你可能会好奇，为什么玩耍对于孩子的重要性堪比工作？玩耍和工作不应该是完全相悖的吗？

科学告诉我们：愉悦感能满足生理需求

如果做起来开心，那就再做一次。

——谚语

神经科学家告诉我们，玩耍对于帮助大脑运作和学习至关重要。不过，并不是玩耍行为本身引发学习，而是玩耍所促进的重复行为引发的学习。重复性行为能够最终引发可以改变大脑的模式化神经活动。同时，玩耍和学习之间的最核心关联（也就是为什么我们会坚持重复并且从中学习的动力）就是愉悦感。

人类最本能的需求就是，喜欢愉悦，厌恶痛苦。我们竭尽全力去找寻快乐。那些得到爱和良好照顾的年幼孩子，则不需要这般艰辛：热牛奶、微笑的脸庞和温柔熟悉的声音、柔软的毯子、有节奏的摇动，就是他们最需要的。当孩子逐渐长大并开始探索世界的时候，单纯的探索行为和逐步增长的对自身环境的掌控感，也会带来乐趣。请注意，当你的孩子在幼儿阶段大笑并且骄傲地宣称："我自己做到的！"这个时刻，他是多么的开心。

神经科学家们已经成功定位了当人们在经历快乐的时候会被激活的大脑部位（也就是奖励通路）。

大脑会释放出一种独特的化学混合物。研究者们已经证明，当遇到美食、笑声这些刺激，看到快乐的表情，享受背部按摩，赢了一场赌注，获得成就感，或者想到性和药物（对某些人而言）的时候，通过扫描可以看到成人大脑中相同的部位就会被激活。对孩子而言，参与任何一种玩耍，尤其是自由无限制的玩耍，都会激活大脑中相同的快乐中心。

对于每个个体而言，"玩耍"的具体含义是在不断变化着的。躲猫猫会让一个孩子感到兴奋，学步期的幼儿会喜欢玩堆起来再推倒的游戏。不过到了学前阶段，孩子可能就喜欢那些更加复杂的游戏，比如打扮成芭蕾舞演员或者蜘蛛侠的样子。对于妈妈或者爸爸们来说，"玩耍"可能意味着打一场激烈的网球赛，或者是蜷缩在沙发里看书。但是，玩耍本身的生物学含义始终没有发生变化。当你在做某些事情的时候感觉良好，相应的化学反应会让我们的大脑细胞希望能再次体验那些正面积极的感觉。或者就像一个幼儿期的孩子爱说的那样："再来一次！再来一次！"

不论我们是在讨论你选择多吃一片薯片，还是你的孩子晃动摇铃再次制造出尖锐的声响，这点都是真实存在的。当我们真的"再来一次"时，大脑中的神经连接就会被进一步强化。逐渐地，这些被强化的神经连接就会变得强壮。大脑就会因为对重复发生的玩耍体验进行反馈，发生实质性的改变。

这些大脑中重要的生理连接是那些我们看不到的玩耍定义的一部分。我们能看到的，是玩耍让孩子们可以去探索物质世界、去尝试他们的能力和发现极限，以及最重要的，通过跟自身逐渐扩大的世界中的重要人物建立关系，更好地了解自己。当孩子在玩耍的时候，他的大脑会努力整合所有来自外界和内部感受的信息，并形成有意义的模式。随着类似经验的"反复上演"，不断重复、不停练习，孩子获得了对自己和环境的控制感。

如果你仔细观察就会发现，这个过程甚至从早期婴儿阶段就开始了。大概在 7 ~ 12 个月的时候，这个进程就以非常明显的形式蓬勃进行，也就是婴儿们开始通过因果关系来理解和学习这个世界的时候。无数个小时的"是什么导致什么发生"的实验（推、拉、转、扭以及触碰事物）让孩子能够理解事物是如何以及为何会那般运作。有关为什么有些事情会发生的问题，是生存学习非常重要的一方面，也是持续学习魅力的来源。当我把桌布从餐桌上拉下来会发生什么呢？穿着妈妈的新高跟鞋我能走多远？哥哥的青蛙能不能在马桶里游泳？如果我把鸡蛋从台面上扔下去，它会碎吗？如果是勺子呢？或者围嘴儿？孩子的一天中，充满"如果这么做会发生什么呢……"这样的探索。我认为，观察这种通过玩耍来学习的行为，完全不亚于观看一场魔术。对于年幼的大脑而言，学习新事物是非常有趣的！只要孩子感觉安全，以及基本的需求得到了满足，他就应该自由地通过探索和研究自身世界来获得乐趣。

给爸爸们的特别提示

在我的工作坊里，父亲们尤其会对这种利用玩耍来进行扎实学习的方式表示怀疑。他们会对角色扮演和堆建砖块没有耐心，而更愿意让孩子去学习字母 ABC、使用工作表或者学习课程，以及其他"有用的东西"。这才是他们所认为的真正的学习。

所以，我非常喜欢给他们解释，自由玩耍能够让大脑的能量通过不同的方式被使用，这对孩子们而言尤其重要，因为自由玩耍带来的愉悦感会引发重复行为，从而强化了健康的大脑连接。从此，在这些父亲眼中，玩耍不再是一件浪费时间的事情。它的地位被提升成对于孩子们非常重要的事情。正如它原本应该成为的那样！

重复如何强化学习

再来！再来！

—— 来自"天线宝宝"

为什么我们因为享受而不断重复地做某事很重要？因为学习任何新事物都很难。不过你会越学越容易。愉悦感是一种生物动力，让我们不断修正和坚持学习。

下面是我会在工作坊中用来阐述这一点的练习：

想象 30 个人面对面站成一个圆圈。每个人右手上都有手套，手套上写着粗黑的数字。这些手套随机被传来传去。然后，在整组人不知情的情况下，一部分数字被拿掉了。

拿着最小数字的那个人，会得到一个大橡胶球，然后大家会按吩咐根据数字大小传递橡胶球。很快，所有人明显就会发现，没有人知道下一个数字在谁那里。当团队开始自我组织并讨论如何建立规则的时候，会出现暂时的混乱。人们会慢慢开始成功地将球从一个数字传到另一个那里。他们必须通过交流完成这件事。这个过程中会有很多协助、呼叫、欢笑、发现数字缺失时思考办法、纠错……最终，他们会得到最后的数字。

队长对这个过程进行了计时：1 分 45 秒。然后这群人被吩咐再来一次。这次，每个人都更加清楚需要做什么。虽然不完美，但他们一起记住了按顺序谁下一个出场。他们犯了一些错误，但是最终耗时被大幅度削减到 1 分 3 秒。

现在，这组人第 3 次重复这个练习。这次，每个人之间的衔接非常顺利，并且大家的目的都很明确——将球快速地从这里传到那里。大家笑得更少，也更加集中注意力，并且当最后一个人抓住球的时候，全组人都爆发出了欢呼声，因为他们都知道自己做得很棒。秒表的结果也证明了这点：49 秒。

尽管这个展示结束了，但是全组人会强烈要求再来一次。他们感到非常骄傲。他们喜欢这种获得成功的感觉。如果他们再做第四次尝试，他们的确很可能会将总用时再减少几秒，因为他们的传球越发完美，并且也培训了那些动作慢的同伴如何跟上速度。但是这次的进步不会像之前那么巨大。基本上，学习曲线已经被掌握了。

这条曲线反映的就是科学家所展示的人们在学习大多数事物时的学习曲线。努力、努力、少一点的努力、极少的努力……最终成功掌握。学习就是这么发生的。最终达到的成就等级可以一直维持（需要不时地巩固更新），但是更多的努力继续产生的成果就相对少很多，除非经过专业训练，或者付出额外的练习。

这个学习过程依赖于重复。练习会提高最终表现，因为它会让每次我们重复时的能量流动更加简单，并且再次使用到大脑里的神经连接。通过重复，大脑中被用于完成某项任务的区域里的神经细胞连接通路得到强化。通路中的脑细胞之间的突触在每次重复的时候得到激活，并且科学家相信，完成神经连接所需要的化学物质水平也会随着重复次数增多，逐步被减少。神经通路的重复使用（以及相应产生的神经连接网络）激活固定序列，形成"什么和什么相连接"的模式。你越多使用这个被激活的模式，它之后就会越容易被再次激活。同时，激活这个模式所需要的能量，也不会像大脑的注意力功能区、工作记忆区域和认知控制区同时参加时需要的那么多。因此可以让相同的任务被更加自发和高效地完成。因此，练习和重复会引发大脑区域中能量分配方式的改变，并且在很长一段时间之后，导致大脑物理结构的改变。

这就解释了，为什么一个人越多重复某件事，就能够做得越好。当一个孩子通过玩耍和实验习得了某个神经连接，并且有机会重复这次经历时，这些神经连接就会得到强化，之后的学习过程所需的努力也会更少。

在某些生理功能方面，我们可以清晰地看到练习带来的影响。比如当你的孩子挣扎着学习、努力地提高，并且最终学会将他的鞋带绑成蝴蝶结时。没有这么明显但也在真实发生的是，当孩子通过练习最终掌握顺畅和毫不费力的阅读能力时，其大脑中发生的改变。

科学是这么阐述的，"练习能够导致更少的能量需求，并且让大脑连接的形成过程所需的努力更少，因此能够节省能量供给其他学习和提高的过程。"难怪祖辈们会将这句话简单表述成："熟能生巧"！

我特别兴奋地发现，学校、医生和其他的群体正在共同努力提高儿童玩耍这件事情在人们心中的重要性。排除类似密集的课程安排（甚至在学前班阶段）、电视游戏、正式的青年运动计划，以及其他有组织活动这些形式，玩耍本身在童年阶段的地位越来越受到威胁！美国儿科学会现在正在鼓励其会员们去倡导和推广"以孩子为中心的自由玩耍模式。"

以下是你可以在家做的。不要错过这些活动章节（第 7 章、第 12 章和第 17 章）。这些章节在推广注意力、亲子联结和交流能力的同时，都强调通过玩耍的方式完成所有活动。

聪明的想法：玩耍时间

如果这不够有趣，那这就不是玩耍。

——布鲁斯·佩里博士

1. 就这么做！

一些跟玩耍有关的常见要点：

⊙ 玩耍应该占据孩子在婴幼儿阶段清醒时间的绝大部分，除了哺乳时间。

⊙ 有两种玩耍的形式：有指导的玩耍（成人参与）和自由玩耍（孩子自己进行）。两种形式都很重要。

⊙ 你需要对此感到非常自信，即你正在帮助孩子通过玩耍来塑造更好的大脑。这不是无效时间，这是确实发生在脑细胞层面的重要工作！

2. 最好的起步游戏：跨越中间线游戏（0～6 个月）

"跟踪"活动（用眼睛跟随某个对象）以及其他跨越身体中间线的活动，可以通过连接两边脑半球，有效地塑造大脑。"跨越中间线"是指个体能够将眼光、手、手臂或者脚从身体本来的那一侧移动到另一侧的能力。

大脑的左右半球通过跨越脑中线结构，即胼胝体，协作完成重复性的信息处理和转达工作。对于我们所有人，非常常规的能力也需要两边脑半球在胼胝体的协助下合作完成。比如，在谈话中你一定既需要听到并理解话语的含义（左脑半球功能），也能理解说话者的语气（右脑半球功能）。为了演奏音乐，你必须要既能根据音符演奏（左脑功能），又能理解乐章背后的情感（右脑功能）。

尽管左右脑各自有非常独特的功能，但大脑本身是作为一个整体在运作；两边半球之间的连接越好，整个大脑在运作的时候就越流畅，因此对特定技能的学习效果就越好。之后更高级的认知功能和快速的信息处理能力能否形成，都依赖于胼胝体能否形成众多良好的有髓连接纤维轨道。

事实上，这个概念是如此重要，已经有很多治疗师在使用。他们在治疗类似阅读困难这样的童年后期学习问题时，"跨越中间线"的练习扮演着重要角色。他们还会在涉及平衡和协调性的职业治疗中使用这个练习。

一旦你理解大脑对形成完好半球连接的需求，类似于"跨越中间线"这样的简单练习就显得越发重要。我向你保证，如果没有考虑到胼胝体，你一定不会再玩眼神跟踪游戏！当你扮演孩子的玩伴时，这是众多改变中你可以优先完成的。这样的简单游戏对于大脑而言意义非凡，尤其是从一开始就进行练习！

指导：

☺ 托住孩子的背部，将他放在你的膝盖上。

☺ 在孩子的头上方20～30厘米处，缓慢晃动摇铃，从上到下或者两边移动。每次晃动的时候，都要让摇铃发出声响。

☺ 说："摇一摇。"

☺ 缓慢地将摇铃从一边移动到另一边。

☺ 停下来，观察孩子的眼神是否"锁定"在摇铃上。

- ⑨ 当你认为他已经关注在摇铃上时，缓慢地将摇铃从他的左边移动到右边。观察他是否会在"中间点"上出现注意力分散。这经常出现。
- ⑨ 再次晃动摇铃以重新引发孩子的眼神接触，然后继续移动摇铃到孩子右边较远的位置。
- ⑨ 重复这个眼神跟踪游戏。当你在做这种"穿越中间线"的游戏时，你的孩子能够开始更好地连接他的左右大脑半球。
- ⑨ 夸奖他并且享受这个游戏吧！

3. 鼓励俯卧游戏时间（3～6个月）

孩子们还需要另一种特别的游戏，或者更准确地说，用一个特定的姿势玩耍。30年、20年甚至是10年前，妈妈们还不需要被提醒，要把孩子放在俯卧的姿势上。这是当孩子不论是睡觉还是玩耍的时候，人们放置孩子首先以及自然会想到的方式。但是现在，孩子们通常被置于仰卧的姿势，以减少SIDS（婴儿猝死综合征）的风险，所以他们在俯卧上花费的时间越来越少。当孩子醒来的时候，他们并没有处于这个姿势上，并且父母有时会对俯卧睡觉的风险过于担心，所以不愿意将他们的孩子腹部朝下放在地板上，哪怕是在孩子醒着的时候。

孩子需要俯卧时间，尤其是在3～6个月大的时候。腹部向下俯卧，有助于婴儿强化上半身的力量，以及形成爬行运动前期需要的动作模式。当他们爬行的时候，右手和左膝会同时向前移动，之后再轮到左手和右膝。这种相反方向的动作能够激活胼胝体中连接左右脑半球的脑纤维。而且再次强调，对于你的孩子而言，这些纤维发育得越好，两边半球形成的连接就越好，也就越能促进更快的左右脑半球交流。

现在有一个趋势是，孩子基本上会跳过爬行过程，直接进阶到走路。这通常是由于没有让孩子有机会利用俯卧时间做好爬行练习导致的。有些家长，迫于这个快节奏的世界所产生的焦虑感，将这种发育捷径看作是自己的孩子非常优秀的标志。事实上，爬行在发育阶段非常重要。

请注意：有些小婴儿，不论父母付出怎样的努力，也倾向于跳过爬行这个阶段。不要惊慌。在孩子的成长阶段，父母要继续跟他玩那些需要肢体动作参与的游戏，以鼓励身体左右侧的交替使用。

对于学会爬之前的孩子而言，以下是一些非常好的俯卧时间活动：

- 当孩子处在清醒和机警状态时，将他俯卧放置在地板上的毛毯或者地毯上。
- 把对于孩子而言安全（打不破）的站立镜放在地板上，位置正对孩子的头前方，用镜子后面的支架撑起镜子。（你可以在买玩具的地方买到这样的镜子；我最喜欢的是曼哈顿玩具公司的彩色脉冲镜，它的边缘绘有各种图案和颜色的花纹。如果你找不到这样的镜子，可以把孩子放到一个安全的落地镜前面。）
- 鼓励孩子抬起他的头，看到镜子中的自己。如果你的镜子有彩色的边缘，当你向他描述这些明亮的色彩时，鼓励他也看向这些彩色边缘。
- 用非常缓慢而清晰的声音跟孩子说："看这个美美的小宝宝。"当你跟孩子互动的时候，持续这样说话。

孩子用会越来越长的时间享受这样的时光，来"研究"这个有意思的物体，其中他的镜像会跟他一起发生移动。你还可以把一个玩具放到孩子的前面，鼓励他看向这个玩具并且向它移动。当孩子开始抬起头的时候，胸部、手臂和背部肌肉也都一同运作起来。肌肉结构越强壮，孩子就能越容易地开始爬行，学习掌握动作协调，以及让自己坐起来。

4. 提供智能且安全的玩具（4 个月及以上）

起初，孩子们最需要的玩具就是人。但很快，到了大概 4 个月大的时候，他们也需要开始探索一些物体，并且从中学习。当你在构建孩子的玩具收藏时：

- **从醒目的开始——然后扩大范围**！那些颜色丰富、有着高黑白对比色调（配以红色或者黄色）的玩具，设计初衷和推广对象就是低龄婴幼儿群体。这些玩具很适合作为孩子的第一个玩具或者摇铃。但是因为孩子的视觉系统形成得特别快，到了大概 4 个月的时候，婴儿已经可以看见很多其他的颜色了。你不再需要继续往婴儿房里填充红色和黑色的物体，不然会减少孩子喜欢的其他颜色出现。我曾经遇到过一个准妈妈，她将整个婴儿房布置成黑白色，并没有意识到事实上这些颜色过不了几个月对孩子而言就不够了！到 6 个月的时候，孩子就可以看到色谱里所有的颜色了，包括那些老派的（但是依旧很甜美的）粉色和蓝色。

- **不要只使用商店里买的玩具**。有些你可以给孩子的"益智玩具"，其实已经存在于家里了：锅碗瓢盆、量杯、连在一起的量勺、特百惠风格的塑料容器、放满了五颜六色材料的纸盒子（供孩子拿出和放回东西）、一个揉成一团的纸袋、还有一个摔不破的镜子。

- **遵从玩具上的年龄推荐**。你在玩具包装上看到的推荐适用年龄（法律要求制造商们在玩具产品上标注安全使用的最低年龄要求）意味着对多大的孩子而言玩具是安全的，而不是指孩子的智力水平。让你的孩子超前接触他还不够年龄玩的玩具，对孩子而言没有任何好处。事实上，这会引发实际安全问题，通常包括窒息风险，尤其当孩子在使用那些设计给更年长孩子玩的玩具时。

⊙ **使用"TP测试"。** 为了确定某个玩具或者玩具上某个可移除的部分是否对3岁以下儿童太过危险，你可以测试这个玩具是否可以穿过一个标准卷筒厕纸中间的纸芯。如果玩具可以穿过，那它的大小就太过于危险。不要碰运气。一定要测试。

⊙ **考虑种类丰富性，而不是数量。** 拥有各种各样丰富种类的玩具对你的孩子最为有益。一个两岁大的孩子如果拥有50个不同的填充动物玩偶和100个玩具车，这对他而言没有什么特别的优势。不如让孩子拥有一些填充动物玩偶、一些玩具汽车，同时还有一些积木、一套铲子和水桶、一个弹出式玩具、一个娃娃、一套堆叠玩具、一个可以推倒的玩具，等等。

例外：书本。孩子拥有越多的书本，他对阅读感兴趣的概率就越高。你并不需要买所有的书——公共图书馆就是为此存在的！许多图书馆都有非常棒的儿童阅览区，而且现在很多都还有双语书。

⊙ **定期轮流更换玩具。** 因为孩子的大脑天生就更容易对新奇的事物感兴趣，通过轮流更换玩具，你可以实现新玩具和孩子熟悉的玩具之间的完美平衡，而原本熟悉的玩具也能轻松地再次激起孩子的兴趣。

⊙ **选择那些有多种功能的玩具。** 类似于简单的木头积木、乐高得宝系列（Duplo）、木偶玩具、培乐多泥胶（Play-Doh）、以及一些艺术品，都能够在玩耍的时候让孩子们保持更久的兴趣，还能促进孩子的想象力。某个玩具如果只具有一个功能，这本身无可厚非，比如一个简易烘焙烤炉玩具。但事实上，锅碗瓢盆让孩子在模拟烹饪的时候产生了真正的兴趣；你还能够通过选择简单的玩具，省钱并且减少家里的杂乱无章。

◉ **了解"益智玩具"和真正的教学玩具之间的区别。**玩具本身在包装上是不需要注明"教学"和"学习"标志，来证明自身具有教育价值的。许多家长寻觅那些能够促进孩子学业能力发展，比如能够帮助孩子数数到 100，或者能够帮助孩子重复出字母表上的字母的玩具。这完全没有必要。许多和识字相关的概念性知识，是可以通过游戏的方式习得的，像阅读麦片盒子上的字母、利用家中的寻常物品进行文字匹配这样，如各种袜子或者不同颜色的水果谷物圈（Froot Loops）。同样的，可以等到幼儿园再让孩子进行大量死记硬背形式的数数。

最有价值的教学玩具是那些有无限用途的玩具，以及鼓励孩子摆弄和重复使用的玩具。

5a. 介绍玩中学技巧（1）：地垫（适用于 12 个月到 3 岁）

通过引入切实的技巧来开始常规行为，幼儿可以在辅助下理解如何和在何处集中注意力——这种常规行为是为了能够让他们跟你玩耍的时候集中注意力。

利用一个简单的地垫，是当你跟幼儿一起工作和玩耍（有指导的玩耍）时都可以使用的技巧。不仅仅只适用于当你希望他自己玩耍的时候。以下是使用技巧：

◉ **从一个垫子开始。**找到一张结实的地垫，来放置一些有趣的物体和孩子的玩具。这个垫子需要样式简单，上面不要充斥着迪士尼卡通人物、字母、花纹甚至是各种花朵。样式需要简单的原因是，垫子本身不应该分散孩子的注意力。你希望孩子专注在手头的活动上，而不是垫子的花纹细节。这种分心会破坏使用垫子的目的，不能展示给孩子在什么时间和向何处集中注意力。这个地垫对孩子而言是真实可见的提示，让他的注意力集中在你希望的"工作"上（也就是真正的玩耍），即你俩会继续进行的事情。这个垫子代表了"工作地点"。

⊚ **规律地使用。** 每次你想向孩子展示一个你希望他关注的有趣物体、玩具，或者特别的学习活动时，拿出这个垫子。最终他再看到这个垫子的时候，就会联想到马上会有些极其有趣的事情发生。而且，这种美妙的联想还意味着，他知道这件事中会有跟你共处的时间。这张地垫的魔力就在于这个积极的联想，孩子意识到他会得到你的注意力（现在会跟他共享），并且他即将学习一些新奇酷炫的东西！

⊚ **不要讨论这个垫子。** 当第一次使用这个地垫作为注意力工具时，不要切实地提及它。将孩子的注意力集中到你放在垫子上的那些物体上。

⊚ **设定积极的语调。** 当你把垫子铺开在孩子面前的时候，记住需要展露出兴奋和期待的表情。这会让孩子意识到，你认为这个有趣的活动非常重要，并且充满趣味。一旦趣味和期待跟集中注意力之间建立关联，你的孩子就会得到一个非常有价值的"礼物"。这个"礼物"会让他在一生的学习中都受益。

⊚ **慢慢来。** 当你开始进行这个活动时，确保你的动作缓慢，同时也要通过你的面部表情表现参与感。当你慢慢揭晓下一步你要跟孩子一起做什么时，确保孩子跟你有眼神接触。如果你持续这样进行，孩子也会逐步领悟到接下来要学习的快乐和兴奋。

现在，我会在那些曾经用过这个技巧教学的中心里看到，当一些小宝宝希望得到成年养育者的关注时，会跑去拿出一个地垫，铺在地板上并坐在上面，然后微笑着看向上方，仿佛在说："嘿，那谁，我已经准备好玩耍啦。来跟我一起做有趣的事情吧！"第一次发生这个事情的时候，我正跟一小群养育者站在一起，我们都震惊地看向彼此，然后立刻走过去，跟这个兴奋的小男孩一起玩耍！蒙台梭利学校的老师们会规律地使用这个技巧，让孩子们在垫子上"工作"（玩耍），并且使用专门的托盘，用系统化的方法来传递物品。

在使用这个方法很多次之后，你可能会发现，你的孩子会开始倾向于使用其他替代物来"定义工作地点"——用成年人的角度说的话就是桌子！如果你能够意识到，对于成年人而言，如果没有明确的工作区域，集中注意力会变得多么难，那你就会发现这个练习甚至有更大的意义。

在第7章中有很多有趣的活动——其中，"小朋友喜欢的注意力构建元素"开始于用一个地垫来进行跟孩子之间的玩耍互动游戏。稳定而持续地使用这个地垫，可以引发并且最终教会低龄儿童如何集中注意力，通过将他们的注意力引导到地垫上，然后再到你希望他们集中注意力的活动上。

5b. 介绍玩中学技巧（2）："看"的方法（18个月及以上）

有些时候，你说出口的或者没有说出口的话语，可以帮助孩子获得注意力。除非你正在跟孩子一起进行的活动目的是引起很多的谈话和交流，否则有一种方法可以用于引导注意力。这种方法使用最少的口头命令，主要就说一个词，"看"。

这个世界上，每个男人、女人和孩子都会无意识中被成百上千的"信息"轰炸，但通常最终显得分外凸出并且会被注意到的是沉默。通过使用一种吸引孩子参与的表情（睁大眼睛，抬起眉毛），温柔且缓慢地说出"看"。当你给孩子示范过这个活动之后，清楚地展示你是如何进行的，然后缓慢安静地提醒孩子："现在，到你了！"或者"现在你来试试！"

到目前为止，本章所有的指令都针对在跟孩子玩耍时你的动作——我希望这些动作的完成都能基于你对第 2 章（也就是大脑注意力系统的 3 个组成元素）最新形成的初步理解。

- 在你鼓励孩子首先找到摇铃（大脑中部参与的对外界刺激反应的结构）并且当你移动摇铃时，孩子进行跟随（转移注意力，运动区域和大脑顶叶参与）的过程中，这种进行跟踪和抓住一个简单摇铃的游戏，可以帮助孩子建立第一（警觉）和第二（转换）注意力类型（参见附录以了解大脑结构图片）。
- 在每次的一对一游戏活动中使用地垫，有助于引导并保持孩子的注意力。地垫直接联系起第二部分的注意力（转换）和第三部分的注意力（保持），使用这个方法来引导孩子关注他应该关注的地方（将注意力从他当下关注的地方转移）并且保持注意力在一件事情上——就是你希望他跟你互动的那件事情。
- 故意少说话、多用沉默的方法也对引导孩子关注当下参与的活动有帮助。这种互动的方法主要涉及第二部分（注意力转移），因为这会将孩子的注意力从当下注视或者聆听的事情上转移，关注到你希望他看向的活动上。

基本上，通过在玩耍中使用这些技巧，微小但可被预期的改变就会发生，孩子的注意力系统会通过这种"玩耍的工作"出现自然的成长！

安全，安全，安全！

关于如何确保环境安全，你可以找到许多安全检查清单。重视这些警告是非常重要的，尤其当你的孩子还不会走的时候。一旦他能够自己走动了，就已经太迟了。只要有一个没有被锁上的柜子，他就能够找到它。

当孩子每发育到一个新的生理阶段时，重新检查整个家庭的安全性。比如当孩子开始会滚的时候、会爬的时候、会慢慢走的时候、会走会跑的时候。

6. 随着孩子长大，不断改良玩耍活动（12个月到3岁）

当孩子开始会走的时候，他的玩耍和探索活动就会进阶到高级别！一旦孩子的协调性发展到可以自主移动，那他几乎就可以拿到所有的东西，因此注意力可以关注到的潜在目标范围也被扩大。这就让孩子具有了极多的机会来通过实验和重复活动进行学习。

在这个阶段，孩子的玩耍活动会是结合他自身的成熟程度，由这些机会构成的独特混杂体系。为了匹配孩子的发育顺序，应该提供接触不同活动的机会。因为随着孩子的成长，对于活动的复杂性需求也在提升。你需要充分了解这个发育阶段，来满足孩子现实的预期。以下是你可以通过仔细地观察，轻松识别的发育次序：

⑨ 功能性游戏（0～3岁）

首先，孩子学习世界的运作，万事万物如何运行，以及探索物理性定律（东西不会向上滚，当他不断地把物体从高脚椅上扔下的时候重力是如何参与的，在水没有溢出到地面上的前提下装满一个池子究竟需要多少水）。孩子是通过操控周遭环境的方法来学习这些概念的：堆叠然后打翻积木、在沙盒里挖洞、玩水、推倒玩具、跑跳。比较大的婴儿和低龄幼儿还会开始跟书本互动玩耍。在经历过"被吃"和在残暴虐待下书页散掉的待遇后，有些书本成为孩子的最爱。他们模仿爸爸妈妈给自己读书的方式，"读"那些他记住的最爱的部分。

⑨ **角色扮演（2～6岁）**

　　孩子通过假装的和戏剧化的表演来理解社会角色。他们通过使用戏服和道具服装（从商店里购买的，或者是爸爸妈妈不要的衣服，以及旧床单或者其他家居用品）来学习和准备好迎接生活中的梦想，他们还会使用一些类似于木偶、填充动物玩偶、洋娃娃和玩具恐龙这样的道具。只要这个活动是以孩子参与为目的的，家长都可以利用很多机会融入其中，比如用不同的声音或者相反的角色（孩子可能会说，"爸爸，这次我来当爸爸你来当宝宝吧！"）来扮演故事里的情节。让孩子参与到日常家务中，这可以让他通过学习各种成年人的角色，来参与到另一种扮演活动中（布置桌子、扫地、把信放到邮箱里）。这个年龄段，孩子们都会喜欢去做那些能够让他们"试试做不做得到"的事情。

⑨ **建筑游戏（4～6岁）**

　　利用物体和材料来建构事物，是很多学前班和幼儿园课堂里的主流游戏形式。这些游戏活动应该以孩子为主导，以成年人为辅助（提供材料和玩耍时间）。在构建任何事物的过程中，自然形成的互相协作会让孩子学会按顺序轮流参与的价值。

⑨ **游戏和规则（5岁及以上）**

　　在这个阶段，游戏主要侧重于孩子通过跟他人合作获得的社交和情感能力。为了理解预先设定好的规则，孩子们需要具备充分发育的记忆能力，这样才能够回忆和识别出规则或提示，以及能够接受和认同这些规则。类似于糖果大陆（Candy Land）这样的经典棋盘游戏能够给孩子提供很好的场合来开始学习规则和游戏顺序。

　　最终，请记住，没有所谓的正确或者错误的游戏方法——只要有意思就够了。

第 **5** 章

Bright from the Start

屏幕时间：当孩子遇到现代生活

┄┄┄到底电视是好还是不好，或者是介于两者之间？

┄┄┄教育类电视节目怎么样？

┄┄┄专门供婴幼儿观看的视频和碟片怎么样？

┄┄┄专门设计给孩子的电脑游戏可以激发大脑潜能吗？

"观看某样事物"这句话的含义，相较于我 30 年前抚养我女儿或者当你还是个孩子的时候，已经丰富得多：

一个 8 个月大的孩子就会依偎在爸爸的腿上，在厨房里看电脑屏幕上正在跳舞的各种图形，只要他敲击婴儿专用键盘上的"开始按钮"。

一个 15 个月大的孩子可以使用自己婴儿房里的碟片机来放他最爱的节目：关于动物的《聪明宝宝》(*Brainy Baby*) 碟片。

一个 24 个月大的孩子能够跟着《探索者朵拉》(*Dora the Explorer*) 里的双语卡通女孩，模仿出西班牙语的"你好"(Hola)。

在家庭电脑前，一个 30 个月大的孩子会问妈妈，"我们可以去访问 pbkids.org 网站吗？"

在我当妈妈的那段时间，最有名的就是《芝麻街》（*Sesame Street*）。这个公共教育类电视节目优秀且依旧新潮的想法，曾经让美国的孩子们比过去更早地做好了面对学业的准备。这大概是 20 世纪六七十年代，人们为了养育出更加聪明的孩子想到的办法。今天，很多家长对于孩子们正在使用的荧屏媒介也有类似的期待——电视、电脑、碟片机还有视频，家长们被制造商和拍摄者们灌输了各种承诺。

我被问到最频繁的话题就是关于这个。大概在过去的 10 年里，我们看到一个叫作"教育娱乐"（教育加娱乐）的全新领域，提供给婴幼儿选择使用，其中包括给幼儿的"幼教软件"。在网络和有线电视广播网上，整个儿童频道或者区块都是面向低龄儿童的。相对于曾经在周六早上放《兔八哥》（*Bugs Bunny*）和《瑜伽熊》（*Yogi Bear*）动画片的那个时代，类似《好奇的乔治》（*Curious George*）和《布鲁的线索》（*Blue's Clues*）这样的表演也被认为更加具有教育价值。婴幼儿甚至从人口学上被划分成独立于学龄前儿童的单独阶段：宝宝第一电视（Baby First TV），这个不含广告、24 小时播放的卫星频道，曾经首个推广供 6 个月到 3 岁大的儿童观看的全天候无广告节目。

当然，手头还可以获取的全天候资源就是非常受欢迎的录像和碟片（比如"学习视频"或者"成长视频"）。这些资源专门为婴幼儿打造，名字往往很能激励人心。甚至《芝麻街》仍在教给孩子们字母 A 到 Z。根据芝麻工作坊所言，芝麻启蒙碟片"专门为辅助家长和养育者在日常互动中，更好地激励 6 个月以上儿童的学习兴趣和好奇心而打造"。

但是绝对没有任何科学证据能够证明这些东西真的能帮到孩子！

更不要说这些明显的问题：

☺ 每天，通常有 69% 的 3 岁以下儿童会看电视。

- 43% 的两岁以下儿童会每天看电视。
- 平均而言，6 个月到 3 岁大的孩子每天会花 1 个小时看电视，还会将 47 分钟用在使用电脑、看视频和玩电脑游戏上。
- 超过 1/4 的两岁以下儿童在房间里拥有一台电视。
- 在绝大多数家庭里，每天电视的打开时长是 7 小时 44 分钟。
- 1/3 的 3 岁及以下儿童拥有一台电脑。
- 据《华尔街日报》称，"成长性"录像和碟片的销售额在 2006 年达到 10 亿美金。

以下 3 个广为人知的说法有助于解释这些事实。不幸的是，它们都没有科学依据支撑。

（1）"最初的 24 个月对于大脑成长至关重要，为什么不给孩子提供大量的刺激呢？"

有关大脑的最新发现带来了一个讽刺的副作用，促成了这个毫无依据的说法。这个说法被聪明的营销者们大为推广，甚至也会被一些教育者鼓励。他们认为，既然在最初这几年中，大脑细胞成倍增加，那就让我们来充分刺激它们好了！

但是，没有任何衡量工具能够证明，用电子屏幕来强烈刺激一个快速生长中的大脑，能够让这个年轻的大脑变得更加聪明。

（2）"我并不是非常确定，但是为什么不去试试所有的方法呢？万一就有一种可以帮助我的孩子在学业上领先呢。"

我将这种心态称为"以防万一"的方法，这也是很多感到困惑的家长们所采用的。

不幸的是，不仅没有任何证据能够证明数字媒体带来的刺激能够对发育中的大脑产生任何益处，而且关于过早接触大量数字媒体刺激是否会产生不可预料的影响，也没有明确的研究结果。让我们有所担忧的是，即便是相同的刺激，就算可能对学龄阶段的儿童产生有益或者至少无害的影响，也可能会对婴幼儿阶段的大脑产生负面作用，并且我们可能要到多年以后才会意识到这些负面结果。

（3）"算了吧，我就看这些，并且我现在一切正常。"

最有说服力的前沿研究向我们证明，屏幕数字媒体是如何对成年人产生正面和负面影响的，以及是如何影响幼儿园的孩子们的，而这些影响与数字媒体对婴幼儿正在发育过程中的大脑产生的影响都非常不同。

现在我们知道了，《芝麻街》节目并没有如大众期待那样，弥补美国低收入家庭孩子在知识和技能教育资源上的差距。同样，恐怕这些新时代的"智能数字媒体"也难以真正达到其所声称的效果。我们需要从这些受大众欢迎的说法中提炼出科学依据，分析出家长究竟应该如何才能做到既现实主义地、又明智地利用孩子们面对电子屏幕的时间，指导自己的孩子。

科学告诉我们：谨慎行事

所有的电视节目都具有教育意义。真正的问题是我们究竟从中学到了什么。

——前美国联邦通信委员会官员尼古拉斯·约翰森

1999 年夏季的一天，一个惊人的新闻传遍全国：不建议 2 岁以下儿童接触电视。美国儿科学会（AAP）作为服务全国儿科医生的专业机构，宣布了这一决定，以官方名义强烈建议父母让 2 岁以下的儿童避免接触电视。

这对上百万母亲而言，是个非常令人不安的消息，她们原本以为电视是一个安全可靠的哄孩子帮手，或者至少是孩子们可以参与的无伤害活动。如果你的孩子每天不花上数个小时看《巴尼》（Barney）和《小尼克》（Nick Jr.）这样的节目，你又怎么能够在没有这些可爱的电视节目提供的安全保障下，有时间去冲个澡和洗个头呢？毕竟，即便是最勤奋的妈妈，也需要机会去冲个澡！而且，那又要如何在家里打造合适的背景音乐呢？没有电视？为什么这群儿科医生们提供了这样一个让人无法容忍的建议？

有意思的是，所有的媒体关注到的，以及每个人首先意识到的，都是这个告示的前半部分：不提供电视。而这个信息中真正重要的和让人耳目一新的部分，其实是后面一半：2 岁以下。

待在屏幕前的时间长短，对于不同年龄段的人似乎有不同的影响，而在出生后最初几个月，风险则尤其大。

电视究竟是如何改变大脑结构的

我相信电视机将成为现代社会的一大考验，在这个我们所无法看穿的新机会中，电视抑或对内心平和构成全新且难以忍受的干扰，抑或成为空中的拯救光芒。面对电视，我们可能胜利，也可能失败。

——E.B. 怀特

绝大多数美国人（成人或者儿童）都花了太多时间看电视。一个成年人，就算是最糟糕的沙发土豆们，也可以花一整天看电视，但是他或者她的大脑结构不会受到一点点影响。然而，如果非常年幼的孩子花太多时间看电视，他们的大脑结构就会被改变。

这很重要。每个父母或抚养者都需要去理解这个区别。

你需要记住，每个人的大脑结构和机能，取决于你如何使用它。同时，大脑按照明确的顺序完成"发育"。如果影响到大脑发育进程中的某个部分，那可能会对其他的发育进程产生非常不同的作用。

大脑的后半部，也就是处理视觉信号的部分，发育非常迅速。发育进程一直持续到额叶部分（用于处理更加复杂的思维、集中注意力的部位，也是大脑储存临时性信息的部位）完全生长完毕，这个过程甚至可能持续到成年阶段。额叶主要用于储存工作记忆。工作记忆是记忆系统的一部分，用于储存有助于完成某项任务的临时信息。举个熟悉的例子，当你看过电话本并且记住一个新号码的时候，工作记忆能够维持你记住这段号码直到拿出手机并且拨出去。如果你之后没有不断对自己重复这个号码，很有可能下一次你就会忘掉它并且需要再次去翻查。

随着额叶部位的生长和发育，大脑越来越擅长在短时间内记住信息。大脑同时还发育出针对某种情况进行多角度思考的能力。在个体发育过程中，他可以记住更多条信息，还能够同时把这些信息长久记在心里。

婴幼儿的大脑还不能够做到这些。举例而言，当受到来自电视节目的短时刺激时，儿童不能够像成人的大脑般同步接收信息。儿童的大脑就会习惯并且逐渐成长为只有短时注意力。那样大脑真的就变得不一样了。

思考这个情境：作为成年人的你在看最喜欢的情景剧。剧中出现了各种电视人物，也铺陈了有趣的故事情节。然后，进了一段广告，又来了一段广告，而后又有一段接一段的广告。每段广告之后，这个情景剧都会从之前中断的地方继续剧情，而你也能够重新投入到有趣的故事中。这就是一个成年人在看电视过程中观看和体验到的。

现在，这是一个婴幼儿会看到的：节目出现电视人物，剧情开始。然后，又有一个故事接上，然后持续不断地出现新的故事。婴幼儿并不能区分电视广告和电视节目。他们年幼大脑中的额叶部分，还没有进化到能够让他们对故事的记忆持续至广告时间结束。当广告结束，情景剧重新上演的时候，孩子们的年幼大脑还是会认为又来了个新的故事。幼儿的大脑需要在多个广告之间维持工作记忆的能力，这将使大脑发育得非常有限。

孩子的大脑会发育成只会单纯观看和不停转换关注对象，而非集中注意力。这种模式一旦形成，就会对未来的学习能力发展造成阻碍。一些科学家相信，早期阶段过度观看电视节目，也很可能是导致 ADHD 发病率上升的原因。现在，老师们也发现学校里孩子们越来越容易走神（比如空调的嗡嗡声、窗外出现的松鼠、同学之间的耳语），而且越来越难以集中注意力在学习任务上，即便他们并没有被诊断出 ADHD。

华盛顿大学儿童健康协会的联合总监迪米特里·克里斯塔斯（Dimitri Christakis）博士专门研究了 1 ～ 3 岁儿童阶段，并且发现在儿童电视观看量和未来的注意力问题上，存在着让人不安的关联。他在 2004 年发表的论文中提到，3 岁之前，孩子每日多看一个小时的电视，到了 7 岁的时候患 ADHD 的风险就会提高 10%（根据父母填写的标准量表信息统计）。这项研究没有证明在电视观看时间和 ADHD 之间有着直接的因果关系。对于诱发 ADHD 在儿童中发病率提升的单一或者综合因素，我们依旧没有得到全部答案。但是，这个研究还是在潜在关系上给了我们警示。

除非可以做更多能够完美控制变量的实验，否则我们还是没有办法明确了解看电视的时间对大脑功能会造成的长期影响。进行这种严格控制变量的实验难点之一，就是研究者们基于道德角度，不能随机制定某些孩子进行长时间电视观看。因为我们会担心，这种大量的电视观看会对孩子年幼的大脑带来伤害。在这样的限制下，研究者们只能使用来自家长的报告，了解孩子每天都看了多长时间电视。

另一个挑战是，不是所有类型的数字媒体都相似且具有相同的影响。迄今为止的绝大多数研究报告还没能区别不同类型的电子程序。很有可能的是，用于消遣的学习视频或者是一个《摇摆》（*Wiggles*）剧集，相对于更加疯狂的《芝麻街》或者成人午间肥皂剧，会对大脑产生完全不一样的作用。克里斯塔斯和他的同事齐默曼的下一个计划，就是去研究那些日常生活中会看电视和那些不看电视的人之间的区别。

针对所有年龄的负面影响

尽管针对电视媒体和学习本身的研究已经做了几十年，但其中绝大多数研究都是在学龄前儿童中进行，或者更常见于在稍微大一些的孩子身上进行，而从来不针对婴儿进行研究。除此之外，在这些研究中，我们发现过度的电视观看量会跟以下这些问题有关：

体重问题。大量的研究结果证明，那些看非常多电视的孩子，或者是房间里有电视的孩子，最有可能超重或者过于肥胖。一项由亨利·J.凯泽家庭基金会在2003年进行的研究显示，6岁以下的孩子们在电视媒体和户外活动上花费的时间相同。在任何年龄阶段，孩子们在电视前花费的时间越多，那他们在更加积极的娱乐活动上能用的时间就越少。

恐惧。2～7岁之间的孩子是无法很好地区分现实和想象内容的，所以他们也更容易被电视中的暴力和恐怖画面惊吓到。

暴力。那些看太多暴力动作探险节目的孩子，相较于那些看更多社交倾向电视节目的孩子，被发现在学校里有更多的行为问题。

电视机做不到的

针对婴幼儿的视频节目，是这个国家面临的一个巨大的面向 2 岁以下人群的不可控实验。

——唐纳德·谢夫林，医学博士，美国儿科学会通信委员会主席

那怎么看所有屏幕媒体所主张的教育意义呢？当然，有研究发现观看电视和使用电脑具有一定的正面积极影响。但是，如果仔细研究这些报告，我们就会发现，对于一个两岁半的孩子来说，所产生的正面和负面影响可能有明显的区别。举例而言，有研究显示，观看教育型电视节目可以帮助一个大龄孩子提高其词汇量，并让其在与解决问题和灵活思考相关的标准化评估中获得更高的分数。在 2001 年发布的一项主流研究跟踪了从幼儿园到青少年阶段的 570 个孩子。这项研究发现，那些在学龄前看过教育类电视节目的孩子，在高中阶段考分更高，并且图书阅读量更大。另一项研究发现，4～5 岁大的孩子通过使用适合其发育阶段的电脑软件，能够提高智力测试分数。但关键是：这项研究中的绝大多数样本都是年龄更大些的孩子。

婴幼儿是不一样的。

最新研究已经证明，孩子们跟活生生的人类学习的效果，要好过电视中的人像。其他影响因素还包括，现实互动中人与人之间的眼神凝视，有助于大脑用不同的方式处理信息。华盛顿大学学习和脑科学学院联合总监、语言和听觉科学教授、研究员帕特里夏·库尔（Patricia Kuhl）博士正在着手一项实验，希望测试是否能够通过给来自英语家庭的 9 个月大的婴儿阅读中文故事书，来让这些孩子理解其中的内容，并且能够分辨中文中的相似声音单元（音素）。这种分辨外来语言中音素区别的能力，通常在婴儿 6～12 个月大的时候，也就是婴儿开始习惯母语中发音的时候出现退化，而婴儿习惯母语

发音的代价就是牺牲他们对外来语言发音的敏感度。这项 2005 年的研究设计中，最有意思的部分是，要不就是由某个人给婴儿讲故事，要不就是婴儿们自己看某个人讲故事的视频录像。其中最重要的研究发现表明，孩子只会通过现实中接触到的声音学习，而不会通过录像视频完成学习。

这个结果表明，社交互动会强化学习过程，很可能是因为由活人来完成的讲故事能让讲述者的眼神集中到故事书上相应的物体上，这样婴儿就可以也用自己的眼神同步追随。研究者们猜测，这种集中在某个被命名的物体上的共同注意，有助于孩子将更多的注意力放到跟这个物体有关的声音上，因此进一步强化了学习过程。

所以，下一次当你想到使用一个教育类视频来教孩子字母发音或者数字的时候（不论屏幕上的画面多么吸引人），请记住，孩子通过跟你的互动达到的学习效果很可能更好。即便是那些互动性屏幕时间，依旧比不上跟"现实中的你"进行互动的效果好！

尽管近来越来越多的人致力于让电脑游戏具备更强的互动性，我们还是要面对现实，也就是这些所谓的互动性，与真实体验还是相差甚远。在电脑屏幕上，盯着一个棒球目标，这个过程跟全身在臀部肌肉之间的反应回路没有任何相关性，也不会涉及到身体的扭转，以及当你用力把一个真正的棒球投掷向击球手时，肺部空气从肺中释放出来的感觉！除此之外，就算是最有爱的成长类视频，也依旧仅能代表某个事物的单一维度。当孩子观看一个常见物品的展示，比如一朵花的视频时，无论屏幕中的画面光线和摄影多么专业，他的体验和用全部感官去触碰一朵真实的鲜花也完全不一样。在完全不同的真实体验中，你既可以感受到那天鹅绒般柔软的花瓣和略微坚硬但依旧可以弯曲的花茎，还可以摘一朵花并在手中将它的花瓣择下来，去细闻它的香味。同样，展示孩子们在喷水管下玩耍的动态画面，也完全不能让人感受到冰凉的水滴触到皮肤的感觉，以及光脚踩在湿润草坪上的触感。成年人更有可能通过视频画面获得愉悦感，因为我们已经能够理解屏幕上的是什么。不过，如果这是第一次接触一朵花或者喷水的水管，其实你并不能真正地理解这个体验。多元感知维度的体验能够比最昂贵的屏幕传递更多的信息。

我们还知道，当孩子们的生活中充斥的都是被动观看电视的体验，他们自己也会变得越发不积极。根据定义，他们跟电视中的人物相处的时间越多，他们花在走进和接触身边甚至就是隔壁房间的"角色"上的时间就会越少。这些身边的"角色"往往就是孩子们的父母和兄弟姐妹！

尽管依旧存在很多未解之谜，在适度的情况下犯错还是最安全的。我忍不住好奇，当10年之后我们发现所有婴幼儿们花在健脑益智视频前的时间，都最终造成了大脑的错误发育，那个时候会发生什么？孩子们的时间是如此宝贵，不能随意用于实验！

让我们来看看，能够有助你帮助孩子在数字世界成长的最好方法有哪些。

最聪明的想法：屏幕时间

1. 慢些开始！

不能仅仅因为一些事物的存在，就认为它们是必需品。一套完整的学习录像对幼儿园来说不比动物园里的动物更重要。如果你的孩子在生日会上收到了一套学习录像，你不需要马上就放给他看。把视频留到当你需要10分钟去打一个重要的电话或者是处理紧急事件的时候。你并不需要去买任何专门为婴幼儿打造的录像。你的孩子不会因为在两三岁之前没有花时间在屏幕之前，就错过任何事情或者在学业上落后于他的同辈们分毫。

仅仅因为你的孩子看上去似乎喜欢某物，也不意味着这件物品是必需品。家长们常常会看到年幼的婴儿长时间待在屏幕前，就认为孩子喜欢它。这也可能是因为孩子没有其他的选择才只能看着屏幕里的画面——他们的大脑生来就容易被新奇的、活动着的物体吸引。他们总得看着什么东西，快速的、颜色丰富的画面迅速移动，这对大脑而言是很难抗拒的，因为这些画面会激活大脑的定位反应。这是生理上的必然性；这也是人类生存机制的一部分。从生理上，我们就容易关注波动着的亮度对比，以及屏幕上图像的运动。但这并不意味着人们应该不断地用这种视觉刺激来轰炸婴儿！

让我们总结一下应该在儿童早期减少数字媒体接触（这些媒体包括电视、录像或 DVD，以及电脑游戏）的核心原因：

- 没有任何科学证据能够证明，让年幼的孩子沉迷于"儿童专用"的视频，是否会对大脑中的注意力中心带来益处或者伤害。
- 与此同时，我们确实有更有效的方法来参与、转移和保持幼儿的注意力：以一种吸引人的方式交谈、用简单的互动方式、指向和标记环境中的事物。这些活动中的每一项都有研究来证明它对于鼓励学习的有效性。
- 当保姆或者养育者选择玩具的时候自动地就开始使用数字媒体，会让孩子认为电子屏幕是非常有意思的事物；最好的方法，是尽可能长地在孩子的成长过程中，让电视成为环境中存在的中性事物。
- 相对于做其他事情，婴幼儿花在电子屏幕前的时间显得毫无价值。

你应该完全禁止孩子待在屏幕前吗？

有些时候，我遇到这样的父母（时尚的少数派们），他们往往希望将自己的孩子完全隔离在电子屏幕之外，而且是尽可能长时间不去接触它们。我能够理解他们的动机，并且我也能确定地说，婴幼儿在不接触任何电子屏幕的情况下可以生存得相当良好。不过，现在社会中，完全忽略数字媒体是非常困难的。技术及其带来的成果，正在逐步改变我们这个社会。那些认为可以永远将孩子保护在这些由数字媒体带来的影响之外的家庭，可能显得过于天真。更好的做法是，去理解如何才能管理这些影响，并且尝试去设定针对电子媒体使用的合理指南。

2. 留心时间

尽管美国儿科学会推荐完全禁止 2 岁以下的儿童接触电视，我还是相信，美国的妈妈们依旧拥有这样的权力，当需要去洗个热水澡、洗个头甚至是吹个时尚发型的时候，她们可以给孩子放个 10 分钟的视频录像。我当然也不相信，仅仅是让孩子不时地瞥到电视一眼，就会伤害到孩子的大脑。因为，当我们真切地感到轻松自在的时候，才能成为更快乐和更好的父母——这才是对孩子大脑存在巨大影响的地方！

不过，特别是当孩子还仅仅是婴幼儿的时候，你需要尽可能将他接触数字媒体（包括那些专门为婴幼儿打造的视频录像）的时间减少到最小。这些视频都不是必需的。

对于超过两岁的孩子，美国儿科学会的推荐量是每天接触数字媒体的总时长不超过 2 个小时，包括任何高质量、教育类型的视频时间。

3. 提供替代方案

你的所言会被孩子听在耳中，你的所行则会对他们造成巨大影响。

——谚语

当我们需要让孩子有事情做的时候，电视或者录像往往是首选，尤其是当我们需要在家里完成一些事情时。不过，最好尽量让孩子在屏幕前的时间成为最后一个选择。在放 DVD 碟片或者是开始给孩子看儿童节目之前，你需要给孩子一个机会去做孩子应该做的事情。

比如：

- 针对婴儿：把孩子俯身放在地毯上，上面放满各种各样的玩具，或者把其放在活动健身房里。
- 针对稍大些的婴儿：让他在你的橱柜里，玩那些锅碗瓢盆。
- 针对年纪比较小的幼儿：让他把爸爸妈妈衣柜里的鞋子都拖出来，把积木放进抽屉里，全天都尾随你走来走去。
- 针对稍大些的幼儿：涂色，用毯子搭建堡垒，玩洋娃娃和拼图。

这些各类活动不仅能够维持住孩子的注意力，而且还能保证不会伤害到孩子的大脑。

4. 考虑孩子看电视的区域

对于孩子而言，看电视最好的位置就是坐在你的旁边。这样，你可以帮助孩子将电视屏幕上看到的事物和现实生活中的事物进行关联。你也可以谈论你所看到的事物："为什么你认为爷爷很伤心呢？"或者"你最喜欢这个角色什么地方呀？"

挨着坐看电视的方法当然也不会永远那么实用。第 2 优选的方案是将看电视的区域限制在可以被共享的空间里，比如家庭活动室。共享的空间能够确保针对电视内容的讨论有发生的可能。

以下这些地方不建议作为孩子观看电视的位置：

⑨ **不要在孩子自己的房间里。**独自一人看电视会占用孩子跟家人互动的时间。最重要的是，如果在他的房间里有一台电视，你将无法控制你的孩子在看什么或他看了多长时间。

⑨ **不要在车里。**不要屈服于新型轿车里那些"升级"系统的诱惑，在车里安装 DVD 播放系统。凡事要适可而止。省下你的钱。车里不要安装电视。

⑨ **当孩子在客厅里玩耍的时候不要开电视。**当孩子在玩耍的时候，记得关上电视机。不要形成习惯，为了你自己的娱乐目的让电视整天都开着，或者成为"背景陪伴"。研究者们对两种不同的观看电视模式进行了区分：前景电视模式（就是孩子坐下来去观看的那种，通常是儿童频道）和背景电视模式（电视开着但是孩子并没有放太多注意力在上面）。对于 2 岁以下的孩子而言，之前他们看电视主要都是通过背景模式——他们不会在上面放太多注意力。最近，正因为儿童（尤其是幼儿）类录像和电视节目的爆炸式增多，导致越来越多这个年龄段的孩子开始用前景模式看电视。

5. 考虑到电视上在放什么

当你自己需要稍微长一些的独处时间，当然，电视节目或者视频录像可以帮你得到一段休息时间。但是你要非常关注自己选择播放的内容。目前没有任何官方标准来规定儿童电视节目或者其他视频的教育质量。许多广告商或者电视媒体员工所声称的教育类节目，并没有完全的依据。以下是总结：

不好的：许多电视节目都是为了成人或广告服务的。快速插播广告和场景变化的大量干扰是发展注意力广度的一个风险。另外，许多商业电视节目中内容的合适度也是个问题，很多网络上的电视节目会包含过多暴力动作内容。

尤其需要跳过的电视类型：晚间新闻。这种晚间播报的新闻节目中，充斥着可怕的画面，和在周边或遥远地区即将发生灾害的警告。年幼的孩子不会知道伊拉克其实离自己家很远。他们会对世界上糟糕的事物和坏人的数量产生不必要的担忧。让孩子们的世界尽量小而安全并且可预测。如果你仅有2岁，未来还有大把的时间可以慢慢学习现实生活的残酷性。

较好的：专为孩子设计的电视节目，尤其是那些不包含广告的。美国广播电视公司（PBS）的许多儿童节目都曾经被进一步修改以符合更高的标准。另外还需要意识到，那些为较大孩子制作的卡通片中，可能会出现一些有攻击性的行为，而年幼的孩子则会模仿这些行为。

最好的：坐下来略微休息一会儿，看一看真正的教育类电视节目，比如说那些你跟孩子可能都会感兴趣的纪录片。虽然这样做你可能就没有机会去做其他的工作，但是这可以让你有时间放松，并且抱一抱你的孩子。如果你希望给这段共处时间加上更多的教育价值，可以多跟孩子讨论新的词汇和想法。如果你只是希望放松娱乐，那就这么做吧。孩子的教育过程不会有任何痛苦！

利用电视来为孩子编织美国儿科学会所谓的"教育网络"。去图书馆搜寻和电视节目中你看到的人物形象或者物件相关的书籍。即便是在关掉电视机的时间里，也跟孩子谈论这些话题。考虑一些在家可以进行的活动，来模仿或者补充电视上看到的内容，比如说去大自然里走一走，用手指画画，或用积木构建一个特别的场景或者完全基于自我想象的世界。

6. 适度使用电脑游戏——如果真的需要的话

我有一屋子五颜六色的塑料玩具、填充动物玩偶和躲猫猫故事书——但是我一岁大的女儿认为最有意思的玩具是：我的电脑。不然为什么我每天会花上数个小时在电脑面前？

——朱莉·莫兰·阿特里奥在纽约《期刊新闻》(*The Journal News*)上如是说

孩子会对电脑感到好奇，这是一种天性——他甚至会向你宣称希望拥有一台电脑。毕竟，任何会占据一个成年人那么多时间的小发明或者机器，都会激发起年幼孩子的兴趣。这也是为什么孩子们一开始会觉得电视遥控器和电视本身一样诱人。不过，任何事情都需要适度，年幼的孩子不应该在电脑上花费大量的时间，尤其是在上幼儿园之前。仅仅是跟你待在一起（或者任何他所爱的经验丰富的电脑使用者），孩子们就会"不知不觉"中学会使用电脑，这也是他们一生中学习其他任何事情的相同方法。当他们需要了解一些事情的时候，他们脑中强大的计算机很快就能适应，以便通过桌子上的电脑知道"事情是怎么运作的"。这会用很多的时间。

在阅读完之前的内容后，你可能会猜想我是个反对使用技术的人士。我并不是，事实上，最近几年，我致力于将研究大脑如何发育的重要信息技术（通过尖端技术学习）带给像你们这样的家庭！我相信发明新的和更好的方法来学习信息是非常重要的，我也会因为这些新发现而感到兴奋。比如，一些新的机器能够让我们深入"看到"大脑内部的运作，以更好地理解我们的内心。我的女儿克里斯汀在神经科学博士课题上的研究方向就是脑成像技术！

有些研究表明，让孩子熟悉使用技术是有一定优点的。这可以让他们练习解决问题的能力和逻辑思考，并且学习规则（比如说在电脑策略性游戏和解谜游戏中）。许多技术，包括视频游戏，也会提高较大孩子的运动技能和协调能力（手眼协调和反射性）。针对不同年龄段孩子的电脑游戏可以教授匹配、转移注意力、新单词和数学技巧。

所有的这些都非常有价值，但是很显然这对于人生最初的 3 年而言并不是必需的。没有任何证据显示，让低龄孩子玩电脑游戏有促进作用，而且据电视使用方面的研究显示，过量观看电视可能会对孩子带来负面影响。

你只需要运用常识并且牢记，和真人的互动对于孩子早期的学习是最为重要的！许多电脑可以教给孩子的技能，也可以通过你轻松地进行，并且你还能好好见证孩子慢慢成长的过程。

同样，请记住，就算孩子到上学的时候还是不能熟练使用电脑，他也不会落后于其他人。有足够学习能力的大脑会非常高效地完成发育（在生物本能和良好的环境滋养下以健康的方式逐渐完成），当合适的时机到来便准备好学习任何事情。过于急躁除了带来压力并不会有任何结果。

珍妮的故事：脑科学家罗杰斯先生

最终，我意识到罗杰斯先生（Fred Rogers）是一个天才。在没有进行任何脑部扫描来验证做法的情况下，罗杰斯先生已经了解到为了打造有才华的大脑，年幼的孩子们需要什么。

在我刚做妈妈的时候，我的朋友们整天都在讨论他们的孩子是多么喜欢《芝麻街》。我知道为了帮助珍妮克服她在起步阶段的缓慢，我必须利用好她醒着的每一分钟；她从一开始就远远落后了。也许我可以陪她坐着，并且通过《芝麻街》的帮助，和她一起来学习那些色彩明亮的剧集里讲述得如此清晰的课程。这些剧集都特别棒，我记得自己这么想过。里面有很多动作短剧、歌曲、笑话。我看到我朋友们的孩子看见字母在屏幕上飞过时，齐声喊出这些字母，并同时使用木偶玩具。

珍妮不会——之后我也意识到，是不能够——看电视。日复一日，我希望这可以引起她的兴趣。她会大惊小怪，局促不安，最后大哭。我开始意识到，她不能够真正地去"看"这些表演，因为上面的图像动得太快了，屏幕上的每件物体都在不停地变动。新事物、新事物、新事物，快速地移动，互不相关。这些对于珍妮而言信息量过大。

有一天，我们恰好看到电视里罗杰斯先生从他的家门中愉快地走出来。他做了一些非常常规的事情，比如换衣服和鞋子，从容不迫地跟摄像机对话，他的脸离屏幕非常近，他的声音平静。他就像在直接跟我说话，而且，最重要的是，他是直接跟珍妮在对话。我永远也不会忘记，这是珍妮第一次真正地学会了"看"，或者至少表现出来对他温和的声音有所关注。从这天开始，我们家里多了一项每天必备的仪式。在我每天冗长、无止境的、充满压力的照料珍妮的日子中，罗杰斯先生这部剧给我带来了唯一一种缓解压力的方式。

到底弗莱德·罗杰斯做了什么，能够对正在发育中的大脑如此有帮助？他做了一系列事情，而这些事情经常会被现在常见的视频和电脑产品忽略，孩子也不会在那些所谓的教育类电视节目中看到。比如：

他把孩子的周围环境保持得很小。想象他的房子：它只有一个小小的、陈设简单的客厅和厨房。鱼缸是最突出的特色，还有一张厨房桌子，在那里他可以画画或做简单的实验。偶尔，我们会看到一个小的前廊，在那里他向邻居简短地问候。

他把孩子的注意力保持在小范围内。这个节目的主要环境很小，但他每天都会带着一个"大"的想法从那里开始。他慢慢地、自然地、平静地介绍新项目或想法，但声音中充满热情和乐观。他充满信心，认为你（孩子）会喜欢今天他给你看的东西。

他直接看向你。他会跟你有眼神接触。他用非常平静和简单的语气跟你直接交谈，而且自信于你可以理解他。他是我们在第3章中提到的"面部交流"这一重要概念的大师。

他跟你说爱很重要。他让你感觉到自己非常重要。

他让你觉得自己是独特的。他模仿每种独特的人格，通过向你介绍面包师、邮递员、音乐会的大提琴家和一个坐在轮椅上的男人背后的深刻的人性。

他为你唱歌。

他带你参与简短的旅途，来帮助你理解每天常见的地点和人物。你会到一个当地生产玩具娃娃的工厂，去参观街尾那家乐器商店，去见牙医。

他向你展示关于可预计常规活动的概念。在每个节目的开头，他从夹克改成开襟羊毛衫，穿上更舒适的鞋子。可预见的常规行为可以让一个惊恐的孩子冷静下来，能够安抚一个焦虑的灵魂，可以让大脑放松以聚焦到新奇有趣的事情上……因为孩子的大脑会知道这很安全。罗杰斯先生的这个节目很安全。

这个具有标志性的社区节目从 1967 年放映到 2001 年，成为 PBS 史上最长寿的节目，并且还在不断重映中。但是上面提到的它所具备的"风格"可以成为你未来挑选合适电视节目时的指南。

现在这个电视节目在菲尼克斯的市场上已经买不到了，珍妮也有了一些替代这个节目的新宠——美食联播网上的节目。埃默里·拉加斯（Emeril Lagasse）和瑞秋·雷（Rachael Ray）都能够让珍妮的注意力保持整整半个小时。最近我不再分析为什么珍妮会喜欢这些特别的电视节目：因为他们都具备上面我提到的那些特质。你可以自己去试试，这些节目完美匹配那些特点。

第 **6** 章

Bright from the Start

休工时间："无所事事"也很重要

--------整个童年不都是"接受教育的时间"吗？

--------怎样才能充分利用孩子醒着的时刻？

--------孩子抱怨无聊的时候怎么办？

一位妈妈整天想方设法给孩子看新的东西，听不同的声音，不停地给他新的刺激；而另一位妈妈却只会趴在地板上，在孩子的肚子上吐舌头吹口哨。哪一个是"好妈妈"？其实都是好妈妈。

我们知道婴幼儿时期是大脑发育的重要时期，很自然地就会想，必须充分利用这个关键期的机遇，给幼小的心灵提供有趣的体验。这个理想值得追求，但我们往往做得过头了。有没有想过为什么玩具厂商要为坐便椅、婴儿车等几乎所有儿童用具装上灯光、音乐、小玩具？因为整个教育娱乐产业都在给我们灌输这样一个现代理念：童年的每一刻都必须利用起来。我们快节奏的社会似乎不允许有无产出的时间存在。我们一边跟办公室的人聊天，一边收发邮件，查看报纸头条。我们边开车边打电话、吃早餐，我们一边锻炼，一边听新闻，同时做明天的日程安排。同时做几件事才好，同时做几十件事就更好了！一旦无所事事，我们就会心急如焚。这种心态往往影响到我们的育儿观念，以至于觉得孩子躺在小床上、坐在便盆上时，如果无所事事，就是在浪费时间。

在我们多多益善的文化观念和绝不浪费儿童成长时间的错误理念的双重夹击之下，其他时候都很理智的妈妈爸爸们却感到必须让孩子每时每刻都要进行有成效的活动，觉得这是自己为人父母的责任。

然而，这里有一个好消息是：你没必要"让每一秒钟都不虚度"，甚至每个小时都不需要！"多多益善"并不完全适用于培育一个能够自我成长的心灵，有时候多则过矣！

科学告诉我们：休工增强学习效果

"然而正是在我们的休闲和梦境中，淹没的真相才会浮出水面。"

——弗吉尼亚·伍尔芙

大脑需要刺激体验来使其通电运转，同样，大脑也需要休工时间。停工休息才能让大脑电路完善发展，让它充分吸收已经接受的知识得到回顾、反思和改变。

你有没有考试前临时抱佛脚的经历？彻夜不休，连续 14 个小时死记硬背，也许能让你记住相关的知识点，通过第 2 天的考试。然而，4 天或 4 个星期之后，你"学"到的东西恐怕就没剩多少了。假如你换个方式，不要临时抱佛脚，花几天时间慢慢地学习研究考试材料，很有可能你会考得更好，而且几个星期之后仍然记得学过的材料。这种差别如何解释？认知心理学家告诉我们，如果为应考短时间死记硬背，那么所获信息未能得到有效巩固，就没能进入我们的长时记忆中；大脑根本无法在如此短的时间内稳固地储存这么多的信息。

类似地，孩子也需要中场休息，以使其大脑消化吸收汹涌而来的新数据。比如一个 2 岁的小孩，正以惊人的速度学习语言，他需要睡眠和休息来储存新的词汇。这就像大人度假结束之后的感受，我们感觉休养好了，获得了新生，又充满活力，能更好地处理桌上的一堆文件，应对生活中的难题。有时候，如果你请个保姆晚上带小孩，或者让爱人替你哄小孩睡觉，你可以到外面走一走，散散步，那么当你散步回来，也会有相同的感受。因为在抚育后代的漫长旅途中，你需要歇歇脚，中途的休息很有帮助。安排停工休息时间是为每天艰辛的工作加油充电的重要方式，工作如此，学习成长也一样。

"记忆巩固"是一个扩展的梳理整顿过程，通过这一过程，短时记忆才能变成永久性记忆。这一过程主要发生在大脑"海马区"，它就像一个过滤系统，指挥管理记忆的储存位置——影像记忆在一个位置，声音记忆在一个位置，气味信息又在另一个位置。记忆不是立马就被永久储存的。海马区也起到一个存储器的作用，记忆暂存于此，或消失，或永久被保存。记忆最终驻留于另一大脑区域，通过这一区域的大脑皮层和海马区之间的反复互动，记忆才能保存下来。关于这一互动过程，比如当我们想起某件事时，大脑如何唤起关于这件事的记忆，目前我们知之甚少。

从根本上讲，记忆巩固对知识的学习十分关键，而休工时间则对记忆巩固极为关键。

另一个相关的问题是，大脑在任一特定时刻只能关注一定数量的信息；大脑很多时候需要休工时间，来给信息的整合（不是信息的接受）赋予能量，因为大脑是节约使用能量的器官。如果一个功能占用了过多的能量，大脑就没有更多的能量实现其他功能了。来了解一下大脑如何节约使用能量，请快速阅读下面这个句子，同时数一数其中有几个"F"（也要快）：

FINISHED FILES ARE THE

RESULT OF YEARS OF SCIENTIFIC

STUDY COMBINED WITH THE

EXPERIENCE OF YEARS

你数到了几个"F"？3个？4个？5个？

总共有6个！惊讶吗？如果你水平跟大多数人一样，你很有可能数不到6个。你的大脑自动地聚焦于那几个关键的"F"，而忽略了那些次要的，比如常见词"OF"中的"F"。不是说你没看到它们，而是因为你的大脑没足够重视它们，从而引起你的注意！大脑简化了意义不大的、日常发生的事件，目的是为学习关乎生存的重要知识节省能量。所以你的大脑尽可能地把常规事件置于自动巡航控制之中。

回想一下你刚学开车的时候，似乎每个小动作都要付出巨大的努力，简单的倒车都无比艰难。首先你要检查后视镜，调节后视镜角度，想想怎么把钥匙插进去，点火启动……然后再次查看后视镜，挂上倒挡……然后第三次查看后视镜……如此等。现在呢，你可能就跳上车，往后一倒，开车上班，几乎都不记得怎么开到了公司！因为开车时你已经进入了习惯性行为状态。

而孩子的大脑对很多行为过程并没有形成习惯性状态，因为他还在学习了解这个全新的世界，他有太多的东西要去体验经历。休工时间有助于孩子的大脑保存能量，以及回忆反思刚获得的信息。

感官数据信息涌入大脑，速度极快，但是理解消化这些信息需要时间。凯斯西储大学生物学家詹姆斯·祖尔（James Zull）博士指出，学习任何东西都不是单纯地把新的数据装入视觉记忆区、听觉记忆区或其他大脑区域，更为主要的工作是将已有的信息数据以新的方式整合起来，使其具有一定的功用。与感知过程相比，整合过程需要更多大脑神经元的参与。反思需要时间，思考需要时间。

　　我在本书推荐了许多可以让孩子们体验的活动，经历这些奇妙活动的孩子们需要一些休工时间，以更好地反思、梳理他们正在学习的内容。

休工时间培育创造力

　　接受更多的内容并不意味着具有更强的创造力，创造力在于运用我们独一无二的大脑中业已存在的内容，对它进行调整，然后以其他形式输出：将其演出来，画出来，做出来，写出来……

　　这就需要时间，也就需要休闲的状态。所以如果你听到孩子抱怨"妈妈，我很厌烦了"，你要感到高兴才对。

　　我还是小学五年级老师的时候，有一天早上我开车去上课，从车载广播里听到英国演员乔治·桑德斯自杀了。我一直很喜欢这位可敬的先生，所以这个消息让我很难过。但是播音员宣读他的遗嘱时，我感到无比震惊，他在遗嘱里说："我要离开这个世界，因为我对人生感到厌倦，我觉得我活得太长了。"他的话久久萦绕在我的脑海中，挥之不去。这位绅士结束了自己的生命，用他自己的话来说，只是因为他感到厌倦了！

　　在我的课堂上，有一个长期坚持的惯例，就是每天在黑板上写一个名言警句，启发孩子们思考，要求他们说出或者写出自己的感想。那天我想用桑德斯的遗言，但又不确定是否合适：我有没有勇气告诉他们这个自杀的消息？对于十一二岁的孩子来说，自杀是不是一个适合他们思考的问题？

　　我写了这句话，而且那天是我教书生涯中最难忘的回忆。我们开始讨论，如果你感到厌倦，那是谁的责任。班上每个孩子都说他们时常会感到厌倦，但他们都知道这种厌烦情绪绝对是自己可以控制的。他们深入讨论了如何摆脱这种情绪。当时孩子们讨论得很热烈，很精彩，关于为了打发无聊时间而做的那些事是多么有趣。他们说无聊时可以建房子、做游戏、演小品、画画涂鸦、找朋友瞎聊闲逛。那一刻我明白了，奇妙的经历来自于完全自主地给自己创造险境和乐趣。而现在我相信这些快乐感、成就感、创造感在任何年龄都可以获得。

创造力是神经科学刚开始研究的领域。艾奥瓦大学医学院精神病学教授南希·安德烈亚森（Nancy Andreasen）博士提出创造力很大程度上源于"大脑皮层联合区"（包括额叶、顶叶和颞叶，它负责整合感官信息）。她的实验是在人们展开自由联想时对大脑进行正电子扫描。从扫描结果我们可以看到大脑在做创造性训练时哪个部分更为活跃，但我们仍然不知道如何锻炼大脑，以激发创造性反应。但是她相信创造性思维在于在物体或概念之间建立全新的连接，这给既有的信息带来新的视角。

南希教授给孩子们的建议，很多就是本书提到的建议：少看电视，多听音乐，多做户外活动等。

休工提升记忆力

如何适当放松也关乎记忆机能。记忆存储是认知科学家研究多年的领域。现已发现，总体而言，越重要的事项，人们记忆程度越深。与我们个人相关的事物有轻重缓急，在记忆中就有先后的顺序。这其中有两个原因：①我们的注意力更集中于那些重要事项，因而提升了那些信息的编码效率；②当一些事项牵动我们情绪的时候，大脑会释放出一些化学物质。科学家们还发现，记忆是有韧性的，也就是说，你对某个事物的记忆会随时间的推移发生变化。随着时间的推移，新信息被编入我们的神经网络，这个过程称为

"再巩固",然后影响甚至改变我们对原有事件的记忆。

对记忆系统的深入理解,我们才刚刚开始。哈佛大学的丹尼尔·沙赫特(Daniel Schacter)博士正进行一项神经影像学研究,尝试能否通过脑部扫描分辨人体验的是真实的记忆还是虚幻的记忆。评判某段记忆的真实性或者说可靠性困难重重,这正显示了记忆系统运作的复杂性。目前似乎很清楚的一点是,无论我们讲的是记忆的准确性、记忆的有效性,还是各种压力对记忆系统的影响,休工时间都很有用。

下面几种方法能给孩子的大脑有益的休息。

聪明的主意:休工时间

1. 留出"懒散时间"

看看孩子的日程安排,他还剩多少时间无"事"可做?他的一天有没有围绕他"清醒—困乏"的自然节律来安排?这很重要,因为无论是培养注意力的游戏还是其他形式的刺激,都是在孩子吃饱睡好的时候效果最好。活动中的间歇助其恢复精力,就像大人规律性的夜间睡眠和午间休息一样。尽力克制你让孩子的每一分钟都成为"学习机会"的冲动。

下面是孩子每天应该有的 3 种日程安排之外的时间,我称之为"懒散时间":

- **无人指导的游戏。**无人指导不等于无人看护,你当然还要看着孩子,但是不需要一直指导孩子的行为。创造一个安全的空间,让孩子自由探索。里面放些孩子感兴趣的物件,常见的玩具、书本、家用物品等,孩子可以随心所欲地拨弄把玩。安排些有大人指导的游戏(见第 4 章)当然很重要,但自由玩耍也很重要。好的育儿方案和学前教育，里面必然包含相当一部分的自由游戏时间。

- **瞎聊**。我做母亲最快乐的时光之一就是和女儿们斜躺在床上，不是看电视电影，也不是读书讲课本，就是斜躺着休息。我们经常躺下来玩自己发明的游戏。克里斯汀最喜欢的一个是"对对子"。我说"热"，她对"冷"，大对小，上对下，里对外。我不是有意考她，虽然这样做的确有点课堂练习的意味，因为里面包含了孩子们最终要学到的重要概念。母女间的欢闹互动、亲密和睦使这个游戏其乐无穷。到孩子读小学的时候，这个特别的文字游戏扩展了词组和复杂的概念，她会举出这样的对子：健康食品对垃圾食品，老阿姨蒂莉对小外甥杰米，甚至"永世"对"纳秒"。仍然不是考试，不是讲课，没有教导，没有道具，就是瞎聊，纯粹概念游戏，漫不经心地自娱自乐。觉得考倒了对方，我们会哈哈大笑。欢笑对任何人的大脑都是有益的！

- **看世界在眼前转动**。一个绝好的例子就是让孩子坐在手推车或购物车里随车走动，这是放飞孩子心灵的机会。所以我很不喜欢时下一些超市的新趋势：给购物车装上电子屏幕，大人推车购物的时候，小孩在购物车上看动画片。里面播放的节目都是孩子们喜欢看的，像《巴布工程师》《小恐龙班尼》等。超市提供这种"服务"据说是为了让小孩子在妈妈购物的时候有事可做，可以保持安静。

然而，我要说，这有必要吗？购物车上放电视实际上是"现代"育儿理念导致的又一个误区：不断地给孩子"充电"，而不让他们自由地体验真实的世界。这就等于剥夺了他们的大脑所需要的休工时间。坐在手推车里，让妈妈推着走动，对孩子来说，本身就是休闲娱乐。这时，妈妈没有集中关注孩子，而是看看购物单，翻选着货架上的物品，嘴里说："要买些咖啡，咖啡，咖啡在哪儿呢？昨天我还看到那个牌子的咖啡来着，今天怎么就没了？"

这些话更像是漫不经心的自言自语，而不是要跟孩子谈什么有意义的事。这时，孩子可以自由懒散地看着在眼前飘过的各种颜色、形状、人物，不需要特别关注某样东西。他的大脑有时间巩固前面积累的知识信息，因为这时大脑不需要特别用力地聚焦于眼前的事物。然而，如果把小孩放在眼前就是电视屏幕的购物车上，就等于逼着他关注某个事物，因为他不能不看，你不让他的大脑开启休工模式。

其实这也是我反对车载 VCR/VCD 的另一个重要理由。

如果你的孩子上托管班，他们就不一定能遵循其自然作息规律了。托管班要照顾到所有的孩子，重点在集体，无法顾及单个个体的生活节奏规律。所以孩子们都在同一个时间午睡，同一个时间吃饭，同一个时间做游戏等。结果，孩子可能会在某一天接受过多信息刺激，而没有足够的时间进行充分的休息。

孩子回到父母身边的时候，问题可能更加复杂了。整天没在一起，而晚上的时间又很有限，妈妈爸爸自然就想充分利用这一短暂的时光。所以你绝对不会想到，此时你最需要做的就是让孩子"闲着"。正如一位妈妈跟我说的："到我把他接回来，喂饱饭，都已经晚上 7 点了，这是我唯一能亲自教他的时间了！"然而，如果孩子已经接受了满满一整天的刺激，那他现在最不需要的就是信息刺激。

你最好搂着孩子在沙发上看故事书。不是"你能指一指红圈圈吗"那种书。你可以抱着，背着，或者推个小推车，带小孩出去转转。让孩子骑在你背上玩耍，一起唱歌，一起瞎转悠，都可以。

2. 注意观察疲乏的迹象

婴幼儿接受信息过多的时候会给我们发出信号，我们要学会观察他们的各种疲乏表现。如果孩子在做你认为必学的项目时，突然变得焦躁不安，那你得喊"停"，换个时间再做。孩子是在跟你说，他需要暂停、休息。

婴儿接受过多刺激时的表现：

- 环顾左右
- 拒绝跟随你的目光（即没有共同注意）
- 扭来扭去，焦躁不安
- 哼哼唧唧
- 哭闹

幼儿接受过多刺激的表现有：

- 无法集中注意力做手头上的事
- 有攻击性行为
- 过度活跃——好动、多动、行为狂乱
- 越来越不听话
- 晚上闹腾，脾气暴躁
- 难以入睡，即使你明知他已经十分疲倦

3. 放弃你的课程安排

针对婴幼儿的课程——什么幼儿运动班、幼儿音乐会、幼儿话剧社、幼儿瑜伽操等——现在是越来越流行了。但这些东西有用吗？当然，带孩子去玩一玩还是可以的，就是不要抱着过高的期望去报这样的班，效果不会有他们宣传的那么好。更多提示：

忠告： 如果你得早起，打仗似地挤过几个交通拥堵路段，才能赶到"快乐宝宝瑜伽班"，路上花的时间比上一次课的时间还多，那你还是别去了，这不是一个明智的选择。与其花大量的时间送孩子过去、陪孩子上课、接孩子回来，不如把这个时间用来陪孩子在家里休息玩乐、自由放飞。

忠告：如果孩子十分抗拒，你得哄半天才能让他去上课，那可能这课真没必要去上。给他报班，是因为这个活动符合他的天性，他感兴趣，能激发他的热情。不要因为这个班听起来很有用，或者听说他的小伙伴们都报了，就给他报名。如果孩子不喜欢，不想去，那就退了算了。总是要赶着、哄着才去上课，这对你和孩子都是一件繁杂琐事而非趣事。

忠告：如果课程时间刚好赶上孩子午睡时间，那得调整，尽量避开，睡觉、休息更重要。

家长们也经常安排一些外出活动，比如到博物馆参观，去公园踏青，到动物园看动物，或者在家里自己定计划、找材料，让孩子接触电脑绘画、丛林动物、音乐、美国土著历史，等等。这些活动也能让你和小家伙愉快地共度美好时光，甚至可以让孩子学到一些知识。但是你不能因此就想着每天或者每个星期要给小孩子灌输多少知识。

4. 尊重孩子的睡眠需求

休工时间不能规定在某个时段里，而应该遵循孩子的自然作息规律，让它自然地发生。婴幼儿只有在清醒警觉的时候才需要信息刺激，接受完了各种信息，就需要放松、休息、睡觉。

作息有规律，休息充分的孩子心情好、欢快活泼、表现更佳，这不是巧合。科学家现在对睡眠的生物学机制已经有所了解。获得充足的睡眠对大脑补充能量十分关键。就算是中午打个盹儿，对孩子来说也是个绝好的机会，让大脑放松，回顾之前发生的事，让他平静下来。

现在我们也知道，睡眠（可以看作"终极休工"状态）有助于成年人提高记忆力，提升学习能力，增强解决问题的能力。越来越多的研究者倾向于认为睡眠在人的早期认知中起到一个重要作用。亚利桑那大学丽贝卡·戈麦斯博士和同事做了一个实验，让 15 个月大的小孩听 15 分钟人造语言，里面包含某一些词组。一组幼儿在熟悉这些词之后，小睡一会儿，接下来进行测试。另一些幼儿作为控制对照组在学习和测试中间不休息。两组通过测试检验他们是否掌握了：①语言中的一些具体条目；②如何构建语言的一些抽象规则。虽然两组都学了一些单个的词，但是中间小睡的那一组对理解抽象规则表现出更强的能力。也就是说，这一组幼儿能从具体的项目中抽象归纳出更多的通用法则，能举一反三地应用获取的信息。这项研究告诉我们，睡眠能让大脑从学过的具体细节中摆脱出来，抽象地概括出规律，然后将其应用于更为普遍的案例中。这是一种关键的学习方式，对学习任何技能技巧都很重要，特别是在规则定理和语言的学习方面。

温馨提示：

◎ 尽量不要占用孩子白天小睡的时间。

◎ 晚上睡觉和白天小睡的时间，要根据孩子的生物钟，让每天的安排几乎一样，遵循一定的规律。

◎ 如果孩子午睡时一直闹腾，那就让他闹腾，累了他会睡。（也许你也累了，可以一起休息。）

人在任何年纪，大脑都需要放松和休息才能发挥正常机能，至于要休息到何种程度，我们目前知之甚少，这是人类大脑的一个谜题。请赐予你的孩子做梦的时间、想象的时间、巩固记忆的时间、反思经历体验的时间，什么也不做就是长身体的时间。这种自由有一个很棒的优势：它是不花钱的！

第 **7** 章

Bright from the Start

孩子喜欢的注意力训练活动

为什么我们要进行注意力训练

注意力训练活动能给家长们提供练习方法，让他们知道如何鼓励孩子仔细地观察外部世界。孩子可以从中学会分辨事物的异同，学会集中注意力。

视觉分辨力强，注意力集中的孩子学得好，学得快。

下面是一些好玩有趣的活动，可以帮你培养孩子健康的注意力控制系统。我要强调的是，这些活动是有趣的，如果孩子没有兴趣，并不表示他有什么问题。如果做这些活动的时候孩子明显不喜欢，那么别勉强，换个时间再试试。还是要玩得开心才好！

每项活动的后面，我都会给你一些附加的信息，让你理解这项活动怎么有助于锻炼孩子的大脑：

☺"关联大脑"告诉你这项活动对当前孩子的脑部发育有什么影响。

☺"关联学业"告诉你这项活动对孩子以后上学有什么潜在益处。

⑨ "变化模式"告诉你相关的一些有类似功能的活动。

注意：因为新生儿在前6个月发育最快的就是视觉系统，所以你会发现我的很多建议都与视觉刺激有关。视觉方面的游戏很早就对孩子的成长起到关键作用，在孩子后期进入学前阶段后继续发挥重要作用。视觉能力培养一直很重要，因为视觉体系要连接听觉体系并与之融会贯通，才能进行正常的阅读过程。

适合新生儿（0～6个月）的注意力训练

跟宝贝说话的时候，一定要用非常缓慢的语速，极为夸张的表情，才能抓取小宝贝的注意力。这种说话的腔调我们称之为"宝爸宝妈语"。

看、听书（3～6个月开始最有效）

读书给孩子听，什么时候开始都不会太早。但是此时你的目标不是"教"孩子如何阅读，如何数数，而是让他们潜移默化地养成一种习惯，向孩子演示如何仔细地观察这个世界。在这个成长的最初阶段，孩子注意到你能从书中获得这么多的快乐，这是他最大的收获之一。

方法：

⑨ 挑一本硬板图画书，形状简单、颜色鲜亮的那种，比如介绍颜色的绘本。我本人喜欢用那本图片简单鲜亮的《色彩》（Howard Shooter 摄影，DK 出版社）。把小孩抱在胸前，让小孩背对着你坐在大腿上，这样翻页的时候他就能看到美丽鲜亮的色彩了。

⑨ 缓慢地、夸张地念出颜色名称和物品名称。

⑨ 指出物品细节，讲述物品用途。比如，"这—只—蓝—色—的—蝴—

蝶—会—飞……""我—们—数—数—蓝—色—的—蜡—笔—吧，一……二……三……四……"

关联大脑：因为鲜亮色彩吸引了孩子的注意力，所以大脑指挥、调配、维持兴趣和注意力的那部分就得到了锻炼。这个活动也刺激到听觉神经，还有负责理解和存储语言的大脑前左颞区域。

关联学业：培养孩子视觉分辨能力，视觉分辨能力强的孩子学习能力强。同时有助于形成一些概念，其中包含后期学习必备的词汇。

脸部活动

方法：

⊙ 面对孩子，张开大嘴，引起他的注意，非常缓慢地说"啊——，宝宝跟我说'啊——'"，看孩子会不会动嘴唇，跟你学着说"啊"。

⊙ 几个星期后，对他说："看，看我的笑脸，你也做个笑脸吧？"

⊙ 看孩子会不会有所反应，会不会学你的样子。重复这些动作，不断鼓励孩子。

⊙ 孩子可能会饶有兴趣地看着你，然后试着学你的样子。这样你就成功了！这时你可以带着夸张的表情，缓慢地说："宝—宝—真—乖，真—是—个—开—心—宝—宝！"

关联大脑：刺激视觉、听觉、运动技能。科学家新发现的镜像神经元系统会在孩子看到大人的表情时自动激活，引起孩子的各种模仿行为，以帮助孩子学习认知。

变化模式：

⊙ 伸出舌头，看孩子会不会学你的样子。还可以做其他的表情，比如吃惊状（扬起眉毛、睁大眼睛、张大嘴巴），比如生气状（皱起眉头）。

◎ 把孩子抱到镜子面前，让孩子认识自己的脸，嘴里说："看，宝—贝，我看到了一个开心的宝贝！"

木偶戏

方法：

◎ 把孩子放到大腿上，让他有安全感，或者前面放把弹力椅，让孩子面朝你坐在椅子上。

◎ 手拿一个简易木偶，比如动物木偶，放在孩子面前或上方20 ～ 40厘米处。最好找一个颜色对比鲜明的木偶，比如黑色的、白色的、大红色的（尽管孩子到了6个月可以看清所有颜色）。我个人喜欢卡林顿脑部研究所出品的玩偶（详见 www.babybrainbox.com）。

◎ 摇晃木偶，吸引孩子的注意。

◎ 用"宝爸宝妈腔"奶声奶气地说："你—好—啊—，我—是—木—偶—人，我—叫—'你孩子的小名'"。

◎ 慢慢地左右摆动木偶的头部，观察孩子的眼睛会不会跟着转动。

◎ 如果孩子伸手来抓木偶，就把木偶给他。触摸木偶会让他更感兴趣。

◎ 通过可爱的小木偶开心地跟你的孩子谈话吧！

关联大脑：高清晰度活动物体能提升孩子的视觉观察力。这个小游戏刺激了大脑中认知、运动、情绪等方面的连接点。

关联学业：这项活动不仅能延长孩子的注意力集中时间，而且还有助于增强他们的信心，构筑自信，提高语言能力。

变化模式：

◎ 无须花钱买玩偶，找个纸袋自制一个即可。仿照孩子图画书中的人物或动物，用彩笔描一个或画一个图形，然后把它贴在袋子上。

- 扩印一张家人或家里宠物的照片，把它用胶水粘在袋子或袜子上，做成一个"亲友娃娃"。

- 让"亲友娃娃"或宠物玩偶活起来，动起来。虽然人偶的嘴巴不能动，但是你可以让它边唱，边说，边跳，让它拥抱、亲吻你的孩子。

躲猫猫（衣物遮脸游戏）

方法：

- 把孩子放到一个安全安静的地方，提来一篮要整理的干净衣物过来。

- 叠厨巾、打嗝布的时候，时不时地用这些布料遮住自己的脸，然后拿开布料，做个夸张的表情，用非常缓慢的声音和儿童说话的语调说："喵—喵，我—看—见—你—啦！"

- 露出笑容，发出笑声，每样衣物重复几次后再叠起来。

关联大脑：躲猫猫游戏能让孩子开始认识到：暂时看不到某样东西并不意味着它永远不存在了。这个概念叫作"客体永久性"，这是婴儿早期脑部发展的一个关键性因素。意识到物体脱离视线后仍然存在，这是心理再现的早期阶段，而心理再现是发展多种记忆功能的第一步。

变化模式：

- 轻轻地、快速地拿布料盖在孩子的脸上。

- 或者在给孩子穿衣服的时候，用他自己的衣服玩躲猫猫游戏，这时可以说："（××孩子的名字）哪儿去了？我漂亮的宝宝在哪儿呢？"揭开布微笑着说："哈哈，我找到你啦！你真是个漂亮宝宝！"重复做几次。

适合婴儿（6～18个月）的注意力训练

伸手抓物游戏

这是孩子大一些的时候可以用上的游戏。大概6个月大的时候，经常可以看到孩子对在他们身边触手可及的物体很感兴趣。

方法：

- 把孩子脸朝上平放在大腿上。
- 手拿一个拨浪鼓，在孩子头部20～30厘米处，慢慢地上下左右摇动。每摇动一下都会发出响声，孩子听到响声伸手来抓，这时你把拨浪鼓给他抓住。
- 孩子会晃动拨浪鼓，这时你说："摇啊摇。"
- 以丰富的语气语调缓慢地对孩子说："看—这—个—漂—亮—的—拨—浪—鼓。"你自己抬头看看拨浪鼓，继续与孩子说话、交流、互动。如果孩子抓不住了，你拿过来换个方式继续摇晃拨浪鼓，同时继续说话逗他。再让他试着握住拨浪鼓，看能否握得更久一点。

关联大脑：这个游戏刺激正常视力发育，孩子伸手拿彩色物品，促进了他的大脑内运动神经带的连接。

关联学业：激发了对周围环境的视觉兴趣，培养了以后手握蜡笔铅笔的运动能力，提升了自我意识。

麦圈书（The Cheerios Book）游戏

商店里可以找到一整套这样的家庭食品硬板书（见第15章"最佳幼儿读物"）。这些书是帮助孩子集中注意力的互动工具，效果很好。这个活动需要准备这样的一本书，和书中图片一样的食品。

方法：

⊚ 和孩子一起排排坐在桌子或高凳子前。把餐具垫铺在桌上[⊖]，把互动书放在垫子上。你可以试一下我喜欢用的那本《麦圈动物游戏书》（*The Cheerios Animal Play Book*）。挑一些麦圈出来。

⊚ 每页都有一些麦圈图片，还有一些空白的圈圈。每个空圈圈里都捡一个麦圈放进去。向你的孩子展示这个图画，告诉他怎么把麦圈放到书上去。

⊚ 如果孩子放麦圈时显得很吃力，不耐烦，请鼓励他，引导他。如果他越来越不耐烦，那就等他大一点再说吧——记住，这应该是个带来快乐的游戏！

关联大脑：激发大脑感官运动带，刺激通向大脑额叶的连接神经，这个区域是人在集中关注某项任务时必须启用的。

关联学业：锻炼了以后用来握笔的手臂肌肉群，也积累了语汇和概念，以后可用于阅读。

变化模式：

⊚ 在纸上自己画图，画上可以添加麦圈的事物，代表小"部件"的事物。比如，车轮、眼睛、花环。

勺挖、倾倒

孩子们总是喜欢用勺舀起东西倒到容器里，玩起来似乎不知疲倦。其实这也是练习自己吃饭的好方法。

⊖ 摆餐具垫的目的是让孩子意识到在什么时候该注意什么。餐具垫是突出的、实实在在的提示，让孩子意识到你要他注意你们要做的这项任务（实际上是游戏）。不断使用餐具垫最终能教会孩子集中注意力。铺餐具垫的时候要表现得高兴、期待，这样坚持下来，高兴和期待就与集中注意力产生了自然的联系。

方法：

- ๑ 把餐具垫铺在桌子上或地板上，坐在孩子旁边。把分割盘、勺子和一些颗粒大的谷物放在垫子上。
- ๑ 先不说话，把一些谷物倒入分割盘的一边。
- ๑ 说"看"。
- ๑ 做样子拿起勺子，舀起一些谷物颗粒，倒入分割盘空的那一边。
- ๑ 然后说："现在轮到你了。"
- ๑ 孩子舀起谷物时会掉一些出来，不要着急，保持耐心，表扬孩子把大部分颗粒从盘子一边转移到了另一边。

关联大脑：刺激了负责空间思维（对体积和数量的认识）的那部分大脑区域，这一区域处于感官运动带和顶叶中。

关联学业：用勺挖东西是很好的触觉和眼手协调技能，培养了对数学和科学很关键的空间思维能力，锻炼了手掌手腕的协调，有助于以后抓握铅笔。

变化模式：

- ๑ 创造条件让孩子用勺挖沙子、泥土，倾倒到水桶或其他容器里。
- ๑ 让孩子在厨房帮你舀一些好吃的东西，比如煮熟的豌豆、玉米粒等。

捉迷藏（藏物游戏）

方法：

- ๑ 和孩子在地板上玩的时候，拿起他最喜欢的一个玩具，展示给他看。
- ๑ 叫他"看"，同时把玩具藏在衣兜里，或者放在后背。

⊙ 对孩子说："宝宝，你的玩具哪儿去了？"看他会不会爬过来拿，或者用手指向藏玩具的地方。

⊙ 然后，把玩具还给他，记得一定要表扬孩子的关注和努力。

关联大脑：鼓励爬行，爬行可以刺激注意力的转换。这个游戏也有助于构筑自信，因为孩子发现他能控制自己的动作，也让孩子意识到物体的永恒性。

洗白白

⊙ 用小玩具和水泡泡让孩子洗澡也有乐趣。

⊙ 给孩子洗澡的时候，逗他玩，多跟他说话，讲洗澡的过程、好处。

⊙ 你也可以哼起来："啪、啪、啪，擦、擦、擦，宝宝洗白白！"

关联大脑：这类活动刺激负责空间思维（比如体积、数量、大小、形状）的那部分大脑区域。

变化模式：

⊙ 孩子大一点，可以给他一大盆水和塑料杯或其他不易打碎的厨具。

⊙ 让他舀水、倒水、拍水、玩水。看他玩，告诉他在做什么。

注意：绝不能让孩子单独靠近装着水的容器，无人照看他。

适合幼儿（18～36个月）的注意力训练

快乐筑巢游戏

方法：

⊙ 铺开餐具垫，收集几个大小不等、可以一个装一个的塑料碗、特百惠容器，或者量杯。

- 说"看好"。向孩子演示把 3 ~ 4 个容器由大到小叠放起来，然后反过来由小到大把它们取出来。

- 说："现在轮到你了，你来试试。"

- 等等看，如果孩子一直不动，或者满脸疑惑，指导协助孩子做出选择。孩子做成了就让他叠更多的容器，筑成鸟巢。

关联大脑：通过不断练习操作形状一样但大小不一的物体，孩子开始形成对体积容积的理解。容积概念不易把握，所以孩子们需要反复"验证"他们的理解。请保持耐心。

关联学业：对物件进行分类、排序、整理，有助于孩子形成新概念，培养了孩子解决问题的能力，这些能力和空间意识是以后数学推理思维所必需的，同时也培养了耐心。

变化模式：

- 叫孩子分类整理洗碗机里的银制餐具：叉子、勺子、茶匙、汤匙等（记得先把小刀拿开）。

- 鼓励引导孩子在房间里找到两个或多个球体，先叫他拿更大的球，再叫他拿更小的球。

- 找找看还有没有其他物体可以由大到小排列。做这个活动的时候教会孩子新的描述性词汇：大、更大、最大；小、更小、最小。

- 叫孩子按不同性质特点对物体进行分类，比如按物体颜色分类。

注意：在学习比较物体时，孩子一次只能专注于物体的一个方面，一种性质特征。所以如果你只比物体大小，那么你要确保所比较的物体除大小不等，形状颜色等其他方面都一模一样。比较大小，如果是 3 支汤匙，那它们应该都是银制的，只是大小不一样。比较颜色的话，如果是 4 个球，那它们应该大小一样，但颜色不一样。

配对大小和形状

方法：

⊚ 给孩子看 3 件大小或样子相近的物品，其中一件与其他两件稍有区别，比如一双鞋另加一只不一样的鞋，或者两个小勺子带一个大勺子。
⊚ 跟孩子讲其中两件物品怎么是一样的，而另一件跟它们怎么不一样。
⊚ 拿起相同物品中的一个，跟孩子说："把和这个一样的找出来。"
⊚ 表扬鼓励孩子的回应。如果他找不出来，边跟他解释为什么那个物品跟这个一样边展示给他看。

关联大脑：配对活动帮助孩子学习如何分辨、划分、归类物体，同时也有助于孩子形成以下概念：相同、相异、大小、形状、颜色等。

关联学业：培养孩子对周围环境的视觉兴趣，以后学语文算术时可用于分辨字母或数字的细微差异。

变化模式：

⊚ 用 3 个相似的家用物件（比如木块、袜子、杯子等）玩同样的游戏，3 个物件中两个颜色一样，另一个颜色不同。

杂货店探索

这一探索游戏能让孩子在跟你购物时有事可做，同时又锻炼了他驾驭注意力的技巧。

方法：

⑨ 到一个你熟悉的货架边，比如食品区，跟你的小帮手玩"我找到了"游戏。

⑨ 你可以说这样的话："我找到了一个橙色的盒子，盒子上有只蜜蜂，而且是以字母 C 开头的。"

⑨ 让他按你提供的线索去找这个东西。你也可以加一些提示，比如"你离它更近了""你快找到了，再走两步。"

关联大脑：寻找物品，需要孩子记住物品特征并将其与眼前看到的进行配对，通过鼓励这种"搜寻"努力，刺激了大脑的注意力中心。

关联学业：开始有了发生于现实生活语境中的文字符号意识（被称为"环境文字"），培养了对文字和符号的初步认知，这其实就是学前能力的培养。

搜寻形状或颜色

方法：

⑨ 仰卧平躺，"用你的眼睛探索"。

⑨ 玩"我找到了"游戏，搜寻形状和颜色。比如，指着天花板说："这个天花板是方形的，给我看看天花板怎么是方形的。"指向空中，沿天花板边线画个长方形。

⑨ 指向有类似形状的物品：相框、门等。对颜色的搜寻，也可以这么做。

关联大脑：刺激了分辨形状细微差异的大脑视觉加工区域。让孩子在物体形状方面练习了"找规律"。

关联学业：聚焦于环境中物体的特征。搜寻某一特征的"配对"，培养了视觉分辨能力，这是许多认知活动的一部分。

Bright from the Start

第三部分

亲子联结

B 代表亲子联结：
为什么亲子联结很重要

听到孩子啼哭，你从睡梦中惊醒，黑暗中瞥见钟面指针闪着微光：3 点 15 分。你叹着气，跌跌撞撞地走向摇篮，把哭闹不止的小东西抱了起来，"好啦，好啦，乖乖。"你小声地哼着，把他贴近胸口，准备喂奶。"宝宝不怕，妈妈在这儿呢。"抱着孩子坐上大摇椅，抚摸着孩子的头发，你把他抱得更紧了。孩子吸着奶水，这时你可以感觉到他的身体放松了下来。

你满怀母爱迅速地回应了孩子的需求，这样做你就为他的大脑发育做了极大的贡献，比给他买个花哨的新款学具或者陪他学百科知识好得多。

孩子在生理上依赖你的关爱，但是他的需求远不止吃饱穿暖。因为孩子还不能很好地控制自己的情绪，所以他需要你帮他保持情绪稳定。虽然孩子天生有喜怒哀乐惧的本能，但是他需要借助外部力量掌控这些情绪状态，不让它们压垮其神经系统。孩子难过时安慰他，使他平静下来，防止他受惊吓或受过度刺激，这样做其实塑造了孩子的大脑系统结构，影响了大脑适应未来环境的能力。

你早就知道幼年温暖的关爱能助孩子苗壮成长，如今科学家们已经探明其生理学机制。可以说，亲子依恋，或者叫亲子联结，是影响孩子未来发展最关键的因素。亲子关系是孩子人生中第一个人际关系，其质量好坏对孩子的一生具有广泛而深远的影响，远远超过你能掌控的任何其他因素。

科学告诉我们：大脑需要拥抱

总要有人为孩子不顾一切，这是最重要的，从开始到结束，一直如此。
——尤里·布朗芬布伦纳博士，儿童发展心理学家

孩子天生就需要情感联结。婴儿刚出生几分钟就进入了无声的警觉状态，他睁大了眼睛，疑惑地看着周围热切的人。贝里·布雷泽尔顿博士说新生儿"天生就吸引父母的注意"。出生刚一天的孩子听到父母的声音会转向他们，这种奇迹般的能力提升了父母与孩子间的亲近感，开启了他们一生的亲子关系。

一位身心健康的母亲与她的孩子天然地相互吸引。她从内心里渴望拥抱孩子，轻轻地摇晃他，小声地哄着他，凝视着他，与他亲近。而孩子则报之以依偎、吸吮、黏附，以后还有微笑和喃喃呓语。妈妈的行为给孩子带来快乐、安慰和营养，而孩子的行为给妈妈带来欢欣和满足。就是在这样积极的交互体验中，母子间的情感依恋开始发展起来。

这种孩子与其监护人的情感交流模式是一首生理驱动的恋曲，它创造了情感纽带、情感依恋。正是这种母子间的情感纽带推动着孩子的成长发展。

其作用模式是这样的：

父母持续不断地满足孩子的身体需求和情感需求，孩子就开始产生一种

信任感。孩子大脑深处的边缘系统开始成形。这一系统具有发展人类健康情感联系的功能。边缘系统还包括警醒其他大脑系统注意危险环境的结构。监护人有必要消除孩子恐惧、悲伤、不适等不良情绪（这些情绪是大脑求生欲的威胁信号），给孩子创造一个安全的"基地大本营"。这样就能让孩子的关注焦点从求生中转移出来，他就不需要时刻注视着周遭环境，警惕任何可能的威胁。他就有充足的精力继续发展，把大脑的其他部分以正常健康的方式联通起来。

日复一日，父母与孩子间不断重复的互动小动作慢慢植入大脑，形成编码。在父母持续不断的关爱中，孩子慢慢习惯了从出现在他生命中的大人那里获得母爱父爱和及时回应，而父母也不会让孩子失望。结果，孩子觉得能与父母建立安全型依恋，因此就有了一个基本积极正面的人生观。

这样听起来很温馨，但这个过程的确给大脑和神经系统带来了明显的变化。情绪影响注意力（即聚焦和关注能力），而注意力又影响学习。因此，孩子有多少安全感会影响到他以后各方面的成长与发展，其中包括：

- 智力潜能（和孩子在学校的学业表现）
- 语言发展
- 能否控制情绪（自制力）
- 同情心、信任感、积极性的养成
- 能否获得良心良知、自我认同、自信和自我价值
- 应对压力的弹性能力
- 未来建立和维持人际关系的能力，包括友谊和爱情

所有的这一切都始于一个简单的拥抱！

成长中的大脑需要的元素如图 8-1。

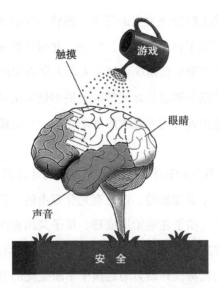

图 8-1　成长中的大脑需要的元素

来自触觉、听觉、视觉的输入和游戏玩乐丰沛地浇灌着成长中的大脑，就像阳光雨露滋养着花草。但是没有深植于肥沃土壤中的发达根系，植物就无法茁壮成长。安全感（图中的草地）是大脑健康发育的基础。你可以让它整天晒太阳，疯狂地给它浇水，但是如果没有适合种子发芽的土壤，结果可想而知。

亲子联结之迷思

"亲子联结"这个说法本身有时候就让父母们感到困惑，引发不必要的忧虑。后面将跟大家解释搂抱亲密如何为孩子小学成绩优异及后来考上哈佛铺平道路，在此之前，有必要澄清几个常见的认识误区。

迷思 1："亲子联结"是发生在孩子刚出生那几分钟的奇迹。

父母们常担心，如果孩子出生时不在他身边（比如，剖腹产的孩子被送到了重症监护室，而孩子的妈妈产后处于病痛之中，或者爸爸还在地球的另一边服兵役）就错过了这个一生一次的机会。

亲子联结不是接生时瞬间发生的行为。的确有很多人说，在把新生命抱到怀里的那一刻就恋上了自己的宝贝。但是，此时茫然困惑也是一个常见的反应，特别是遇到难产带来创伤或者初为人母人父心理准备不足的情况。

亲子联结关系到孩子和家长之间持续发展的依恋关系。这种依恋关系产生于孩子与他主要监护人之间无数次的互动之中，它是随着时间的推移而发展起来的。

迷思2：只有在母亲和孩子间或父母与孩子间才能形成亲子联结。

母子联结被认为是最理想的，这是有充分理由的：孩子出生之前这种亲密关系就已经开始了，孩子在娘胎里成形，母子共用血液、营养和激素。母亲可以感受到胎儿在肚子里转动，胎儿可以听到母亲的心跳和声音。从出生那一刻开始，母亲的乳房就开始为满足孩子不断变化的营养需求量身定制奶水（有时一分钟变一次）。吮吸着奶水的孩子体内释放出一种荷尔蒙，发出饱足休眠的信号；与此同时，孩子的吸吮让母亲体内产生催乳素，对她自己具有镇静的效果。儿科医师威廉·西尔斯（William Sears）形象地指出："这就好像妈妈把孩子哄睡了，同时孩子又把妈妈弄睡了。"

毋庸置疑，大部分父亲和养父母都深深地爱着自己的孩子，孩子也爱他们。还有很多孩子既与母亲亲密依恋，也与其他家庭成员保持亲情关系。亲情依恋可以存在于任何监护人和孩子之间。

对于正常的脑部发育，关键的是要让孩子知道至少有一个大人可以依靠，他可以获得这个人持续的可预见的关爱。这个人并不必须是妈妈或爸爸，但必须至少有一个这样的人。而且每天都必须是同一个人，特别是在婴幼儿期。

婴幼儿的切身环境就是他与周围的人的关系。他生活中的关键人物是他观察认识外部世界的唯一通道。婴儿一般只能建立少数几个依恋关系。建立

情感依恋和联结的关键期是从出生（其实可以从怀孕开始算起）一直到孩子
3 岁，最早的依恋关系一般在出生后 7 个月就形成了。

孩子大脑紧张时的状态

"从我出生到 3 岁时你教我的东西就是对我来说最重要的。"

对于婴儿来说，安全感的反面是紧张感。婴儿紧张感的来源很多，小至
被陌生人抱起（本身对婴儿来说不是坏事），大至被父母抛弃或虐待。每个人
都会感到某种程度的压力，压力带来紧张感，这完全是人生不可避免的一部
分。压力的强度及其持续时间的长短决定它是有益发展的紧张感还是带来创
伤的毁灭性压力。

受压力的刺激，大脑释放出化学物质，影响了神经活动，控制着身体的
反应。起初的压力反应决定着当时的表现，而对于孩子来说，同时也影响到
长期的大脑功能。

比如哭闹的孩子，他的纸尿裤湿了，很不舒服。他感到越来越不舒服，
而又无能为力，他就越来越紧张害怕。紧张感激发了他敏感的神经系统：他
的呼吸急促，心率、血压都在上升，于是就啼哭起来。这时他的大脑释放出
肾上腺素，调动其能量储备，改变其血液流动，以应对压力。大脑也产生一
种叫"可的松"的激素，释放到神经系统中。这就是大脑调动资源应对压力
的方式，理想状态下只是一瞬间的事。

此时，孩子的父亲抱他起来，换了纸尿裤，安慰他。孩子安静了下来，
依偎在父亲温暖的怀抱中，开始研究起父亲给他的织布拨浪鼓。压力激素消
退了，后叶催产素、后叶加压素等在脑部扮演化学信使角色的荷尔蒙开始上

升。动物实验研究表明，交际中愉快的感官体验，比如爱抚和香气，能使这些化学物质的水平上升。

然而如果孩子的爸爸当时没把他抱起来，会怎么样呢？他的压力反应会持续更久一点。他情绪失去平衡，深陷强烈紧张中，哭得更厉害了。他的大脑处于求生模式。可的松急剧升高，把他的身体机能降到了初级水平，让他无法关注任何其他事物，只能发出减压信号，以求回应。长期的负面影响在这个例子中是不太可能的，因为他已经从以往与父母的互动中知道他脏了、饿了、总会有人过来的。毫无疑问，几分钟后，爸爸挂了电话就过来看他了。虽然他一时间极为焦躁不安，但是随着压力反应消退他最终安定下来。在有些情况下偶尔释放出压力激素会是有益的，实际上能保护大脑，防止精神创伤。

接下来假设没人过来照看啼哭的孩子，而且这种迟迟不来、漠不关心的态度时常出现。大脑化学物质长期处于"高度戒备"状态时，可的松水平持续高涨。在大量可的松释放出来的时候，大脑就无法有效地进行认知学习，无法获得新信息。

压力对认知能力的影响如图 8-2 所示。

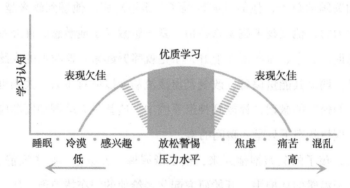

图 8-2　计量表：压力对认知能力的影响

孩子既警觉又放松时，其大脑认知能力最强。

脑部释放大量可的松会造成多种严重伤害，甚至可以激发或抑制某些基因，影响将来大脑抗压能力。在受影响的基因中，有些控制着大脑可的松受体的数量（肾上腺糖皮质激素受体基因），有些控制着髓鞘质，髓鞘质是促进细胞间信号传递的"绝缘材料"（即髓鞘碱性蛋白基因）。压力激素水平过高会抑制免疫系统功能，也会抑制促进生长的激素。

可的松水平过高还会造成大脑结构性损伤。最近一项研究表明，遭受遗弃、虐待、长期的紧张压抑与海马体（大脑中被认为是感情和记忆中心的部分）、杏仁体（大脑中各种情绪反应的指挥所）、胼胝体（连接两侧大脑皮层的连合纤维）容量的大幅下降密切相关。长时间高度紧张的婴儿也可能放弃：最后他不哭了，因为啼哭没有回应，他感到绝望。所以他停了下来，但是他的可的松等压力激素还很高。

人类的压力反应很复杂，有可能是"觉醒过度"（打得赢就打，打不赢就跑的反应），也有可能是"崩断分离"（举手投降、束手就擒的反应，因为打不过也逃不掉），而婴儿不能打也逃不了。大脑激发了警报或分离系统，产生压力激素的大脑系统就发生了功能依赖性变化。就是这些累积性变化有可能影响正在成长中的孩子的情感和认知能力。

如果孩子的大脑没有形成应对普通压力的正常机制，他就更难专注于认识其他事物，因为他随时处于一触即发的高度戒备状态中。这种情形持续下去的话，最终一丁点压力都可能导致过度反应、焦虑不安和冲动行为。大脑被自身的安全问题缠住了。例如，一个"一触即发"的孩子在学校排队时不小心被别人撞了一下，他就可能反应过度，对那个不小心撞到他的孩子进行回击。他的人生经历告诉他，此时最佳选择就是自我保护、反戈一击。先别把这个孩子的问题视为"机能失调"，想想他的大脑其实很好地适应了他自己的世界，他的行为只是躲避威胁所必需的反应。然而在现实世界中，这只是一个无心的小碰撞，而他的大脑太敏感了，立即发出信号，做出强势的反应。

我举这个例子并不是说不能让孩子哭！啼哭是孩子与父母沟通交流的重要方式。只有持久强烈的压力造成的紧张感才会产生这种效应，它表现在高度警惕的学龄儿童的行为上。但是由此可见对孩子普通的负责任的关爱在塑造孩子大脑方面是多么的重要。

给孩子减压：日常小事

给孩子减压，你不需要特意做任何事。与孩子建立良好的亲子联结不在于给孩子提供额外的好处，而在于为他消除额外的负担（比如紧张、焦虑），给亲密接触交流留下更多的时间和空间。看看下面两位妈妈在普通儿科候诊室的行为：

妈妈"甲"抱着车载安全座椅走了进来，她6个月大的孩子坐在安全座椅上。她把座椅放下，签名登记。在候诊室，她用脚轻轻地摇晃着座椅，一只手拿出一个小玩具在孩子面前摇晃，另一只手拿着手机继续接电话。护士叫到孩子的名字，她就把安全座椅连人一起搬到诊察室，然后解开安全带，把孩子从安全座椅上抱出来，脱去衣服。这时，孩子哭闹了起来。再把孩子放到硬硬的诊台上打针时，孩子就哭得更厉害了。最后，妈妈把孩子抱起来，给他穿上衣服，哄着他，再把他放回安全座椅中，然后给孩子的爸爸打个电话，告诉他最新的情况，签名离开。

妈妈"乙"带孩子进来，也抱着安全座椅。她放下安全座椅，把孩子抱了出来，一只手托着他的小屁股，一只手签名登记。在候诊室，他们用孩子的手巾玩起了躲猫猫游戏。妈妈又拿起旁边一本杂志，孩子伸手来抓，"哎呀呀，看这里，看这个孩子像不像你呀？"妈妈说。到了诊室，妈妈给孩子脱了衣服，问护士是否可以抱着给孩子做检查，护士说没问题。到他要打针的时候，孩子"哇"地哭起来，但是打完针哄一哄很快就不哭了。

两个健康孩子的一次普通经历——检查、打针、哭叫。但是如果在他们离开诊所之前采取两个小孩的唾液样本，检测之后你会发现第一个孩子的可的松水平一定高得吓人，而第二个孩子的可的松水平会比较低，虽然在打针的那一刻会飙升上去。所有的孩子都有感到压力而紧张的时候，但是作为父母你可以缩短孩子紧张的时间，特别是你能掌控有些情形因素的时候（比如挂掉电话，把孩子放在大腿上，跟他玩）。小小的动作意义重大，在孩子需要的时候，一点点附加的爱意和关心对你的小家伙来说会特别地温馨舒适。

并非所有的压力都有害

在《从神经元到社区》一书中，科学家们指出 3 种基本类型的压力：

- **毒性压力**是高强度、高频率、持续时间长的身体紧张感。低质量看护，家庭生活混乱，反复出现生存威胁，这些都是导致身体有这种反应的严重状况。一些孩子经历纽约华盛顿"9·11"恐怖袭击后，一些经历墨西哥湾海岸卡特里娜飓风之后，体验到了这种创伤后紧张压抑。严重疏于照顾、体罚或性侵也会导致毒性压力。最糟糕的时候，毒性压力会导致大脑发育得很小。即使在更低的程度上，它也能改变孩子将来处理压力的方式，降低其压力门槛，这会对将来的生活学习造成不良后果。
- **可容忍的压力**其反应也很强烈，也会影响到大脑神经网络，但是压力过程更短（留有恢复期），或者压力得到了支撑关系的缓冲。这样的例子包括亲人爱人的离世或患病，婚姻关系破裂，可怕的事故，还有上面讲的全国性灾难。

⑨ **积极的压力**是指短暂的轻微的压力反应。这是孩子在离开父母上托管班、打预防针、丢失了心爱的玩具等时候感受到的日常压力。你无法让孩子一辈子无忧无虑，你也不会这样做。所有的孩子都需要一些正面的压力，有压力才能成长发展。在大人的关爱支持下，孩子能管控好自己的情绪，学会适应积极的压力并恰当地应对、处置压力。

压力太大，在孩子身上有什么反应

想象一下，你 8 岁的女儿问你："妈咪，你爱我吗？"特别暖心的问题，对不？但是再想象一下，这个活泼可爱的孩子每天问你这个同样的问题上百遍。如果她上一分钟问完，下一分钟就忘了或者不确定你是否爱她了呢？如果这种持续的低级的焦虑阻碍了她写字、听课、做其他事的能力，影响到她在学校的表现，你会有何感想？

亲子联结的缺失如何改变了大脑的发展方向，这里有一个极端但很能说明问题的例子。这事发生在 20 世纪末尼古拉·齐奥塞斯库统治时期的罗马尼亚，当时有数以万计的儿童在大型的国营孤儿院里生活，他们吃得饱，穿得暖，也能保持干净。但是，这些婴儿一出生就被关在没有色彩、空荡荡的房间里。他们没有玩具的刺激，更可怜的是，没有温暖的亲子接触。他们的监护人（也就只能起到监管、看护的作用）经常性地流动更换，而且一人负责 15 ~ 18 个婴幼儿，一对一的照顾几乎没有。

这种状况的结果就是一个所有研究者都不会有意开展的实验：成长发育期没有机会形成家庭依恋关系的小孩与经常有人照顾、陪伴、一起玩耍，受到关爱的孩子有什么不同？ 20 世纪八九十年代一些欧美家庭从这些条件恶劣的托管机构领养了一些孩子，答案在这些孩子的行为表现中就很明显了。

许多被领养的孩子经常神经质地前后摇摆，有些讨厌被人触碰，有些表现鲁莽顽劣，还有些显得极为焦躁不安。生理检测表明这些孩子处于高压反应模式，也有注意力难以集中的表现。为了让从自家冰箱偷东西吃的孩子说实话，养父母们要跟自己的孩子讨价还价，甚至极端一点，以死相威胁。

刚开始的时候好心的养父母们相信，他们可以用爱心和善心化解这些奇怪的行为表现。也许这些孩子一时无法适应养父母的关爱，需要一段时间来调整安顿，建立信任。他们理性地认为，给点时间，做点治疗，加上持续的呵护，能治愈孩子情感的创伤。然而，这样的创伤实际上在孩子成长的大脑深处造成了直接的器质性改变。

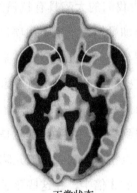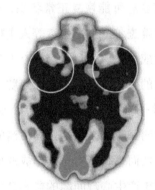

正常状态　　　　　　　　　　感觉剥夺

图 8-3　正常孩子与感觉剥夺孩子的大脑正电子扫描（PET）图像

不懂脑部扫描你也能看出这两张图的差异。浅色区域显示更高的活跃性（即更高的使用频率），而深色区域显示活跃度低。两图对比，清楚地显示了幼年经历如何影响了大脑的功能。

孤儿被领养后表现异于常人，因为他们的脑部神经连接异常。医学博士哈利·楚甘尼（Harry Chugani）是底特律市密歇根儿童医院神经病学家，他对从罗马尼亚领养的孤儿进行了脑部扫描，并把扫描图片与正常发育小孩的脑部图片进行了对比，结果发现了令人震惊的差异（见图 8-3）。几乎所有孤儿院出来的孩子在额叶皮层都缺少纤维素，连接稀疏微弱，而额叶皮层是注意力系统结构之所在。而且这些孩子在容纳情感情绪的大脑"面包圈"处（即大脑边缘部分）也有明显的异常。在正电子扫描图像上，年纪相仿的小孩在正常成长的情况下，大脑的这个区域看起来很活跃，而这些孤儿，控制语言的大脑区域几乎没什么活动。负责解读情绪情感的区域在扫描图中看起来像一个"黑洞"。我们有史以来第一次用肉眼实实在在地看到了在儿童幼年成长关键期亲情丧失带来的器质性改变。楚甘尼博士等人后来的研究表明，这些孩子长大后往往还受到这些负面效应的影响，其恶劣影响包括发育不良、智力低下等。

这种状况并非无可挽回。我们还要记住，即使一个精神创伤极为严重的大脑也完全有可能恢复正常状态，这也证明我们的大脑具有超强的可塑性。哈佛医学院查尔斯·尼尔森等人主持的"布加勒斯特早期干预项目"取得了突破性的成果，该项目跟踪研究了孤儿从罗马尼亚孤儿院转到高素质寄养家庭后发生的变化。与大型的孤儿院不同，这些婴幼儿可以从寄养家庭中获得成人一对一的照顾。到 2005 年，研究人员发现，这些孩子身体生长显著，智力状况明显改善，表达正面情绪的能力得到提高。两者区别就是有无专注的照顾。然而不是所有早期形成的损害都可以扭转。从大型孤儿院转到寄养家庭的孩子产生心理问题的概率是普通孩子的 3 倍半，在这些孩了当中攻击行为与好动多动仍然是个头疼的问题。

关于收养孩子家庭的一点思考：罗马尼亚孤儿研究的发现并不意味着，如果你的孩子是从寄养中心甚至孤儿院领养的，那他的大脑就一定严重受损。1997 年召开了一次早期大脑研究会，大会总结稿"大脑再思考"里有这么一句话："有风险并不等于命中注定。"这句话放在这里很合适。2005年明尼苏达大学跟踪研究了 90 年代从其他国家领养的 2300 名儿童，发现在孤儿院生活少于两年的孩子中大多数都恢复了心理健康。工厂式的大型孤儿院以前在苏联的一些地方很常见，但是到现在就很少了，在其他国家则更少见。但是总的来说，孩子到孤儿院时的年龄越小，在孤儿院待的时间越少，那成功恢复的可能性就越大。很明显，在这个问题上时机很重要：优质看护越早介入，最终结果越好。从优质寄养机构中的孩子身上可以看出，孩子年龄还小的时候简单的介入就很有成效。这些孩子不会有以前那种不良表现，因为他们更多地受益于主要监护人的悉心照顾。

我想有必要指出，这里我不是说不要收养孩子，或者不要收养某一类孩子，而是说，了解前方挑战的根源所在很关键，对于这样的孩子养父母要有心理准备，积极探寻有效的心理治疗方法。

有安全感的孩子在成长中有什么样的表现

0～6个月：婴儿与其主要看护人逐渐发展的依恋关系主要表现在他会冲你微笑，有目光接触，从开始的几秒钟发展到几分钟。在这一时期，孩子对父母的脸饶有兴趣，并发出欢快的叫声吸引父母的注意，留住父母的关注。

7～9个月：这个时候孩子通常开始认生了。听起来有点矛盾，婴儿对陌生人的紧张却反映了他们对父母的依恋，正是这种依恋关系使孩子把其他人都视为"陌生人"。新面孔接近妈妈时，孩子会表现得很难过，靠得很近的时候，孩子甚至会哭起来。没有对主要看护人的强烈依赖，孩子就不会有陌生人的概念，那每个人在情感上都同等重要或同等不重要。

9～15个月：大部分孩子会有离别焦虑，这是因为孩子越来越强烈地意识到，她与父母是分开的、独立的人。跟认生现象一样，这也证明了孩子对主要监护人更强的依赖。这时孩子会有一系列的表现、反应。有些孩子哭闹不止，拉住父母不放；有些变得沉默安静自我封闭，要等父母回来才会再活跃起来；有的变得脾气暴躁、有攻击行为。虽然这些表现一时间好像很麻烦，但却证明孩子对你的依恋关系已经建立起来，并且到了正常的程度。

在这个时段，孩子开始了他的探索旅程，这是孩子快乐地探索世界同时强化运动能力的时期。这个时段的孩子经常走到他"舒适地带"的边缘，然后回到父母那儿"登记"，然后又大胆出去到更远的地方。

健康的依赖还包括其他一些行为表现，比如，完成一件事后露出开心的表情，愿意接受其他人的安慰，学会了用安乐毯之类的物件安慰自己。

15～24个月： 探索外部世界让孩子更加清楚地意识到自己是独立于母亲之外的人。这个时候，孩子要平衡两方面的需求，一方面越来越渴望独立探索，另一方面对父母仍有依赖，因此就会有如影随形和来回窜动两种表现。如影随形是指父母走到哪里孩子就想跟到哪里；来回窜动是指快速地离开父母又快速地回来。

24～36个月： 当孩子有了自我同一性和客体永久性的意识时，亲子依恋关系就完全建立起来了。自我同一性意识是指孩子意识到自己在不同的场合、不同的情绪状态中都是同一个人。客体永久意识是指孩子意识到外部事物是可预知、可获得的。客体永久意识大部分来自孩子对外部事物的心理映象。自我同一性意识和客体永久意识共同作用，消除了分离焦虑，也加强了孩子延迟满足、约束自我的能力。

产后抑郁与亲子联结的建立

虽然我们人类天然就有建立联结和依恋的基因，但是这也不是一个必然发生、自然而然的过程。更准确的表述应该是：孩子生下来就有建立依恋关系的潜能，但是亲子依恋最终能否建立起来，要看幼年生活体验的性质、容量、方式、强度。

不幸的是，不是所有新任妈妈都有健康的情绪，有些妈妈没有动力或没有能力持续地满足孩子的需求。还有些妈妈本来十分健康，但是生下孩子之后，却情绪不稳定，表现异常。一个典型的状况就是产后抑郁。华盛顿大学心理学教授杰拉尔丁·道森（Geraldine Dawson）博士已经证明，与正常婴儿相比，产后抑郁母亲的婴儿更内向孤僻，更不活跃，更难集中注意力，负责调控情绪的前脑区域的活跃度更低。抑郁导致母子联结的断裂。因为婴儿的大脑开始处理与其他大脑的关系，从而导致孩童期正常的脑活动量减少。

好消息是，如果在孩子满 6 个月前，妈妈的抑郁症治好了或者有所缓解，孩子不会有持续的行为和认知障碍。如果你作为父母或其他监护人患上了抑郁症，请毫不犹豫地咨询问诊，寻求帮助。学界仍不能完全确定为什么有些妈妈会得产后抑郁，但得抑郁症不是你的错，你可以尽早治疗抑郁恢复健康，这是你能为孩子做的事。

现实的提醒！常识性的、负责任的看护

凡事适可而止。

如果你开始感到焦虑，担心自己是不是抱孩子抱得太少了，是不是因为平时没有逗他玩，所以孩子还不会发声，如果是这样的话，我建议你放下本书，长长地深呼吸一口气，然后再把书拿起来。你在阅读本书，这本身就表明你很有可能是那种深切关心孩子的父母，很自然地给了孩子专注的母爱父爱，必然能够建立起稳定的依恋关系。大多数父母爱自己的孩子，经常抱着他，搂着他，持续地及时地满足孩子的需求，孩子因此也都有安全感，能够健康成长，为以后上小学、长大成人做好了准备。

某一天很糟糕也没关系！一夜没睡好，醒来心情很糟糕，所以你任由孩

子在弹力座椅上哭闹，自己跑去冲个澡。没关系，这对孩子没什么害处。日常生活难免有磕磕碰碰，让孩子学会打几个滚对他也许有益无害。真正对大脑发育有伤害的是日复一日、经常性、反复性的忽视与失职。

如果你与孩子的互动整体上是负责任的，充满了关爱，包含很多常规性的爱抚接触和温馨抚慰，那么你已经给了孩子他所需要的营养。

亲子联结的构建：在各年龄段你能做的事

因为孩子达到某个成长阶段的时间各不相同，所以我强烈建议，与其关注孩子能做什么、不能做什么（其实你一般也控制不了），不如关注你自己作为孩子的看护人能做什么，加强你与孩子间的亲子联结。表8-1、表8-2、表8-3罗列了各种行为表现，如何做到这些行为的细节问题将在后面4章详细解释。

表 8-1

新生儿：0～6个月
对比有意经常抱着孩子和让孩子坐在婴儿车上。从早到晚常规性地亲吻、拥抱、接触孩子。
提倡肌肤接触。每天有规律地（比如洗澡时、临睡时）给孩子按摩。
对比抱着孩子喂奶和托着奶瓶喂奶。
孩子啼哭，迅速回应，并让孩子预知你的回应（一两分钟内赶到，走过去抱孩子的时候，边走边用温柔的语气安慰他）。
尝试理解各种不同形式的啼哭（是饿了、累了、还是纸尿裤湿了、无聊烦躁了）。
定时定量喂奶、洗澡、睡觉，建立常规模式。
有意识地让孩子体验各种"触感"（比如新的质地、温度等等），同时要告诉孩子他触摸到的是什么。
让孩子用手、嘴巴、脚探索感受各种事物，同时说出事物的名称。
尽快做出改变，改善育儿质量，重点在同一看护人的连续性，改变宜早不宜迟（不要以不方便为理由而推迟到几个月而不是几个星期之后，比如等到夏天来了、假期结束了等）。有这种紧迫感，是因为我们认识到婴儿期的最佳回应时间有限（机遇关键期）。

表 8-2

婴儿期：6～18个月

对比有意经常抱着孩子和让孩子坐在婴儿车上。从早到晚常规性地亲吻，拥抱，接触孩子。

提倡肌肤接触。每天有规律地（比如洗澡时、临睡时）给孩子按摩。

在本阶段初期（6～9个月），对比抱着孩子喂奶和托着奶瓶喂奶。

孩子啼哭，迅速回应，并让孩子预知你的回应（一两分钟内赶到，走过去抱孩子的时候，边走边用温柔的语气安慰他）。

尝试理解各种不同形式的啼哭（是饿了、累了、还是纸尿裤湿了、无聊烦躁了）。

定时睡觉、吃饭、起床穿衣服等，形成作息规律，这样孩子就可预见到接下来会发生什么，该做什么。

有意识地让孩子体验各种"触感"（比如新的质地、温度等），同时要告诉孩子他触摸到的是什么。

让孩子用手、嘴巴、脚探索感受各种事物，同时说出事物的名称。

周期性地放缓活动水平——提供少喧闹、更平静的氛围。

面对孩子反复出现的行为，平静应对，你的应对方式尽量让孩子可预知。

形成孩子能理解的肢体语言暗示，帮助他平复情绪。

孩子行为发生变化时，说出他的感受、情绪、体验。比如，"你是累了，困了吗？""你好像很自豪哦！""这很难做得到，你难过是正常的。"

有意对孩子采取一些态度积极的行为，让孩子感受到母爱和关心（比如微笑、拥抱、目光接触、表扬、表达欢快和感激，等等）。

有意寻找能确保孩子与看护者比例较低的托管机构，一个看护者负责的婴儿不超过3个（一组不超过9个孩子），一个看护者负责的幼儿不超过5个。

表 8-3

幼儿期：（18个月～3岁）

白天选个特别的时间，放下工作抱一抱孩子。

提倡肌肤接触。每天有规律地（比如洗澡时、临睡时）给孩子按摩。

把按摩等接触活动扩展到包括一些小游戏，比如母子相互在对方背上"画画"。

碰到困难失败，要安慰鼓励孩子，给他设定限度，明确目标期待。

分清是情况严重的求救性哭叫，还是简单一声"哎哟"。

继续保持前一阶段建立的睡觉、吃饭、起床等生活规律，让孩子能预见到接下来该做什么，会发生什么。

明确每一天的生活作息规律，甚至可以做一张生活安排表，并向孩子说明其重要性。

鼓励孩子继续探索外部世界，让孩子获得各种体验（当然首先要保证孩子的安全）。

（续）

幼儿期：（18个月～3岁）
抵制过度占用孩子时间的倾向，周期性地放缓活动水平——提供少喧闹、更平静的氛围。
经常性地观察并塑造孩子的期待，以提醒、巩固孩子所获知识；面对孩子反复出现的行为，平静应对，你的应对方式尽量让孩子可预知。
形成孩子能理解的肢体语言暗示，帮助他平复情绪。
孩子行为发生变化时，说出他的感受、情绪、体验。比如，"你是累了，困了吗？""你好像很自豪哦！""这很难做得到，你难过是正常的。"
有意对孩子采取一些积极的行为，让孩子感受到母爱和关心（比如微笑、拥抱、目光接触、表扬、表达欢快和感激等）。
对孩子良好的表现予以嘉奖（比如给他好吃的东西、玩具等）。
开始提及、描述、模仿一些你喜欢的仪式礼节（文化习俗、家庭礼节等）。
养成与孩子一起阅读的习惯。关掉电视，特别是在与孩子共处的时间。
有意寻找能确保孩子与看护者比例较低的托管机构，一个看护者负责的婴儿不超过3个（一组不超过9个孩子），一个看护者负责的幼儿不超过5个；一个看护者负责的3岁小孩则不超过10个（一组不超过20个孩子）。

第 **9** 章

Bright from the Start

回应性抚育：调到对方的频道

-------抱得太多会宠坏孩子吗？

-------怎样才知道孩子真正需要什么？

-------孩子一哭就要把他抱起来吗？

-------怎样最好地回应孩子的需求？

-------提升孩子"大脑安全感"我们还能做些什么？

"小宝宝怎么宠也宠不坏。"这也许是老生常谈，但说得太有道理了，我希望能把它用大号字体印在每个新生儿的出院小结单上。

小宝宝真的宠不坏，不管你怎么搂着他、抱着他，不管你多么频繁地抱他起来。他想你抱的时候你就去抱他，他一哭你就去哄着他，不管怎么宠，你都不会宠坏一个幼小的婴儿。

实际上，你的这些行为为培养一个聪明孩子打下了基础。

科学告诉我们：形成积极的关联

新生儿生理上太稚嫩了，所以不可能有被宠坏的说法。原因可以追溯到大脑发育的顺序。让人能故意控制操纵他人的大脑额叶区装在大脑皮质层中（大脑中像面巾纸一样的褶皱部分），它发育得很晚，到成长后期才能发挥作用。这就意味着幼小的生命蓄意靠啼哭操纵他的父母在生理上就是不可能发生的事。有些奶奶错误地认为，新任父母对孩子的哭闹回应太快了，这就等于纵容孩子操纵父母。其实，要有这么高级的阴谋思维，大脑先要长出更多基础性的结构。而矛盾的是，正是父母持续的精心照料，才让孩子更好更快地长出这些脑部结构，从而使孩子将来获得高级别的思维技能成为可能。

大脑总是在搜寻图式和意义，它在同时发生或先后出现的事物中建立关联，从而创造意义。事实上，这种学习方式（被称为"关联认知"）贯穿人的一生，代表了我们所获"知识"的相当大的一部分。早在 1903 年，一位叫伊万·巴甫洛夫的研究者证明许多动物可以把某个事件与进食关联起来。在巴甫洛夫的经典实验中，他把铃响与给狗喂食联系起来。狗很快就学会了听铃声找食物，即使没有食物，听到铃声，它也会流唾液。铃声与进食之间已经建立起了关联。

孩子的大脑从出生起就开始建立一些基本的关联。比如孩子感到不舒服（饿了、纸尿裤湿了，或者突然听到巨响），就会有关切的大人跑来解决问题，给他抚慰，这样很快孩子就会在身体不适和大人的抚慰之间建立联系。他会在大脑中建立起一种图式，根据这一图式，他预测："饿了，有人喂我。冷了，有人给我穿衣服。难过了，有人安慰我。"从各种经历体验中寻找图式规律有助于大脑梳理汹涌而来的各种感官刺激，目标是更好地预知接下来会出现的情况。能够很好地预知未来（包括预测可以依赖谁，谁不可信）是生存的关键。人与人之间最基本的信任最终取决于大脑的决定："这个人表现出这种模式规律，我认出了这种规律，正因为我熟悉这种模式规律，所以我能把控局面，知道后面会出现什么情况。"

　　你快速地回应孩子的需求，缓解了孩子的啼哭，但绝不会宠坏孩子，因为孩子从你的举动中找到了一种关照回应的行为规律。因此长期迅速地满足孩子的需求，在你的回应和孩子的实际需要之间建立了关联，这绝不是宠溺。

　　那接下来的问题是，两岁的小孩会被宠坏吗？当然有可能！婴儿和幼儿的大脑在生理上是有差异的。随着孩子逐渐长大，大脑额叶功能越来越强大，积累了很多的经历体验，能让孩子构建起更复杂的关联网络，他也就可以想出办法操控局面，来获得他想要的东西。

珍妮的故事

　　我女儿珍妮还很小的时候，从保育院接回来大约 5 个月，我注意到她一个异常的行为，她的这个奇怪表现我后来意识到正是大脑关联意识的一个案例。因为孩子她爸每天都在办公室看报纸，所以平时家里没有报纸。我们之前已经商定，即使合适的保姆难找，我们也要在每周六给珍妮找一个，这样我们夫妇就可以一起到外面吃顿饭，然后看个电影，好好放松一下。星期六下午大概 4 点钟，我们会拿一份周末报纸带回家，看一看周末有什么电影上映。

　　不久，我们发现每次珍妮看到报纸就哼哼唧唧闹脾气。所以我决定试探一下她，结果没错，她一看到报纸就知道我们要离开她了，她已经在报纸和父母离别这两者之间建立了联系。告诉你这不幸中的万幸：以前医生说孩子可能严重智障，无法正常思维，无法生活自理，但是看到孩子这样的一些表现，我就放心了，相信珍妮一定会是个聪明的女孩。

牢固的亲子联结意味着牢固的纪律性

　　维持平稳、顺当有规律的生活（科学家称之为"规范"），能为孩子将来的发展奠定坚实的基础。孩子无法规范自己，也就是说，他没有内部规范机制，所以依赖你从外部介入帮助他规范自己。家长建立外部规范，既要细心看护，也要构筑组织化的外部环境。这里说的"组织"是什么意思呢？它有几个要素，包括：

- **行为常规**。孩子平时进食、睡眠，时间地点有规律，这是教孩子自我规范的重要部分。你能建立起这种体制和支持，大脑和身体系统就能识别并接受这种平顺可预知的生活规律，从而平静地、放心地做出相应的调整。习惯了这种规律性的"平顺感"，孩子就会慢慢喜欢这种感觉。随着时间的推移，孩子就能更好地规范自己的生活行为。这实际上就是纪律性的开始，纪律性本身就是自我控制、自我规范的过程。

- **合理限度**。这里说的合理，意思是符合孩子的年龄阶段。每个 1 岁大的孩子听到父母说"不行"，都还伸手去抓遥控器，想"再看一下"，因为他的大脑经过反复的试验已经学会了这一招（上次我这样，妈妈说不行。这次会怎么样呢？这次我只摁一下会怎么样呢）。每个 2 岁的孩子都会使性子，其中一方面的原因是他处于这个成长阶段，就是想要超出他身体能力的东西。了解孩子在某个特定年龄阶段会有什么样的"正常表现"，有助于你以有效的方式指导规范孩子的行为。孩子抵制不了某样东西的诱惑，惩罚孩子是行不通的，我们要么把诱惑物移除，让孩子够不到，要么把孩子抱开，脱离有诱惑的环境。

知道凡事有个合理的范围，凡事有符合年龄的要求，最终能建立起自律，这种自我约束的规范孩子不会抵制，因为他们已经习惯了。事实上，因为大脑偏向熟悉的事物，所以在限制和规则中长大的孩子，到了上学的年龄也会喜欢这种有纪律的环境，因此就会有良好的行为表现。生活在混乱中的孩子就会喜欢混乱的状态，他们需要这样的状态，因为他们的大脑习惯了这种状态，因此就会在教室里制造混乱。

- **坚持一致**。幼儿生活规范指南之类的书中有很多设置合理限度的方法：构建一个没有诱惑物的环境，让你不用总说"不行，不要"。必须介入的时候，说到做到，不要心软，力图保持一致。该出手时就出手，但要保证你的要求和规定在合理范围内，而且孩子能理解。最重要的是，在孩子的纪律性方面，从大脑的角度看，我的主要建议是，你一定要设立一个限度，可以采取柔和的方式，根据孩子的年龄逐渐推行，但一定要坚持一致，不可松懈，因为知道有所为有所不为，反而能增强孩子的安全感。

- **孩子参与**。其中一个做法就是引导孩子在合理范围内做选择。"你想穿红色的睡衣，还是蓝色的？""你可以挑一个动物玩偶带到托管中心。"你外部的把控会自然地导向孩子大脑的内部自制。

聪明的主意：回应性看护

"爱上孩子的父母能让孩子爱他们。"

——芭芭拉·鲍曼，埃里克森儿童发展研究院博士

1. 调到他的频道：你的孩子有很多话要说

了解孩子的想法，部分靠猜，部分靠试，但是关键是要调到他的频道。简单地说，就是要精心照料、细心观察，学会读懂孩子的非语言暗示。即使他还没有学会说话，他也在随时随地告诉你一些关于他的信息。婴幼儿使用体态、表情、声音、音调跟你交流。实际上，人类交流的主要部分都是非

语言交流，成年人之间的交流也是以非语言交流为主。新生儿听不懂你说的话，但是他的大脑可以从你那里获得不少细微的信息。比如，你微笑时舒展眉毛或牵动嘴唇的样子，你的手臂托着他有多么牢靠，你歪着头的样子，还有你说话的声调，等等，都可以告诉他一些信息。

母子双方都在用这种特殊的"对话"调整对对方的反应。儿童成长专家丹尼尔·西格尔（Daniel Siegel）博士是加州大学洛杉矶分校精神病学临床教授，他把这样的互动称为"调音之舞"，即相互协调的双人互动之舞。就像在跳华尔兹或探戈的时候一样，每个人都要学会使自己的动作与对方的舞步协调。在 1998 年一次精彩的视频演讲中，西格尔向我们展示了这么一个场景：一位妈妈和她 4 个月大的孩子分别在两个屏幕上，观众可以同时看到他们两张脸的特写镜头。一边，妈妈唱起"一闪一闪亮晶晶"，眼睛睁得大大的，声音欢快激昂，脸上洋溢着笑容，表情生动活泼。另一边，我们看到，妈妈唱歌时孩子也有反应，说明他的情绪表情随着妈妈而变化。妈妈微笑时，孩子脸上就明媚了起来，他会用表情和眼睛回应妈妈的微笑！接下来，按照试验安排，妈妈突然停了下来，直直地盯着孩子，面无表情。欢快的场面立刻就发生了变化。很明显，孩子很难过。他想跟妈妈重新交流，但他不会，所以就开始局促不安，表情慌乱。他开始在婴儿座椅中扭动身体，晃动脑袋，左顾右盼，寻找安慰。最后，再次听到妈妈的声音，看到妈妈继续跟他交流、关爱的状态，孩子放心了，也接着和妈妈交流，恢复到了之前的状态。

一方回应另一方的性质和强度形成一个"交流的循环"：孩子和大人同质等量地回应对方的情感表现。通过反复的经历、体验，孩子和大人就学会了控制引导自己的情绪反应，双向互动的"双人舞"就形成了，母子间的亲子关系就能不断发展。作为父母，你可以通过细致的观察，调到了解孩子状态的"亲子频道"，充分利用清醒时间，构建亲子联结。下面是一些可能在孩子身上看到的肢体表情信息，可以用来指导你们之间的交流互动：

- 转开脑袋："我玩累了，你就别管我了。"
- 咂嘴巴："我有点饿了。"提示：孩子显示这些信号时就要给他喂奶，这是最好的。到孩子饿得哇哇哭时，他就烦躁不安，很难平静下来了。
- 发出咕咕的叫声："我听到你们说话了，我也要说话。妈妈，请说一点别的什么好吗？"
- 轻松自然的目光交流突然变成关注的眼神，突然一阵身体扭动："我很紧张，很担心，好像出了什么事……究竟怎么回事？"
- 冻僵状态（醒着但四肢僵硬，只有眼睛转动）："我真的很害怕，很困惑。"

2. 了解孩子的气质类型

没有两个孩子是一模一样的。有些孩子比别的孩子更难伺候，有的孩子平时很严肃警觉，而有的孩子更欢快活泼。孩子的行为表现部分由他的经历体验决定，部分也由他与生俱来的气质决定。

气质是孩子表现出来的一系列内生的相对稳定的特性，一般认为这些特性深植于大脑中，几乎从出生开始就很明显，而且将伴随终生。个人气质与成长环境的相互作用造就了一个人独一无二的性格。

在抚育孩子的过程中，考虑气质的因素是有益的，原因有以下几个方面：

- 在孩子的表现不能让你满意时，清楚孩子从一出生就有自己独一无二的气质这个事实，能让你再不自怨自责。
- 理解孩子的个性气质能使你相应地调整与他的互动方式，使你的育儿方式更有效。

◎ 你自己也有天生的独特气质，认识到这一点也会影响你的育儿方式。也正是这个原因，有些人比其他人与自己的孩子更"合得来"。

心理学家亚历山大·托马斯（Alexander Thomas）和斯特拉·切斯（Stella Chess）夫妇基于一项始于 20 世纪 50 年代的纵向研究首次提出，气质类型可以概括为 3 类：

◎ 易养型
◎ 难养型（又叫强烈型、活跃型、兴奋性、不羁型或弱反应型）
◎ 慢热型（又叫谨慎型、慢适应型、拘束型或强反应型）

乖孩子当然属于易养型，不乖的孩子通常属于难养型。有趣的是，乖孩子什么样子大家有基本一致的概念，而对于不太乖的孩子却有多种说法。所幸的是，大多数孩子（约占 40%）是属于易相处型的乖孩子。第二大群体是那些不太能归入以上 3 种类型的孩子。任何人走进满是幼儿的教室，都会发现孩子各不相同，绝对不止 3 种类型。

一般认为，有 9 种特质塑造了一个人的气质。每种特质关联一系列的行为表现。也就是说，一个孩子不是完全处于某个极端，而是在两个极端之间的某一个位置。你的孩子可能在某些特质上处于高位，而在另一些特质上处于低位。我不是特喜欢列图表的人，因为大多数父母觉得图表没有什么特别的用处，图表信息不能指导他们怎么做。所以我做了个小结，主要归纳了气质的差异变化，能帮你理解欣赏你独一无二的宝贝。

这 9 个特质是：

◎ 活跃水平：孩子平常的活动速度。你的孩子是活泼好动还是安静警觉？
◎ 注意力分散度：活动中有其他刺激干扰时孩子表现出来的注意力集中

程度和关注度。其他声音或景象会不会打断孩子吃奶？打破常规后他会不会很难哄？

⊚ 反应强度：回应刺激的能量水平。孩子高兴或难过的时候，他是以吵闹剧烈的方式表达，还是更淡定、更平静地面对？

⊚ 规律性：睡眠需求和饮食胃口等生理功能有多大的规律性和可预知性。孩子是否在预期的时间吃饭睡觉，还是杂乱无常？

⊚ 反应阈：孩子对感官刺激（包括触感、声音、味道、室温等）有多敏感。他会不会容易受惊吓？他吃东西挑不挑？还是来者不拒？会不会时常抱怨穿衣服太热或太痒？

⊚ 趋避性：孩子面对新环境和陌生人的反应。孩子比较慢热内向，还是活泼外向？

⊚ 适应性：孩子过渡转变的难易程度。面对新事物，孩子是大声抗议，很难适应，还是能随遇而安？

⊚ 韧性耐力：面对障碍孩子能坚持多久。困难挑战面前孩子容易打退堂鼓，还是固执地坚持下去？

⊚ 情绪质量：孩子总体反应趋向。他的气质一般是严肃沉重还是轻快乐观？面对半瓶水，他是说"一半空的"还是"一半满的"？

你可能会过于在意上面这个特质描述清单，可能心里琢磨着："怎么让孩子过得更快乐些？如果我的孩子属于心态不好的那一种怎么办？"要我说，你得明白的是，大脑天生就能适应环境，随时改变，最终学到越来越多的处世之道。例如，很多大家认为怕羞的孩子其实都能学会轻松自然地与人交流，因为父母和老师教会了孩子交流的技巧，他们培养了孩子的这些能力，塑造了孩子的性格。哈佛大学心理学教授杰罗姆·凯根（Jerome Kagan）博士研究了一批 4 个月大婴儿的初期特质，跟踪他们长大后的性格发展变化。

研究发现，这些婴儿的初期性格特征，有很多在他们长大后仍然保持着，虽然这些特征从他们的外在行为表现中不一定看得出来。构成小女孩"苏西"内向性格的种种潜在因素在她长大成人之后可能仍然存在，但是世界上很多这样的"苏西"现在坐在经理、总裁的位置上。认识苏西的人会以为她一定是个外向的人，而看她工作中的表现，也真的让人觉得很外向强势，这是因为她接受的教育和训练让她能成功地完成自己的工作。先天因素（基因和气质）和后天因素（训练经验和关爱支持）共同作用，帮助苏西成为自己理想中的人。

3. 简单小事消除孩子紧张感

有很多简单的日常小事你能做得到，可以消除孩子的紧张感。其中包括：

- 孩子一哭就抱起来哄一哄。
- 经常跟孩子说你爱他，这个不管什么时候都能给他减压！
- 通过表情和声音传达关爱。与孩子交流时面带微笑。
- 以平静、抚慰的语调跟孩子说话。在孩子面前克制争吵与吼叫。
- 给孩子唱儿歌（唱不准调、记不住歌词也没关系）。
- 孩子受惊吓，搂住他，抱住他，把他的手臂交叉放在背后。
- 允许并鼓励孩子拥有自己的慰藉物。你猜不到孩子会对什么物品有依恋，但你可以在抱他、喂他、哄他睡觉的时候，带上一块布或者布娃娃等安全的物件，让他产生兴趣。他可能会把你的气味跟这个物件关联起来，对它形成依恋，用它来自我安慰、自我规范。

玩具手帕等慰藉物又称为过渡性物件，因为这些物品有助于孩子从依赖你过渡到独立自主。

4. 让孩子的生活有规律

生活有规律，我们才能更好地完成每天的事务。孩子稚嫩的大脑在寻找图式规律，他要看到连贯性和一致性，有规律的生活才能建立这种连贯性。

正是这种一致性——每天在差不多相同的时间，以相同的顺序、相同的方式，做同样的事情，给大脑的正常发展提供了安全感。研究已经表明，表现好的孩子最有安全感，他们一般来自日常生活有规律的家庭。

生活有规律的好处是可以防止孩子间争吵打架。我们看一下肯尼和肯勒两个家庭，他们都有两个男孩，一个 4 岁，一个 2 岁。晚上 7 点半，妈妈们都要叫孩子们上床睡觉了。

在肯尼家，孩子们按照每晚的就寝时间安排，已经先洗了澡。肯尼太太每晚这个时候把其他事情放下来，专门负责孩子们上床睡觉。她先叫他们刷牙洗脸，"小伙子们，把你们雪白的牙齿亮出来，"她对孩子们说，"好！不错！"到 7 点 35 分，她叫孩子们各拿一本书。几分钟后两个孩子就舒服地躺在床上，听故事，讲故事，相互讨论。8 点钟，孩子们抱了一下爸爸妈妈，互道晚安。到 8 点 15 分，孩子们就睡着了。

另一边，在肯勒一家，7 点半孩子的妈妈还在跟她姐姐打电话，边打电话边叫孩子们准备上床睡觉。小的立刻尖声抗议："我不睡！"大的就吵着还要看电视。妈妈不得不厉声斥责："到睡觉时间了！"2 岁的孩子哭了，4 岁的孩子好像没听到，还在摁着遥控器找自己喜欢的台。到 8 点钟，弟弟刚洗完澡，气鼓鼓的；哥哥刚看完动画片，在卧室地板上摆弄着他的玩具车。到 8 点 15，肯勒夫人叫她姐姐别挂电话，等 1 分钟，然后大声喊两个儿子去刷牙。8 点半，她挂掉电话，发现两个孩子根本没去刷牙，还在玩小车，大的还没穿睡衣。等把孩子哄上床，手机又响了。15 分钟后她接完这通电话，回到卧室发现两个孩子正在争抢玩具小车。

记住，孩子喜欢有规律的生活！生活有规律，时间安排有序，活动有节有度，这样才能给孩子创造一种稳定的生活氛围，给孩子安全感，因为孩子们知道接下来会发生什么，下一步该做什么。婴幼儿没有时间意识，需要你安排他一天的活动。建立生活常规是一个具体可靠的办法，能让孩子理解一天中事件发生的顺序。心里清楚接下来会发生什么，孩子就更不会吵闹，在他慢慢脱离父母时，就更有可能形成自己的生活规律。

下面是建立生活常规的一些建议：

睡觉时间：不管孩子多大，要让他安心上床睡觉总是一件难事，尤其是你自己也忙了一天，筋疲力尽。与其跟随最近的风潮，学什么魔法催眠术，不如坚持牢固的作息规律，睡前给孩子讲个故事，这才是经过了检验的十分有效的办法。你也可以在准备让孩子睡觉的时候让他小餐一顿，喂一次奶，或者洗个澡，冲个凉，听一听柔和的音乐，把它作为一种生活常规定下来。总的来说，就是不要那么复杂，简单行事，但坚持不懈，每个晚上都这样做。如果把那么一件小事弄得又长又复杂，还得把它写下来交代给保姆，那你就把自己弄得很辛苦，孩子也不自在。养成睡前读故事的习惯没有你想象的那么难，也不需要花很多钱。周边的图书馆就有很多很好的书，花个十几分钟，随便翻一翻，你就会有所收获。睡前讲的故事往往会成为你珍藏的最爱，以后会拿出来一遍一遍地读，甚至可以背下来，接着故事的叙述编自己的故事。故事听起来很熟悉，对孩子来说本身就有抚慰心灵、平复情绪的效果，因为孩子听到熟悉的故事，知道故事里接下来会发生什么。这个时候，不要把孩子熟悉的片段跳过去。不然的话，你会发现本已昏昏欲睡的孩子突然意识清醒了，很不高兴地说："故事不是这样的！"讲孩子爱听的故事可别走捷径。

从托儿所回来之后：一般来说，母子的重聚总是以快乐的拥抱和亲吻开始，但是接着急切的父母就迫不及待地问起孩子一天的状况。"那么你今天做了什么呀？""你们今天学的什么呀？""今天你跟哪个孩子玩了呀？"对孩子来说，这些问题更像是严厉的训练考问，而不是热心的问候。我从朋友那里学到了一个巧妙办法，能让刚会说话的孩子透露出大量的信息，这个办法比直接问有效多了。她拿了一个彩色的儿童地毯，上面印着小镇、公路和小房子的图案。她先给儿子几分钟时间放松，让他吃点儿点心，然后两人一起坐到毯子上，随后才问起他一天的情况。她开始这样做的时候，孩子还不怎么会说话，所以大部分时候是她在说。她会拿一个小玩具车，边让它沿着地毯上的公路行驶，边解释妈妈是怎么开车送孩子到学校的，然后又怎么停在一个药店旁边进去买药，最后怎么开到单位上班。她把自己一天的活动当作样板，告诉孩子自己一天做了什么工作，有什么感受，有什么忧虑，等等。她会不厌其烦地一遍又一遍讲自己如何把他接回来，再次看到他是多么开心，妈妈是多么的爱他。就这样日复一日，形成了生活常规，孩子得到不断的鼓励，慢慢地参与到一天活动的叙述之中，慢慢地学会了交流。因为这已经成了生活常规，所以不会让孩子感到可怕和抗拒，孩子不会觉得这是在考验他，也就不需要匆匆忙忙地完成。这就是双向的交流，不难做到。

珍妮的故事：生活规律，受用多年！

珍妮 6 个月时，我们终于把她从医院抱回了家，当时她只有 4 磅重（约 1.8 千克），没有人跟我们说古典音乐对婴儿发育的好处（详见第 16 章）。一个晚上，孩子像往常一样时睡时醒，醒来啼哭不止。完全偶然地，我放起了我仅有的 3 盘非摇滚乐磁带。

几分钟后，我沉沉地睡着了。我不知道珍妮闹了多久，但是我醒来的时候发现她也睡着了，睡得很香。我欢欣鼓舞，第二天晚上试着重复这样的故事，第三天，第四天……

　　每天都有效，就这样我的第一个生活常规就形成了。最后我扩大了我们的音乐播放清单，但是我发现我第一次播放的那首曲子最可靠，最有效。我们每晚的音乐播放是雷打不动的节目，也许只有有特殊孩子的家庭才能想象得到。5 年后，克里斯汀出生了，晚上她听到的还是那些熟悉的旋律，从她们姐妹俩共享的房间里传出来。几个星期后，克里斯汀也离不开这些音乐了。

　　到克里斯汀 2 岁，珍妮 7 岁时，我已经开始叫她们自己选音乐了。已经会说话的克里斯汀嚷嚷着说："我要放亨德尔"或者什么她想得出来的名字。一天晚上，我不小心放错了曲子，突然响起一个微弱的声音："那不是亨德尔，我们要听亨德尔。"那一刻定格在我的记忆中：珍妮有了她自己爱听的古典音乐！多年以后，她长到了 25 岁，也离开了我们住集体宿舍，一次，我们一起在车上，收音机里突然传来维瓦尔第的《四季》，珍妮抓住我的手臂，一脸惊喜地说："妈，快听！是我的曲子！"婴儿时期的晚间音乐习惯影响至今。

你的生活规律是什么样的？

　　每个家庭都有自己的生活节奏和独特习惯。想一想你家现在的生活规律，填写表 9-1，也许对你和孩子有帮助。

表　9-1

	孩子的活动	爸爸妈妈的活动
起床		
吃饭		
洗澡		
睡觉		
上学		

5. 盘点一下你的家族仪式

仪式是另一种能增强家庭生活可预知性的周期性活动。生活仪式与生活常规不同，它不是日常性的，而是礼节性的，或者是特殊场合的活动。仪式往往也是刻意的安排，不会经常进行。

家族仪式也可以叫家族传统，通过仪式，家族团结和家族认同得到加强，也就提供了一种家庭的安全稳定感。家族仪式往往成为我们童年可靠的特征。家族的仪式传统往往也能赋予你灵感，让你得到启发，所以，请你和你的爱人把你们各自家族的仪式传统记下来比较一下。

下面的调查表表9-2有助于你审视你的家庭传统。这是一个很好的起点，能让你想想家族传统在你现在的家庭中能起到什么样的作用，你能做什么样的改变。

给每一种说法评级，看它是否符合你的家族传统。

表 9-2

1= 不符合我家情况的表述 3= 完全符合我家情况的表述		2= 基本符合我家情况的表述 NA= 不适用于我家的表述	
吃饭时充满愉快的聊天	1	2	3	NA
家里经常开展愉快的家庭活动	1	2	3	NA
我们有丰富的节日仪式活动，包括：				
情人节	1	2	3	NA
母亲节	1	2	3	NA
父亲节	1	2	3	NA
劳动节	1	2	3	NA
其他	1	2	3	NA
我们分享假期	1	2	3	NA
我们庆祝生日	1	2	3	NA

回看一下你的评级，你评了"3"的有哪些？如果有些说法你评了"1"，

那你觉得它缺失了点什么？你想改变这种传统吗？你的家庭怎样做才能让这一个传统更有意义呢？

6. 创立一些新家规

经常有家长在我讲完之后跑过来说："唉，我的孩子都 5 岁了，我们家里都还没什么规矩。"有时他们自己小时候家里就没有什么家规，所以也就不知道怎么给孩子立规矩。有时他们的家人分散在各地，没有背后团体的力量，他们童年时候的规矩就很难维持。如果你小时候不怎么有家规，或者说不怎么喜欢小时候的那些规矩，那你应该自己创立一些家规。家规其实只是家族成员习以为常，共同遵守珍视的一些做事的独特方式。如果孩子还小的时候你就让他遵循家族传统，他开始可能不知道是什么情况，但是随着时间的推移他会慢慢理解接受，并习惯于这些家规。

虽然上面的清单都是围绕主要节假日和重要事件展开的，但是你可以在一年的任何时候围绕某个事件创立特别的仪式规矩。仪式规矩可以小到每周星期天上午做一个巧克力烙饼，也可以大到每年到一个特殊的地点过暑假或者做某个特殊的事情。

下面是一些家长在我工作室分享的一些很棒的主意：

- "特别的红盘子"：指定一个特别的盘子，跟一般餐具不一样的盘子。家里谁做了特别值得称道的事情，或者发生了一件特别的事情（比如过生日，学会了骑双轮自行车，换了一颗牙），谁就可以用这个盘子。
- "光脚踏青"：开春第一天，全家到植物园脱了鞋光脚走在青草上，庆祝春天的到来。
- "圣诞新睡衣"：如果你家会过圣诞节，可以在平安夜给家里每个人一份礼物，那就是今年最新款的睡衣。（这样不仅营造了圣诞节快乐的氛围，而且第二天早上拍圣诞合照的时候每个人都穿着新衣！）这个规矩也可以用在其他宗教节日上。

- "先吃点心日"：隔那么几个月，定下一个特别的日子，出其不意地先上点心后上主菜。

- "照片年轮"：找 21 个一模一样的小相框，每年孩子生日的时候拍张照片，把它放到相框里。一年拿出来展示一下，或者把它挂到墙上或树枝上，一年一年增加。

- "新年心愿"：元旦那天，每个人把来年的心愿写在一张纸上，然后把它封起来，到年底的时候拿出来看。

第 10 章

Bright from the Start

肌肤接触：补充维生素"T[⊖]"

我每次问妈妈们，人的五大感官有哪些，她们一般都先说"视觉""听觉"，最后才会提到"触觉"。但是如果说起她们的孩子，她肯定会把"触觉"排在第一位。

到孕期第 9 周，胎儿每只手 5 个微小的手指就已经清晰可见。脚趾还要几周之后才会长出来。从超声影像可以看到，胎儿在子宫里玩弄着脐带，吸吮着自己的大拇指。事实上，舌头起初比手指更敏感，更能感受质地。所以胎儿吸吮拇指，实际上是在用他的触觉探索他的世界。长长的、弯曲的脐带，表面有许多沟沟回回，可供胎儿的小手指抓取摸索，也是他探索的领域。从妊娠期头 3 个月开始，胎儿就能感受到羊水的温暖抚慰。

因此毫不奇怪，孩子一出生就已经学会了通过触觉感知世界。

⊖　T 代表 touch，即"触摸"——译者注。

婴幼儿用手指、脚趾、嘴巴探索周围的环境，获得感官输入，同时从父母的拥抱、抚摸中获得信息输入，通过两方面的触觉感知，孩子学会了依恋、运动、思考和学习。

人们很早就知道了肌肤接触的重要性。行为科学家多年研究表明，几乎所有哺乳动物幼崽都需要抚摸接触，肌肤接触有助其生长发育。最有名的实验是几十年前心理学家哈利·哈洛（Harry Harlow）博士对恒河猴幼崽做的研究。关在笼子里的恒河猴幼崽有个"无声的妈妈"：灯泡供它取暖，奶杯奶头给它喂食。笼子里还有另一个选择：用毛巾布和塑料泡沫盖着的"妈妈"。恒河猴宝宝大部分时间选择蜷缩在更柔软的"妈妈"怀中，这表明对抚摸拥抱的需要与对食物的渴求一样原始。喂奶为孩子提供了肌肤接触的机会，所以很多爸爸因为不能喂奶，面对刚出生的孩子感到束手无策，特别无助。哈洛的研究结果证明当爸爸的多抱一抱孩子是多么重要。

在人类中，我们也看到了这样的案例：虽然吃得饱，穿得暖，但缺乏基本的照料，孩子最终不能正常发展。所幸这种极端情况极为少见，以前在早产儿中发生比较多，他们一出生就被放置于恒温箱中，被机器和玻璃管包围着。尽管能获得氧气和营养，但没有父母的拥抱抚摸，他们被剥夺了很多。

科学告诉我们：抚摸有利孩子健康

"维持人生命的不只是乳汁。"

——心理学家哈利·哈洛博士

以前我们只知其然，不知其所以然，现在我们知道了为什么抚摸这么普通的动作对大脑发育这么重要。触摸是孩子身体上的需要，是他每天必须使用的感官，用儿童精神病学家布鲁斯·佩里（Bruce Perry）博士的话来说，它是"像维生素一样关键的营养。"佩里博士是大脑发展和童年心理创伤方面的顶级专家。

就拿抚摸孩子手臂这一简单的动作来说吧。孩子皮肤上的神经末梢通过神经网络向大脑发出信号，在大脑细胞之间形成新的连接。记住大脑是能自我生长的人体器官——它是怎么长的，就要看孩子的经历体验能带来什么样的输入。

维生素"T"（触摸）对大脑说："你是受关爱的有机组织！"这样就刺激了身心系统的发展。

孩子通过触摸感受到爱。在他能理解任何话语之前，触摸的语言告诉他，他是受关爱的、安全的。研究发现，只是靠近孩子，给他点语言安慰，不足以使他平静下来，达不到身体上靠近、拥抱他的效果。只有用手的触摸才能激发孩子的"放松反应"——缓解身心疲惫的深度休息状态。孩子在休息状态下，肌肉紧张缓解了，心率和血压降低了，呼吸更深了，更轻松了。研究也表明，触摸也能刺激免疫系统和消化系统更好地运作。

按摩是一种有意识的触摸，能有更多的益处，很多按摩的好处你可以亲眼看到。研究表明每天给婴儿按摩 15 分钟，有助于孩子：

⑨ 缓解疝气，减少啼哭

⑨ 轻松入睡

⑨ 更好地长身体

⑨ 有更好的目光接触

⑨ 缓解便秘和长牙的疼痛

⑨ 缓解对痛苦过程（比如打针）的紧张反应

对有些婴儿来说，触摸甚至事关生死存亡。蒂法尼·菲尔德（Tiffany Field）博士是迈阿密大学医学院心理学家，担任该学院触摸研究所主任，她的一项前沿研究发现给弱小的早产儿每天做 3 次抚触持续 10 天，与不做按摩的参照组相比，平均多增重 47%，而且增重速度更快。在医院接受定期抚触的婴儿也更活跃，更警觉，发育得更成熟，出院平均早 6 天。（和我女儿珍妮一样，菲尔德自己的女儿也是早产儿，而且有趣的是这也成了她经常谈论的话题。）这些研究始于 20 世纪 80 年代，后来婴儿按摩成了许多新生儿重症监护室的标配。如果你孩子不幸早产，那他有可能接受另一种按摩疗法："袋鼠操"。做法是把早产儿放在母亲胸前，皮肤贴着皮肤，轻轻地给孩子按摩。

珍妮的故事：给孩子做抚触永远不晚！

我经常跟我接触到的家长们讲，不要因没有为孩子做的事过于自责。我知道过去了的事情该让它过去，内疚自责只会让我们动弹不得，妨碍我们继续前进，让我们不能吸取教训做我们能做的事。在我一生中，给孩子按摩就是这样的一个例子。

我真希望珍妮还是婴儿的时候我就深刻了解了给孩子按摩的重要性。如果蒂法尼·菲尔德的研究能早几十年进行，也许珍妮就能长得更快，长得更好些。也许……这只是也许！

我最终想开了，决定试一试看按摩在孩子现在的年纪（约 12 岁）是否仍然对她有所帮助。我们找了一家健身俱乐部，俱乐部按摩项目的负责人，一位名叫"让"的和蔼大姐，说她很乐意试一试。开始的时候珍妮很害怕，在那个灯光昏暗的房间里我陪着她，握着她的手，轻轻地哼着她熟悉的曲子。几个星期后，她感觉更自在了，我一次减少一点给她的支持，到后来只是静静地坐在旁边，最后完全退出房间，让珍妮单独跟按摩师在一起。珍妮，以前从来没有安静过，这时学会了静静地躺着，安心地让按摩师给她做按摩。到今天，珍妮每周去做一次按摩，她患脑瘫的身体、总是绷紧的肌肉，得到了释放和缓解，效果能持续好几个小时。最近我们给她加了耳机，没错，就是在她放松的时候给她放古典音乐，她很喜欢。怎么会不喜欢呢？我说过珍妮是很聪明的！

感觉统合

孩子接触到的每一样东西都会发出感官信息：毯子是柔软易卷的，拨浪鼓是坚硬光滑的，乳房是温暖柔韧的……婴幼儿忙于全身触摸，他们用手指、手掌、腿脚、嘴巴去触摸感知。婴幼儿捡到什么东西都往嘴里放，这种现象有大脑方面的原因。在大脑感觉运动带中，口舌信息处理细胞占很大一部分。与人的大腿或手臂相比，嘴巴和舌头在大脑中占据更大的位置！因此婴幼儿通过嘴巴和舌头感受物体获取大量原始的感官信息。

积极地使用手和嘴对婴幼儿来说很关键，也有另一方面的原因。信息进入大脑，不是孤立地一次进一条。大量的感官数据同时涌入，这些数据来自听觉、视觉、嗅觉、味觉和触觉，触觉来自全身的神经末梢，不仅仅是手指的触感。运动、协调、平衡和身体意识进一步增强了我们对环境的感觉意识。大脑对这一鲜活的信息流进行的组织应对被称为"感觉统合"。

孩子将来所有的技能技巧（系鞋带，用笔写字，荡秋千）都是一个复杂的过程，需要依赖大脑统合感官信息输入的能力打下坚实的基础。原因如下：每一秒钟有两百万个感官信息碎片进入神经中枢，神经中枢由大脑和脊髓构成，是整个神经系统的主要信息处理中心，控制着我们身体的大部分活动。在应对信息流的过程中，大脑要做以下工作：

⑨ **警觉**：处理新的刺激或重要刺激。

- ⑨ 筛选：剔除次要信息，过滤出关键信息。
- ⑨ 组织：把信息归类分组形成有意义的观点或规律。
- ⑨ 保护：如果刺激过于强大，选择退出局面以自保。

这些脑部活动都是瞬间的自动行为，根本不需要思考，但是它们代表着同时进行的大量的神经活动。感觉统合就像大脑的超级秘书，指挥着所有进入大脑的信息。神经系统组织正常时，来自周围环境的信息输入在这里得到加工处理，进而产生与场合相适应的行为反应。比如，你在外面院子里，突然狂风大作，你看到树枝在摇动，听到树叶沙沙作响，感到沙土从附近的石堆里被风卷起，击打在你的手臂和脸上，此时你立刻用手挡住眼睛，掉转头，避开尘土吹来的方向，以保护你的眼睛和嘴巴。你的大脑有效地运转，自动地把多种信息输入统合到一起，得出结论，然后进行相应的处理。

感觉统合这一概念是由 A. 珍·艾尔丝（A. Jean Ayres）博士推广开的，艾尔丝博士作为职业治疗师和临床心理学家是学习障碍研究领域的先锋人物。她观察发现，有些孩子感觉处理系统的基础发展没有正常孩子那么顺利，她提出，罪魁祸首是神经紊乱。进入神经系统的感官信息输入没有得到有效的组织——身体与大脑之间的信息交流乱成了一团。她的理论得到了充分的验证支持，并且在神经心理学和神经学领域获得了进一步的发展，根据这一理论，婴幼儿同时综合运用多种感官的能力十分重要。

比较一下两个 1 岁孩子的不同经历：

凯特琳正在看动物类儿童 DVD，这是她最喜欢看的一个节目。事实上，"狗"是她最早学到的词之一。她看节目的时候，大脑在加工处理屏幕上闪过的狗的脸、躯干、尾巴等形象。

克雷格正在跟邻居的狗狗玩耍，他也看到了小狗扭动的身体和摇动的尾巴。小狗舔了舔他的脸，他能感受到狗身上不寻常的气味，也触碰到了狗的舌头（感受到了它的湿度、温度、粗糙度），还感受到了狗皮毛的不同质地和放在他腿上的狗的脚爪，听到了狗喘气的声音和激动的叫声。同时他还在观察感受旁边他妈妈的反应——也许不是哈哈大笑，就是吓得尖叫，要看她是哪一种类型的妈妈。

克雷格的大脑从他的眼睛、耳朵、鼻子、手、脚、嘴巴一起收集信息数据。同时他也在加工处理小狗和他妈妈随时变化的行为表情信息。凯特琳的大脑只接收到了视觉信息。即使你有世界上最好的摄影家，平面的屏幕形象与实实在在的物体之间也有着天壤之别。就拿水瓶来说吧，孩子看到瓶子的图片很快就学会了辨认"水瓶"这个词。但是只有实实在在地抓住瓶子，他们才能对瓶子有一个更广的感官认识：瓶子有多重，手握着有多滑，摇晃它的时候瓶子里的水会发出什么样的声音，等等。你还可以打开它，看一看，摸一摸里面是什么东西。

小小水瓶看起来好像不值一提，但对大脑来说却是个大问题。大脑只有慢慢习惯于在同一时刻体验多种模式的感觉才能健康地发展。孩子接触到这种"多感官"认知模式越多，他的大脑就能获得越好的锻炼。

你可能想当然地认为，孩子在平常的一天中就能接受到这种多感官的刺激。但是我想，在我们今天高度程式化，全是科技产品，对细菌微生物极度恐惧的文化中，孩子们已经失去了以前的那种接触自然的机会。

然而，没有正常的感官统合，进入大脑的信息就无法进行整理归类，没有进入大脑的"文件柜"合适位置的信息，也就不容易协调、调用。这就导致成长迟缓，引起一些行为、情绪、认知问题。感官统合没有得到应有的发展，就会造成一系列的问题，称为感官统合紊乱症（或称感官统合功能失调），其症状包括：过于敏感或对触摸、运动、图像、声音反应不足；容易分心；冲动症、缺乏自制等社交问题或情绪问题；环境过渡困难；无法自我恢复平静；演讲、交际或运动技能发展延迟；学习成绩差。

上面列的现象比较多，其中包括一些常见的行为表现，我们没必要紧张。但是感官统合紊乱症不是我们能自己诊断开药解决的。根据加州托兰斯市艾尔丝诊所（已故艾尔丝博士创立的）的病例研究，一般来说感官统合紊乱症经常发生在有下列情况的孩子当中：

- 早产的孩子（他们出生时缺乏感官信息刺激）；
- 患自闭症的孩子（他们对某一些感官刺激有非同寻常的强烈需求，而对其他一些刺激则极度敏感）；
- 有学习障碍的孩子（有此类障碍的学龄儿童占比越来越高，虽然大部分孩子还是正常智力）；
- 童年有应激障碍的孩子。

怀疑孩子可能是感官统合紊乱时，可以请有资质的职业治疗师或医师进行诊察评估，评估工作包括标准化测试和体系化诊察，观察孩子的姿势、平衡、协调和眼部运动，以及孩子面对感官刺激的反应。治疗方法主要是设计各种活动，刺激并锻炼大脑形成有组织的反应。疗效一般很显著。

聪明的主意：触摸

下面是一些实实在在的建议，有助于形成健康的依恋和感官统合能力。

1. 多抱一抱孩子

还有什么比抱一抱孩子更简单更温馨的？当然，绝大多数父母都想抱着自己的孩子。经常有人抱着、搂着、摇着、晃着的孩子会更安静舒心。"把孩子穿在身上"（就是用柔软的特制的背包或背袋把孩子放在胸前，让孩子贴在你的胸口上）可以解放你的双手，让你去做其他的事情，甚至在家里也可以这样做。

孩子成长过程中，拥抱一直是传达爱意、表示安慰、给予支持的重要方式。孩子最终会慢慢地离开父母的怀抱，或爬，或走，去探索这个世界。但是他们通常需要回头看看父母，希望父母给他们肯定和鼓舞的拥抱。

当然，这并不是说你要一周 7 天、一天 24 小时抱着孩子，即使你有时间有意愿，这也不是个好主意。孩子需要你的爱抚，但是正如我在第 6 章里说的那样，他也需要休息时间，不能一直被各种感官信息输入狂轰滥炸。要发展运动能力，孩子也需要身体自由，来伸展肌肉，活动筋骨。

2. 露一点肌肤出来

在孩子还很小的时候，你可以花点时间，只给他穿纸尿裤，把他抱在胸前，让他的肌肤贴着你敞开的胸怀。孩子的爸爸也可以这样做。听着你的心跳，感受着你温暖的肌肤，这是最好的按摩方式之一。

孩子一出生，就把他肉贴肉地抱在怀里，这样可以调节他的体温和心率，减少啼哭。母乳喂养是肌肤接触的自然方式。事实上，新生儿天生就有"爬"（实际上是蹭）到妈妈身上找奶吃的本能，如果他有机会的话——这是多么奇妙的事情！

3. 学一学婴儿抚触

按摩是一种给孩子爱抚的神奇方式，一种肌肤贴着肌肤的接触，做起来不难，也很有趣，一天只要花几分钟就可以了。很多家长，特别是新任爸爸们，发现自己能用这种按摩的方式亲近孩子，心里很有成就感。

但是要说明的是，给婴幼儿按摩，跟给大人按摩不一样，不需要深度揉搓。婴幼儿按摩是表层抚摸，还要用上宝宝油，用哪一种油可以自选。注意一下你按压的力度，这很重要：不能太粗重，以保证安全，当然也不能太轻。

太轻柔的触摸会像羽毛划过一样有一种痒痒的感觉，让孩子不舒服。用一个手指或者一小部分的手掌就可以了。如果你心里没底，可以先在洋娃娃上练一下。

给孩子按摩的时候记得要跟他说话。你可以告诉他你正在按摩的或者要碰到的部位叫什么："这是你滑滑的额头，这是你的小鼻子，这是你的嘴巴——哎呦，我看到你在冲我笑！"

开始按摩的时间和方式： 比较合适的按摩时间包括洗澡前后，换尿布后，早上孩子清醒、不哭闹的时候。不要等到孩子不耐烦哭闹的时候才想起给他按摩。（如果你给他洗完澡就做按摩，那你要确保擦干孩子身上的水，以免孩子着凉。

另外，要确保做按摩的地方没有风吹过来。把孩子放在毛巾和毯子上。给他脱了衣服（可以留着纸尿裤，如果你觉得有必要的话）。先"问"他准备好接受舒服的按摩没有。跟孩子的这种交流，包括前面说出身体部位，也是语言发展的开始。

持续时间： 对于新生儿来说，按摩区域要限制在腿、脚、手、臂、肩、背等几个部位。第一次按摩，限制在 3～5 分钟。一个月后你可以延长到 10 分钟，两个月后 10 到 15 分钟。要注意一下孩子的反应，看他的反应决定按摩持续时间。

按摩的方式方法： 犹他州大学露西·艾默生·莎莉文（Lucy Emerson Sullivan）博士提出了以下一些建议，指导你的按摩动作。但是手该做什么样的动作，没有绝对的顺序。

腿部按摩：用左手托起孩子的右腿，右手手掌包住孩子的大腿，慢慢地移向他的脚。重复几次，然后换左腿。

足部按摩：从脚跟到脚趾，用大拇指按压孩子的脚底板。揉捏大脚趾，绕着脚踝转圈揉。

手、臂按摩：用按腿和脚的方法按摩手和手臂。一只手抓住孩子的手腕，另一只手从肩膀开始，轻轻地沿着孩子的手臂按压，到手腕位置后，换另一只手。重复做几次。

用拇指展开孩子攥紧的拳头，然后用食指和拇指揉捏孩子的每个手指，抚摸手心手背，用指尖在他的小手腕处转圈。

面部和头部按摩：用两个拇指从额头中间开始，分别向两边抚摸，一直到太阳穴，再到眼眶处打个圈。用指尖沿着下巴转圈圈。用双手 10 个手指指尖和指肚在整个头部转圈。注意：避开任何柔软部位（囟门）。

背部和肩部按摩：轻轻地把孩子翻过来让他俯卧着。从双肩开始，用指尖轻轻地抚摸背部，画着小圈圈往下走，一直到臀部。

4. 营造一个孩子可以自由触摸的环境

在孩子成长过程中，他自然地会有探索四周环境的欲望。因为触摸是婴幼儿探索世界的主要方式，所以他一定会把任何够得到的东西都抓过来，拔出来，翻弄把玩，或者放到嘴里尝一尝。这并不是"不良行为"，而是一个必要的学习过程。每一个触摸动作都激发了脑部的神经连接：是热的？冷的？硬的？软的？重的？还是轻易就能拿起来？这东西会动吗？还是不动的？能把它拿走吗？放到嘴里会是什么感觉？是什么味道？像一个科学家一样，大脑做出仔细的预估，储存每一条信息，以便日后提取。

虽然大概1岁之后就可以开始教孩子不要碰一些东西（电视遥控器、花瓶等），但是一个更有效、更好的办法是创立一个孩子可以自由触摸的世界。

既然是孩子，你就要让他们带着好奇，积极主动地去探索学习，要鼓励孩子的好奇心和求知欲。如果你叫他们这也不能碰，那也不能摸，那他们的好奇心和求知欲就受到打击。

- ☺ 把那些孩子不能碰的物件收拾起来，或者放到高处，孩子够不到的地方。
- ☺ 孩子学会爬行之后，每隔2～3个月，从孩子的视角重新审视你的房子，移除任何对孩子有危险的物件和所有对你来说很珍贵的东西。
- ☺ 虽然家长们没必要太在意那些儿童安全装置，但是有些东西你会发现是必备的，比如抽屉门闩、卫生间门锁、灯座插头。都试一下看看，家里怎么布置才感觉舒服自在。
- ☺ 不要把每个柜子都锁起来。留一些家用器件，比如壶、盆、特百惠塑料容器等，让小孩子能够找到，给他机会，让他自由、安全地探索。这样，你在厨房里忙的时候，他就有事可做了。
- ☺ 把热水器调到120华氏度（48℃）以下，防止烫伤。

如何处理有危险隐患的诱惑物

在孩子的探求欲望和安全需要之间寻找平衡点，下面是一些常见的危险，很容易清除。

危险诱惑	解决办法
垂悬的餐桌布	移除或临时换成餐桌垫
松动的外露电线	用透明胶把它黏在墙上

外露的插座	安装塑料绝缘插头或把插座换成儿童安全插座
孩子可触碰到的玻璃柜	安装儿童安全锁，把一些危险的物件（比如清洁用具、刀叉、塑料袋等）放到较高的柜子里
楼梯台阶	在楼梯顶部和底部安装安全门
硬壁炉灶台	暂时用塑料泡沫包起来
有尖角的家具	用被子、毯子、枕头或护角装置盖起来

5. 给每一种感官以平等的探索机会

下面是一些有趣的、简单的方法，能让孩子综合运用多种感官。

感受物体质地（适合所有年龄段）：做日常杂务（洗衣服、洗碗等）的时候，你可以让孩子触摸一下家用物件，体验物体表面的不同感觉：毛巾凹凸不平，床单光滑如丝，有的水冷，有的水热，肥皂滑溜溜的，海绵很粗糙。说出每一种不同的感受："诶，这是冷水！……不过，越来越热了！"孩子能把你说出的词语和他体验到的感觉联系起来。

触摸书本（适合婴儿）：挑一些包含不同材质的纸板书，周围书店的儿童区有很多这样的书。描述书中的图片："摸一摸泰迪熊，看它多柔软。"这个年龄段最好用布料书或无毒材质书，这样你的孩子就能真正用手（甚至用嘴巴）摸索感受它。我也喜欢用加林顿大脑研究所出版的《宝宝大脑盒子：边触摸边学习》（*Baby Brain Box Touch and Learn*）。

制作一本"触摸书"（适合幼儿）：选 4 个描述质感的词（比如光滑、粗糙、柔软、坚硬、黏糊、毛茸茸、凹凸不平等）。

在 4 种不同的彩色美术书上写一个词。让孩子自己装饰书的封面："____的触摸书"。然后在家里找一些与你选的词相对应的物件，比如，与"光滑"相应的可以是一个塑料袋或是一块布料，让孩子把这个物件粘到纸上。等胶水干了之后，在这些纸页上打洞，做成一本书。以后还可以加页。

玩水体验（适合婴幼儿）：玩水是调动婴幼儿感官的绝妙方式。玩水活动带来了触觉、视觉、听觉三重刺激。在水的流动和喷洒中，孩子可以看到水的透明，听到水的声音，感受到水的冷热。在澡盆里，水不深的池子里，后院的水桶里，放上各种玩水的器具，比如一个带嘴的量杯，两个普通的量杯，几个小的玩具杯，小的金属或塑料水罐、漏斗、纸巾、托盘等。记住，孩子玩水的时候，一定要有大人在旁边看着。

彩色烤面包片（适合幼儿）：拿一片面包，把它放在烤盘上。往小杯子里倒大约一寸半（4厘米）高的牛奶，然后滴几滴食用色素到牛奶里。喜欢弄多少颜色就弄多少颜色。用一个干净的消了毒的滴管给孩子做示范，演示如何让面包片充满彩色的牛奶。跟孩子描述这个活动时要说出各种颜色，让孩子自己拿起装了牛奶的滴管，往面包片里滴有色牛奶。把上了色的面包片放进烤面包机烤好，这样你就可以和孩子一起享受美味的彩色面包片了。

彩虹布丁（适合婴幼儿）：制作香草布丁，把它分放到几个小碗里。在孩子的高脚椅托盘里放上不同颜色的食用色素，让孩子给布丁着色，让孩子自己享受自己制作的美食。

好玩的喷水瓶：往几个喷水瓶里加几杯水。每个瓶子里加8滴食用色素。拿一张纸贴到外面的墙上，鼓励孩子在纸上喷出自己喜欢的图案。

玩面团：下面这个面团配料单是我从一位当老师的朋友那里学来的。拿一个有蜡纸的烤盘。先给孩子一个小小的面团，让他自己先玩一下。然后教他如何做滚圆球，做蛇，捏字母或其他形状。

面团配料单：

1包不加糖的果乐（Kool-Aid，一种饮料）

1 杯盐

1 勺塔塔粉

3 杯面粉

2 杯开水

3 勺色拉油

把液体料加到固体料当中，搅拌好，揉捏成平滑柔软的面团。做好可以装在密封袋中，放到冰箱里，以防止它失水干化。

找托管班：如何充分考虑大脑发育的需求

-------什么样的托管班对孩子最有帮助？

-------看托管班要看它的哪些方面？

-------怎样评价一个托管班的课程项目设置？

-------师生比和幼师资质真的很重要吗？

如果你以前找过托管班，那你一定知道这是件多么烦人的事。美国半数以上年轻妈妈生完小孩后 4 个月内返回工作岗位，孩子年龄在 6 岁以下的妈妈中 70% 都有正式工作。

美国的托管机构虽然数目巨大，但还是只能满足基本需求，好的还不错，差的比第 8 章提到的罗马尼亚孤儿院好不了多少。不仅看护质量远不能满足需求，而且儿童看护观念远远落后于时代。高质量的儿童看护应该是"脑部护理"。本章将给你提供一个全新的符合实际的选择方法，让你找到真正适合你家孩子的托管机构。

科学告诉我们：出生后第一年十分独特

给婴儿选择托管机构需要特别考虑到一些问题，因为这个阶段孩子的脑部发育很特别，神经活动量巨大，刚刚建立起来的系统很关键，特别是情绪中心系统和一部分注意力系统。

没有证据证明，为了让婴幼儿获得更好的脑部发育，学龄前托管机构就得更像学校。这一点很重要，因为过去那种靠亲人（爷爷奶奶，外公外婆等）来抚育照看后代的方式已经转变为机构化的抚养。评价一个托管机构或育婴中心不能轻信他们的宣传材料，而要从大脑发展的角度，对他们进行批判性地考察评估。如今找托管班的家长越来越多，这一点显得十分重要。

找托管班的过程中，家长们通常关注安全、卫生、敞亮的环境、铃铛哨子等最新的设备器具等方面，但忽略了一个更重要的因素，那就是一个行为规范有爱心的看护人。

科学并没有规定照顾孩子的人一定必须是他的母亲，但是必须至少有一个能够负起培养抚育责任的大人，让孩子可以依赖，可与之建立依恋关系。理想的依恋关系当然应该是父母与子女的关系，但是如今多数宝爸宝妈都要上班，完全由孩子的妈妈或爸爸来照顾也不现实。孩子在非由父母看护的环境中也能茁壮成长，只要他获得了同一个人持续、关爱、负责任的照顾。婴幼儿生活在潮水般涌来的感官数据之中，一小群成年人（孩子的父母和保姆等看护人）的关心照顾能让孩子感觉到这个世界是可预知的，从而获得安全感。隔几天时不时更换婴幼儿看护人，保姆换来换去，就无法达到这个要求。

我个人偏向在孩子 1 岁以前由一个人专门照看，这个人要有热情，有育儿知识，可以是孩子的奶奶、外婆、其他亲戚或者保姆。今天的家长们往往有这么一个错误的观念，以为那些像小学一样的育儿机构肯定比以前的奶妈更好。实际上这可不一定，你还得看具体情况。没错，在一些管理良好的育儿中心和家庭托管中心，也可能提供一对一的负责任的照看，但是这样的机构比较难找。

获得一个好的托管有很多困难，其中一个最大的障碍是看护人员没有正确的观念，他们甚至不一定理解为什么要跟他们照看的孩子形成良好的人际互动，他们没有强烈的人际互动意识。有爱心的正规的看护人员（往往受过专业训练）也都经常消极地把自己当作带孩子的保姆，给孩子喂奶，哄他睡觉，看着他玩耍。不要误解我的意思，大部分在托管机构工作的姑娘阿姨们（对，看护人员大多是女性）都很爱她们带的孩子。但是她们不知道（因为没人跟她们讲）与孩子建立亲子联结对孩子成长发育至关重要，更不知道怎样与每个孩子互动，来促进孩子大脑健康发育。

"新方向婴幼儿大脑发育研究所"目前正在进行一项大规模的课题研究，这个项目跟我以前知道的项目不一样。我们与一个大企业家合作，这位企业家经营着亚利桑那州一家大型的婴幼儿托管连锁机构，名字叫"家教时间儿童托管学习中心"，我们负责以最先进的育儿理念训练托管中心所有工作人员。这家托管中心有 40 个分支机构，是目前亚利桑那州最大的儿童托管中心，接收一个半月以上的婴幼儿和学龄前儿童。另外，"新方向婴幼儿大脑发育研究所"也为新育儿理念项目提供咨询参考，这个新的育儿理念就是"儿童学习冒险"。这些托管中心会运用最新的训练项目、课程计划和精心设计的设施设备。我们会协助训练所有机构职员应用这些新的设施设备。这个项目在完整的机构体系中施加额外了训练，并达到了一个前所未有的水平，我期盼看到它最终的效果，新的育儿理念通过这个项目，也许能真正重塑美国学龄前婴幼儿教育状况。

下面是给孩子选托管中心的一些建议，这些以大脑发展为目标的建议可以指导你选择日托中心。

聪明的主意：如何找托管中心

1. 选择婴儿日托的好方法

通常的做法是列一张托管机构清单，但这只会把事情搞得更麻烦。有一些因素比其他因素更重要。满足孩子在日托中的独特需求，一般要考虑下面一些问题：

重要的问题：

- **具体负责照看孩子的那个人怎么样**。必须有一个人专门负责照看你的孩子，不能是好几个人。太多的面孔会让孩子不知所措，刚建立起联系，又要断开联系，会造成压抑的情绪。一个奇妙的新概念就是"轮庄"，孩子从进入托管中心到离开托管中心都由固定的一位看护人员负责，他跟着孩子从托班到小班、中班直至"毕业"，而不是因为孩子大了一岁就给他换一个教室换一个新面孔。这是一个很好的基于大脑发展的育儿理念。

- **孩子与看护人员的比例**。专心的看护需要时间，根据美国儿科学会的建议，对6个月～15个月大的婴儿，职员孩童比例应为1:3。官方认可机构美国幼童教育协会规定，15个月以下的孩子，一组不超过6个孩子，其职员孩童比例应为1:3；一组为7个或8个孩子，其职员孩童比例应为1:4。

- **看护人员变更率**。托管机构的人员流动性很强，最小人员变更率是理想的目标，这样你的孩子就不需要总是适应新的面孔，适应新的看护方式。看看可能要负责你孩子的看护人员在这个工作岗位上待了多久。

- **职员日程安排**：必须规范，且有持续性。孩子在每天同一时刻都是由同一个人照看，而不是一个人早上、一个人中午，或者一个人负责一、三、五，另一个人负责二、四、六。

⊙ **整体环境**：是否安全、敞亮、色彩鲜明、引人入胜？能不能吸引你，让你想在里面待几个小时？

⊙ **与孩子的身体接触**：观察看护人员是否与孩子有拥抱、抚摸、托举、摇晃等肢体接触。

⊙ **与孩子的语言交流**：不是说孩子还不会说话就不需要跟他交流。一般孩子整天都要听到人跟他说话。

⊙ **开放性**：他们有没有这样的开放政策，能让你想看就可以到里面去看一下？这对更好的看护婴儿是必要的条件。看护人员有没有一个开放的态度，愿意听取大脑发育方面的新信息？你孩子的看护人是不是愿意加入你们，与你们形成一个育儿团队？你拿新的玩具或者其他对孩子大脑发育真正有益的材料（比如镜子、绕口令，而不是各种电子产品），他们会不会接受？

不那么重要的事项：

⊙ **托管中心环境**：只要保证安全，孩子是在一个光鲜的新房子里，还是在一个有50年历史的老房子里，实际并不重要。

⊙ **里面的玩具有多么新潮，多么花哨**：以前简单的玩具与现在新潮花哨的玩具一样好（有的时候老玩具更好）。更重要的是，玩具样式要丰富，适合孩子的年龄段，功能正常。注意：不需要电视机，尤其不能作为背景不停地开着电视。电视对婴幼儿没什么好处，潜在的害处一大堆。

⊙ **电脑**：婴儿不需要电脑，幼童也不需要电脑。

⊙ **高学历**：看护人员有早教专业的学历学位当然不错，但是对于看护人员来说，高学历并不那么重要，重要的是对大脑发育和智力发展规律有一个坚实的基本的理解，对孩子有真正的爱心。不过，有大学学历证明他重视教育，让看护人员在学历上有所提升当然是一个令人振奋的目标。

⊚ **孩子的日程安排**：孩子都有个性化的吃饭睡觉规律，特别是很小的孩子。整体的程式化日程安排不起作用。

⊚ **严格的知识学习课程**。知识学习不仅不适用于婴儿，而且就是孩子大了你也不用往这方面考虑。幼童也不需要正式的高度课程化的知识学习。从游戏玩耍中学习就够了，比用纸笔不停地操练更好。

其他因素：

⊚ **离家庭住所或工作地点近**。孩子就在工作单位附近，你会没那么紧张。托管中心或幼儿园就在你上班的路上，或就在家附近，会让你有更多的机会看望孩子，但是这种便利性远不是你要考虑的主要因素。这里我们讨论的重点不是怎么让你的生活更轻松，而是怎么让你孩子的生活得更自在。

⊚ **托管机构的资质**。这个机构必须符合当地的管理规定，有当地政府颁发的营业执照，但这只是说他们达到了经营托管业务的最低标准。资质是一个自发的成长发展过程，有一定的资质说明他们达到了更高的标准。美国早教协会是婴幼儿托管行业的最高标准。有很多资质优良的家庭式托管中心达不到这个标准。但是这种资质的差别不适用于保姆或阿姨。

⊚ **费用**。无疑是一个重要因素。有人认为贵的就是好的，费用价格是鉴定一家机构是否理想的标准。然而其实并没有重要到这个程度，因为有时候并不是一分价钱一分货。一家新开张看起来很不错的托管中心收费高，那可能正好反映了它建房贷款压力大，或者刚招收了很多新职员。街边路口一家不起眼的家庭中心收费可能只有它的零头，但也许完全能够满足你孩子的需求。

然而，不管是哪一种类型的托管，一项值得花钱的服务，就是保证由同一位托管人员给你的孩子持续的、有针对性的、个性化看护。请家庭保姆，或者上看护人员比例高的机构，费用高，很花钱。多与孩子面对面是值得的，虽然看起来好像你把宝贵的时间和金钱都放在了这么一个普通的"小事"上。请放心：科学告诉我们，与其攒钱供孩子上高大上的幼儿园或学前班，不如在孩子2岁之前多投资于高质量的看护中。

2. 与实际看护人面谈

一般到托管中心的第一站和最后一站都是去找中心主任，他会告诉你托管中心的机构组成、职员情况、经营情况等信息，但是你也要坚持要求见一见实际负责你孩子的那个人。记住，他与孩子的关系是超越一切的！同样的，只听你好友的建议和中介机构的推荐来选保姆，那是远远不够的。

如果他们拒绝你的要求，说这不可能，或者说违反了他们的规定，那你不能轻易放弃，你要问他为什么，如果他说因为有很多人负责照看你的孩子，那你要警惕了。

想办法了解这个人是否有足够的时间多照看一个孩子。比如，一位家庭式托管人员可能同时照看4个小孩，如果其中两个是2岁大的双胞胎，一个是不会走路的婴儿，另一个在上幼儿园，她要把他送到学校或者去做其他的活动，那这位阿姨会很忙，可能已经忙不过来了，对你来说也就不是很好的选择。

3. 观察托管人员的行为表现

你也要观察一下阿姨带其他孩子有什么表现，而带你家孩子又有什么表现。她会直接跟孩子说话吗？表面上喜欢自己的工作吗？2005 年美国儿童健康与人类发展研究所下属的儿童早期抚养调查网络发布了一个要素清单，告诉我们观察看护人员与孩子互动时要注意哪些方面。他们提出的一些建议包括：

（1）注意看护人员如何回应孩子发出的声音（言语回应孩子说的话或者孩子想说的话，重复孩子的话语，评点或纠正孩子刚说的话，回答孩子的问题，等等）。

（2）注意看护人员如何向孩子问问题。比如："你饿了么？""那是谁呀？""你是不是困了？""你喜欢绿的是吧？"

（3）注意他们是否经常表扬孩子，对孩子表示鼓励、关爱。比如："喜欢你，宝宝。""你真可爱！""你成功了！"）

（4）注意他们如何教孩子（看护人员指导孩子："这是一个球，宝宝跟我说'球——'"）。

（5）注意他们会不会使用积极的话语，描述一个物体或事件，安慰孩子，让孩子开心，给他们唱歌、讲故事。例如："我们要出去啦！""瓶子是全空的。""我要把你围嘴系上啦。"一句话就可以了，不用负面的话语（侮辱、批评、拒绝、责备、嘲笑、吼叫）和命令性的话语。

这种交流是必须有的最基本的东西。如果看护人员与孩子有更丰富更深入的语言交流当然就更理想了。

4. 告诉他们你的期待和希望

许多刚有孩子的夫妇有一个普遍的观念，认为自己在带孩子方面是新手，而看护人员、阿姨、保姆有经验，他们一定是育儿专家。从经验方面来看，看护人员的确是专家，但是他们可能并不真正懂得孩子的需要，即使他真的懂，也可能没意识到他做的那些事情有多么关键，更不知道为什么很关键。

下面几件事，不管是在托管中心还是在家里，你可以跟他们提一提：

- ◎ 把镜子、绘画书等玩具拿在手里，进行一些益智的游戏。
- ◎ 让他知道你的孩子与他建立良好的依恋关系是多么重要，并提出你可以帮他建立这种纽带。强调你要让孩子的生活有规律。
- ◎ 要求保留"俯卧时间"。如今多数看护人员会很自豪地说他们知道怎么让孩子仰卧着睡觉（可防止婴儿猝死）。这事你得确认一下，但是同时你也要要求他们让孩子做一些俯卧运动，因为他们可能不知道为保证安全也有必要保留"俯卧时间"。
- ◎ 接孩子时你想了解的信息。接孩子的时候你想知道孩子的哪些情况，比如：他今天注意力集中吗？他对什么新的东西感兴趣？他有没有吃饭，吃了些什么？中午睡了多久？问题一定要具体，不要一成不变。面对面的询问交谈比书面的问答更好。
- ◎ 把这本书送给他，让他能跟你在孩子大脑发展的问题上思想同步。

5. 一定不能有嫉妒心

家长有时候对托管中心持保留意见，这些意见却反映出他们不知道什么才是真正好的托管。比如：

"如果第一个看到杰克走路的人是托管中心的那个女孩而不是我自己，我心里会很不爽。"

"我担心孩子太喜欢这个地方了——我接他的时候他都哭着不想走。"

"上个星期我们把艾比打发走了，因为孩子好像跟她更亲，跟我们还没那么亲。"

让别人来照看自己的孩子，的确心有不甘，特别是孩子刚出生，你们亲子关系才刚刚开始，你会感到内心很不安。许多年轻的妈妈都表示很担心孩子会爱上带他的阿姨而把自己给忘了。然而，你又希望他们两个人能建立起这种依恋关系。

这个观念也许很难接受，但是记住，让孩子与其看护者之间形成强烈的依恋关系极为重要。你应该希望你的孩子"爱"上那个看护抚育他的人。实际上，一旦你理解了孩子大脑的"面包圈"部分的运行规律，你就更容易接受孩子爱上另一个人的观念。

另外，孩子恋上了那个在某个时段给他喂奶陪他玩的人，并不意味着他就没那么依恋你了。亲子关系并不是 2 选 1 的命题，依恋也不是一成不变的。孩子能够也应该与他的多位看护人形成强烈的依恋关系。有这些强烈的联结能够培养孩子爱的情感能力。

6. 明智地选择幼儿日托

到孩子 2 岁时，大脑大部分关键的基本神经网络已经形成，孩子有了强烈的自我意识，知道在依恋关系中获得快乐，寻求慰藉。此时他的心智集中于行动与互动交流。虽然感官输入和初期脑部神经传输是从大脑后部运行到大脑前部，但是行为模式和行为输出却与之相反，是从前部传输到后部！我们是在大脑前叶酝酿行动计划，想好该做什么、玩什么，如何探索周围环境，然后才启动大脑运动中心，行动起来。要转换成行动模式，在学前托管和日托中心，就要求与其他孩子和范围更广的成年人越来越多地互动交流。

有一个标准对照表，描述了婴幼儿托管的重要方面，可以作为给两三岁幼童和学龄前儿童找托管的一个指南。我想强调其中一些与大脑发育相关的因素：

- 看护人员拥抱孩子，让他们爬到自己的大腿上，或者有其他的肢体接触。为了避免法律纠纷，现在有些日托中心规定职员不能触碰孩子。我觉得这是不对的，特别对婴幼儿来说，简直是悲剧性的。肢体接触是向婴幼儿传递安全感并表达关注和爱意的最主要的方式。这不应该成为一个法律问题，而应成为必备的内容。
- 看护人员与孩子的比例仍然很小：24个月大的孩子是 1∶4；36个月大的孩子是 1∶7。
- 不断扩大丰富的材料。特别重要的是那些可触碰把玩的材料，各种形状各种尺寸的积木，绘画用品，装扮游戏用的玩具和器具，跳动的音乐，室内游玩区，户外玩乐设施，当然还要很多的书！
- 以孩子为中心的进度安排。幼儿的心智在不同时间、不同阶段有不同的特征和不同的发展。蒙台梭利学校在这一点上认识深刻，做得比较好；他们的材料设置和开放性日程安排充分反映了这一理念。

这次是克里斯汀的故事：考虑大脑发育的阶段

虽然带大女儿珍妮让我有了当妈妈的经验，但是给二女儿克里斯汀选托管班的时候，我思想还不成熟。我误打误撞地给她报了一个蒙台梭利学前班，选这个班的原因跟很多人一样，就是因为它离我家更近。我根本不知道它采用的是以大脑发展为导向的早教方式，这种方式我毫无保留地向你推荐。

克里斯汀上了这个班几个月之后，作为一个细心的妈妈（而且还是个学校老师！），我向她的老师提出，也许要鼓励克里斯汀多花点时间在语言学习上，因为我很紧张,克里斯汀好像对阅读毫无兴趣。这么多天过去了,克里斯汀好像只待在数学区里(里面是积木、算珠、沙盘之类的材料)。幸运的是,老师并不紧张,她平静地向我解释蒙台梭利理论:分清体积容量,正是克里斯汀的小脑瓜这个时候想要的,也是必须经历的一个阶段,语言学习可以来得晚一些。的确如此,孩子最后过了阅读和写作这一关。如果当时我们违背大脑发展规律,阻挠她进行空间思维探索,真不知道后来她能否成为一名出色的神经科学家。

7. 深思熟虑,做出改变

关于孩子的托管情况,你能做到的重要的一件事,就是切实地观察孩子的反应,并慎重思考他的反应。看、听、问:孩子心情好吗?适应了一段时间之后,他与你分别还会哭吗?如果孩子突然变得沉默抑郁,闷闷不乐,或紧张焦虑,那肯定出了什么问题了。

如果好像出了什么事儿,总感觉"不对劲儿",相信你的直觉,付出一点努力,做出改变。可是我们很多时候总是忙忙碌碌,把应该做的决定一推再推。做出改变需要付出精力,而年轻的爸爸妈妈们缺少的就是时间精力。然而因为大脑是阶段性成长发育的,不同的阶段形成不同的神经网络,所以你给孩子选的托管或保姆不行的话,那你要尽快做出改变,这时已经等不起了。百忙之中抽出一点时间来,花点精力找个更好的托管和保姆。我以前经常建议年轻的夫妇,要给孩子找个好的托管,如果第一个找的不好,就赶紧换一个,他们后来经常找到我,跟我说这是他们作为孩子的爸妈学到的最重要的东西。听了我的建议,他们很快就看到了孩子的变化,自己紧张焦虑的情绪也缓解了。如果托管选得好,整个家庭都受益,所以年轻的爸爸妈妈们,请在这方面多花点时间精力!

第 **12** 章

Bright from the Start

增进亲子联结的活动

为什么要做增进亲子联结的活动……

通过亲子活动，婴幼儿看护者可以学会如何让孩子有安全感，让他们感到被呵护着，被关爱着。必须让孩子知道这个世界上至少有一个人可以全身心地依赖。提供回应及时、可预知的看护抚育，对孩子早期脑部健康发育极为关键。

有安全感的孩子学得更快，学得更好。

你与孩子共同参与的任何活动都有助于增进亲子联结，下面选的这些活动是其中特别有效的。我要强调的是，这些活动是有趣的、好玩的，如果孩子没有兴趣，并不表示孩子有什么问题，可以等孩子大一点再试一下，还是要玩得开心才好！

每项活动的后面，都有几个小段，给你一些附加的信息，让你理解这项活动怎么有助于锻炼孩子的大脑：

⑨ "关联大脑" 告诉你这项活动对当前孩子的脑部发育有什么影响。

⊙ "关联学业"告诉你这项活动对孩子以后上小学有什么潜在益处。

⊙ "变化模式"告诉你相关的一些有类似功能的活动。

适合新生儿（0～6个月）的增进亲子联结的活动

宝宝听故事（3～6个月）

方法：

⊙ 挑一本讲亲子联结的故事绘本，实际上大部分儿童读物都行，除了那些游戏指南之类的书。我喜欢的一本经典是《爱你如是》(*I Love You As Much*)。《拥抱与亲吻》(*Hugs and Kisses*)、《妈妈爱宝宝》(*Mommy Loves Her Baby*)、《爸爸爱宝宝》(*Daddy Loves His Baby*) 系列也不错。

⊙ 把宝宝抱在胸前，让他背对着你坐在大腿上，这样翻页的时候他就能看到图画。

⊙ 说出图中事物名称，给予恰当描述，指出图画细节，告诉孩子书中发生了什么。这就是"宝宝听故事"，开始时你可能会觉得他还太小，听不懂，但是你要知道你是孩子世界里最重要的人，他喜欢靠在你怀里，听你讲故事的声音。

⊙ 照着故事图片中的动作做——如果故事中讲到了"亲亲宝宝的脸，亲亲宝宝的脚"，你实际可以照着做。把图片反映的情感表现出来，把与孩子亲密相处的快乐表达出来。

⊙ 不是一两次，要经常这样给孩子讲故事！

关联大脑：这样给孩子讲故事刺激了脑部情感、认知、视觉、听觉、运动等神经连接，也刺激了大脑左前颞叶处理存储语言的区域。

关联学业：让孩子开始形成人际关系意识，也培养了视觉辨别能力，扩大了孩子的词汇量，为以后阅读做了必要的准备。

变化模式：

◎ 与孩子一起阅读，无论是谁，都能构筑安全感。爸爸们可能会特别喜欢《宝贝跳舞》(*Baby Dance*)之类的书，因为里面讲的是父亲与孩子亲子关系的培养。热情洋溢地朗读其中一些诗歌，描述书中父亲关爱孩子的举动，然后试着把这些行为动作表演出来。

适合婴儿（6～18个月）的增进亲子联结的活动

"我要抓到你！"

瑞士日内瓦大学心理学教授、康奈尔医学院精神病学客座教授丹尼尔·斯坦恩（Daniel Stern）博士曾对这个经典的游戏进行深入的研究。斯坦恩博士研究婴幼儿生活中的"微小时刻"，考察世界各地的婴幼儿日常护理操作，也考察父母与孩子间的游戏活动，寻找其共通性，考察其背后的科学原理。这个游戏表明了孩子大脑的强大运算能力！

方法：

◎ 靠近孩子，面带微笑，从孩子肚脐眼位置开始，手指慢慢向下巴位置移动，说："我要抓到你……"

◎ 然后突然停了下来，静止几秒钟。注意，突然静止不动在这个游戏中很关键。

◎ 重新开始，还是边用手指做爬行的动作，边说："我要抓到你……"然后还是突然停下来。

◎ 再来一次，还是边用手指做爬行的动作，边说："我要抓到你……"不过这次不同的是，跳过静止不动的环节（这时孩子已有所期待），直接给孩子一个惊喜："我抓到你啦！"然后亲一亲他，蹭一蹭他的脸，大人孩子都笑了。

关联大脑：世界各地的孩子都喜欢这个游戏，斯坦恩教授研究了其中的缘由。孩子的大脑很快就掌握了这个游戏的模式，因此能预测接下来会有什么动作。实际上他的大脑开始无意识地计算游戏下一步动作的发生概率。如果父母打断了这个模式，突然改变了动作，孩子很惊讶，有点害怕（只是一点点），因为这一声"抓到你啦"违背了大脑概率运算的结果！孩子只是稍有警觉，很快就回到了父母温暖的怀抱，孩子有惊险刺激感，但不一会儿就获得了安全感。人类的脑力真是让人叹为观止！这个游戏证明大脑很早就有掌握规律预知未来的需要。对将来有预见是生存之必需。

有趣的是，斯坦恩还发现，世界各地的爸爸们跟孩子做这个游戏，和妈妈们做这个游戏不一样，他们更快进入最后一个环节，"抓到你啦"这种更短的静止停顿比妈妈们的做法更能刺激孩子，让孩子兴奋起来。

我的相册

如果孩子们很喜欢这个活动，以后你就可以经常进行。

方法：

◎ 找个小的好拿的相册，有塑料封套的那种（防止孩子弄脏相片），把简易家庭快照放进去。相片里应该包括孩子生活中的主要人物：家庭成员、好朋友、保姆或托管阿姨。

◎ 把孩子放到大腿上，翻开相册。指着每一张相片，仔细研究："记得上次奶奶来我们家，帮我们刷你的房间吗？"

关联大脑：讨论回顾孩子世界中的关键人物，能加强孩子与身边人的心理联系，增强安全感，提升亲近感，最终构筑自信。

关联学业：有助于培养孩子的自控能力，也使他们接触到了日后要正式学习的新词汇、新概念。

变化模式：

- 带孩子在房间里走走，抱他看看墙上的相框，讲讲相框照片中的人物故事。
- 给孩子房间的风铃吊饰挂上照片，或者用纸做个单独的相片吊饰，挂在他的房间里（不要悬吊在婴儿床上或者其他孩子够得到的地方）。
- 在硬纸板上做一个家庭相片拼图，把纸板贴到车上前排座椅靠背后，这样孩子坐车时都能看到照片了。

"多利，早上好！小鸟，再见！"

方法：

- 孩子早上醒来，向他挥手打招呼："早上好！"要让礼貌招呼成为一种日常习惯，有机会都这样做。
- 每次离开孩子，一定记得跟他说再见，向他挥手。

关联大脑：持续地示范和互动，能让孩子逐渐意识到我们与孩子见面或分离时是什么样的行为表现，让他感受到语言的力量。持续地示范可以促进孩子的模仿行为，模仿是语言学习的开始。

"滚啊滚，滚球球。"

方法：

- 坐在地板上，与孩子保持一定的距离，让他叉开腿坐着。

⊚ 在你和孩子间来回滚动一个球。边玩边唱歌。

关联大脑：这个游戏除了锻炼运动能力，还灌输了"轮流往返"的理念，"轮流往返"是所有互动活动背后的重要理念，无论是做游戏，还是对话交流。

变化模式：

⊚ 轮流抛物：把沙包扔进洗衣篮，把橡皮球扔进纸板箱。

适合幼儿（18 个月～3 岁）的增进亲子联结的活动

辨认家庭成员

方法：

⊚ 选 5 个洋娃娃组成一家人。可以是一套配好的洋娃娃家族，也可以是 5 个木偶人或纸做的娃娃。商店买的，自己做的，都可以。

⊚ 先不说话，铺好一块餐布垫。

⊚ 说："看好。"

⊚ 一次拿一个娃娃出来，放到餐布垫上，边做边描述这些娃娃。比如，你可以说："这是儿子，他穿着蓝色的短裤，你穿着什么呢？"说说你的孩子，讲讲他喜欢做的事。

⊚ 拿出另一个娃娃，继续描述它。把娃娃跟孩子身边熟悉的家人或朋友联系起来，比如，"这是奶奶，她头发白了，你的奶奶头发白了没有？你喜欢和奶奶做什么呢？"

⊚ 接着用其他娃娃继续讲其他家庭成员或孩子认识的亲戚朋友。

关联大脑：孩子喜欢谈论爱他们的人，这有助于培育大脑的情感通道。

关联学业：培养了社交情绪稳定性，这是将来学业成功的必要因素。同时也拓展了日后阅读和交流的词汇和概念。

变化模式：

⊚ 与孩子分享家庭成员的真实生活故事，包括孩子自己出生、学说话、过生日的有趣经历。

⊚ 在与孩子的日常对话中加入家庭成员信息的描述，包括住哪里、长什么样、做什么工作等。

⊚ 孩子大一点可以教他画家庭成员的画像，然后一起讨论他画的是谁、画得像不像，中间可以问孩子他所画的这个人的一些细节信息。

学爸妈扫地

方法：

⊚ 和孩子一起坐在地板上，拿一个小扫帚和垃圾斗。

⊚ 用标线带在地板上圈一个边长 12 英寸（约 30 厘米）的正方形，形成"工作区"，吸引孩子的注意。从一个袋子里拿出一些碎纸片，丢到地板上（不是只丢在方形区域）。

⊚ 说："看好。"

⊚ 慢慢地把纸片扫进方形区域。把垃圾斗放入方形区域，然后将纸片扫入垃圾斗，再把垃圾斗里的碎纸片倒回空袋子里。

⊚ 然后说："现在轮到你了。"再次把碎纸片散布到地板上。要是孩子扫地有困难，手把手教他将纸片扫入方形区域，然后集中扫入垃圾斗，最后帮他倒进空袋子里。记住一定要表扬孩子的优异表现。

关联大脑：孩子大一些会观察大人的行为，模仿大人的动作，从中学到很多东西。孩子们喜欢学做一些事，打扫游戏就是一个很好的例子，还能给孩子提供感官输入。这个活动刺激了控制手指、手掌、手腕动作的大脑感官运动带。

关联学业：提高了精细运动控制能力，为以后握笔写字打下了必要的基础。提升了空间意识，提高了解决问题的能力，培养了耐心和韧性，这些都是以后上学的必备素质。

建个隐蔽小屋

方法：

- 拿一个大毯子，盖在一个牌桌上，做成一个帐篷。
- 鼓励孩子把他的玩具、娃娃都放到里面去。
- 问他你能不能进去。

关联大脑：在一个有趣安全的"隐蔽"环境里，孩子与大人共同分享亲密的氛围，增强了孩子的安全感，进而带来对自身能力的信心。

变化模式：

- 找一个超大号的纸板箱（确保里面没有钉子），把它倒过来，剪一扇小门，开一扇小窗。

扮演医生

方法：

- 把孩子放在桌子上，让他脱掉 T 恤衫和鞋子。从一个假的医务箱里拿出一个假的听筒，用听筒做出听孩子心脏的样子。用一个压舌板和手电筒看孩子的嘴巴。

⊙ 扮演牙科医生。让孩子坐在椅子上。用一个小镜子和手电，叫孩子"张嘴，啊——"

⊙ 在扮演医生假装给孩子看病的同时，讲讲真实的看病经历，使孩子在真实情境中不那么紧张害怕。

关联大脑：扮演各种角色有助于在真实情景中减轻焦虑，提高舒适水平。

"你的泰迪会做哦！"

幼儿喜欢拿洋娃娃或其他毛绒玩具。教孩子新活动时可以用上孩子喜欢的娃娃。

方法：

⊙ 在讲实际操作之前，先用洋娃娃或其他毛绒玩具给孩子示范新的活动。

⊙ 比如，如果你要教孩子骑三轮车，先把他的泰迪熊放在三轮车座椅上，用泰迪熊示范如何骑车。

关联大脑：用玩具演示活动，能给孩子一个直观的印象，让孩子在尝试新活动时有心理准备，减轻焦虑水平。示范与模仿在早教中十分重要。

生日快乐

方法：

⊙ 庆祝孩子生日时，开启一个新传统：拿出孩子以前看过的幼儿书，与孩子一起浏览一遍。

⊙ 跟孩子讲讲他出生那天的情况，讲讲第一次微笑、爬行、站立、走路的情形。

　　关联大脑：讲述有趣的经历，分享珍藏的回忆，重温孩子生命中的美好时刻，增强了孩子的自尊自信、自我价值，巩固了孩子与家人的亲子联结。

破茧化蝶

方法：

- 你和孩子一起把自己包在毯子或睡袋里，装作两只蚕，藏在自己织的茧中。静静地躺着，相互依偎，轻声歌唱。
- 过了一会儿，蚕蛹化蝶，破茧而出：掀开毯子，或钻出睡袋，在房间里自由"飞翔"。

　　关联大脑：与孩子共享游戏的乐趣，建立起爱意浓浓的亲子关系，激活了大脑中心区域，即处理情感情绪和控制运动神经的区域。

Bright from the Start

第四部分

交　流

第 **13** 章

Bright from the Start

C 代表交流：
为什么交流很重要

孩子将来能否成为人生赢家，很大程度上取决于他是否善于沟通交流。倾听、阅读、表达，这是以后读书、找工作必备的关键技能。一般认为，学习表达始于 1 岁半～ 3 岁之间，读书识字始于一年级，这是一个误解。现在我们知道，这些技能的学习很早就开始了。孩子从出生起就有了交流的本能，你需要做的就是慢慢培养这种交流能力。

"交流"指的是语言体系和语言技能的发展，即所有通过词汇、声音、手势、文字等手段从一个人向另一个人传递的信息。孩子会说的第一句话，开口发出的一个声音，都传递了信息。认识"猫"这个字，辨认代表麦当劳的金拱门字母"M"，都是在交流传递信息。交流表达还可以是歌唱、欢笑、哭闹，或者签字画押。

孩子在幼年时期，交流表达能力是否得到良好的锻炼，直接影响孩子日后阅读理解、电脑操作等各种能力的发展。也许你不相信，把孩子带上这条成功之路其实并不难，也会有你意想不到的回报。

科学告诉我们：语言能力在交流沟通中发展

我把培养孩子交流能力与培养孩子注意力、建立亲子联结一起，称为大脑发育的三大基石。交流为何如此关键，要回答这个问题就有必要看一看孩子的大脑如何加工处理你对他说的那些词句。

长期以来，人们认为婴儿与生俱来就有语言理解和语言表达的潜能（即所谓的"语言本能"），到了一定的年龄阶段这一潜能就会被激发出来。语言太复杂了，如果没有这种本能的话，婴幼儿就不可能这么快地学会理解和说话。所以20世纪70年代以前，语言学家不会去研究还不会说话的婴幼儿。但是现在研究者们有理由相信，婴幼儿从一出生开始，就在以自己接触到的语言材料为基础，学习语言表达。最近的研究表明，婴幼儿能这样做，是因为他们的大脑具有超强的运算能力，令人难以置信。短短几年的时间，孩子就掌握了母语的发音、词汇、意义和正确的词法和句法，这要归功于大脑复杂的运算功能，在处理语言信息时，大脑以令人惊叹的速度对它获取的声音进行解码和梳理。脑中的神经元能辨识语言的规则模式，并进行自我调整，以适应这些规则，这个过程被称为"神经约束"。从生命的最初时刻，稚嫩的大脑结构开始发生变化，其神经网络，根据孩子在所处环境中听到的语言和声音，而不断连通发展。如果孩子每天听到波兰语、斯瓦希里语或英语，那他的大脑就能在听力练习中获得这些语言的词汇、语音和语法规则，最终学会复制输出这些词汇和语音。

想想看，如果一个孩子出生在日本，那么他成长过程中使用的语言，与出生于印度、克罗地亚、肯尼亚或秘鲁的孩子所用的语言，听起来就大不相同。但是不管在哪里，只要孩子健康，大脑的语言潜能是一模一样的。每个孩子都有同样的能力，能够辨识任何语言的语音，所有复杂的语调重音和发音的细微差异，孩子都能掌握，而成人要学一门语言却如此困难。听别人讲波兰语，而你只会说英语，那你就无法掌握那些英语中没有的复杂的辅音，你就要花很长的时间来学习适应。而孩子天生就具备一种语言潜能，即能够辨识所有语言的独特语音。

然而，到 1 岁的时候，孩子就失去了这种辨音能力，不能完全获取非母语的语音，也就无法正确地发出这些语音。这是怎么回事呢？经常听到的语音增强了那些适应这些语音的神经元，而那些没有获得输入的神经元要么被"剪除了"，要么被分配到主导语音规则的处理进程中。正是因为这个原因，学习英语的日本成年人总是很难分清"l"和"r"这两个音。他们几乎失去了分辨这两个音的能力，既不能听取也无法区别"l"与"r"不一样的发音。但是，如果孩子在这个阶段经常听到两种或多种语言，他就可能成为精通两种语言甚至 3 种语言的人，因为他们保留了听取这些语言微妙语音的能力。

理清这些复杂的语音（语言学家称为"音素"），并完全接受适应它们，需要大量反复地接触。孩子大脑中处理语言的结构，实际上是由他听到的各种语音塑造的。你说话的时候，孩子的大脑在倾听、学习、获取，同时也发生着生理性的变化和成长。你说的任何言语都由大脑加工处理，同时也影响着大脑的构造。本质上讲，孩子的大脑是在与其他大脑的互动交流中发展的。

"其他大脑"当然包括你的大脑，其作用至关重要。在后面几章，你会发现，不断地给孩子听莎士比亚，听法语，并没有多大用处，达不到改变孩子大脑的效果。实际情况是这样的：学习语言的过程中，面对面的互动才是本质性的关键所在，语言交流是一个极需互动的过程！

孩子的大脑天生渴望互动

交流的需求极为原始，这是我最近的一个惊喜发现。语言发展自娘胎里就开始了，胎儿听到了母亲言语中独特的语音、语调、节奏（也可能听到了父亲的或其他人的声音，还有周围环境的声音，比如音乐声）。语言的运用始于婴儿与家人之间的语音互动。孩子出生后能真切地听到以前隔着肚皮感受到的声音，并且能观察到嘴巴和舌头是怎么动起来发出这些独特声音的。随着孩子逐渐能自如地控制发音器官和呼吸器官，最后他开始模仿看到的口舌动作，学着发出他所听到的声音。

哄着孩子，跟他说话，对妈妈来说是一种乐趣，但其意义远不止于此——这是一种生理需求。孩子的大脑天生需要互动交流。实际上，研究者们已经确认，从出生起，婴儿能够辨认也更想听到以下声音：

- 人类说话的声音
- 生母的说话声
- 母语的节奏、音调、音质
- 熟悉的音乐声（包括在子宫内经常听到的音乐）

"你怎么知道不会说话又不能动的婴儿会有这样的偏好？"人们经常这样问我。有这个疑问也是很自然的。儿童发展科学家能通过一些有趣的研究手段，了解孩子注意什么、观察什么、在想什么。其中一个方法是通过一个摄像头跟踪记录视线方向，然后把信息传递给记录仪。另一种方法是记录其吸吮模式的变化。早在几十年前，我们就知道，婴儿很早就能控制他们的吸吮方式，而要到很晚才能控制伸手触摸等其他运动方式。基于这一事实，科学家们设计了一系列的实验。比如，为了测算婴儿对熟悉的母语和不熟悉的外语之间的认可度差距，研究者们给婴儿一个安抚奶嘴，这个奶嘴连到一台电脑上，电脑可以分析孩子吸吮动作的强度和频度。实验表明，当孩子听到熟悉的说话声、歌曲、声音时，他会吸得更紧，吸得更快，而当孩子听到不熟悉的说话声、其他声音、歌曲时，他的吸吮动作会慢下来，而且也吸得不那么紧了。

有学者通过研究失聪婴幼儿的表现，进一步完善了我们对大脑语言功能的理解。以前普遍认为，大脑的所谓听觉处理区只能获取声音输入。2000 年，达特茅斯大学劳拉·安·佩蒂托（Laura-Ann Petitto）博士研究了一些经常使用标准手语的耳聋婴儿的耳聋父母，目的是了解这些婴儿在大脑的什么区域、用什么样的方式处理他们所看到的手势符号。她惊讶地发现：虽然这些婴儿听不见任何声音，但是大脑的听觉处理区域却十分活跃！耳聋的父母对耳聋的婴儿使用手势语时，这个区域的磁共振功能成像就亮了起来。

佩蒂托运用一套装有摄像头的电脑化跟踪系统，连接上婴儿的手脚，录像记录 7 ~ 10 个月的正常婴儿和失聪婴儿的早期手脚动作，这些失聪婴儿的父母使用手语。虽然所有孩子兴奋时都会手舞足蹈，但只有那些接触手势的孩子才会表现出一套特别的手部动作，这套特别的动作实际上就是孩子在学说话——学"说"手语。实际上，失聪孩子跟正常孩子一样，在大概 7 ~ 11 个月开始模仿大人的语言（手语），他们在同样的年龄段学会第一个词（11 ~ 14 个月）并学会组词成句（16 ~ 22 个月），到后来学会更复杂的句子结构。

佩蒂托的发现表明，大脑的语言功能区域并不是只能接受语音话语，它能接受任何有规则、有意义、反复性的交流符号。人类有交流的本能需求，即使一般用于交流的体系（自然语音）受损，人类也会用其他形式展开交流。孩子在有节奏的语音中发育成长。"似乎大脑并不在乎接触什么样的交流形式，"佩蒂托说，"唯一的要求是交流中的输入必须是系统性的！"

语言发展与大脑

表 13-1 将孩子的外在表现与其脑部活动和相应的语言发展联系起来。

表 13-1

年龄（月份）	神经发育状况	语言发展状况
0～2	脑干功能发展完全 反复的刺激加强了神经突触的快速发展	哭叫； 发出喉音，咕咕叫，发出类似韵母的声音
3～5	在脑主体、顶叶、枕叶区域的突触发育，使婴儿视力更好，眼手协调性更好	发出"吧-咘-咿-呀"之类的声音； 尝试音调的高低和音量的大小； 听到人说话，有更强烈的发声反应； 能发一些辅音
6～8	神经通路形成母语声音模板 开始听到音节，接着能分清词与词的界线	学会了变化嘴型，发出新的声音； 发出更像词语的声音； 咿呀发声更像是无意义的对话
9～12	海马体功能发展完全 具有分辨和记忆前因后果的能力 记住词的能力增强了	对呼唤名字有反应； 开始用手势； 学会了通过语境理解词的意思； 可能开始使用词汇； 开始用一个词表达整个意思
13～18	前额叶突触快速扩展 孩子开始有逻辑性地规划和思考	会用手势语； 接受更大的词汇量； 听懂简单的命令要求； 能指明身体部位； 喜欢听人念书
19～24	大脑皮层整体能量消耗两倍于成人 突触密度几近成年人的两倍 未受刺激的突触会萎缩，这个过程叫"神经裁剪"	语言爆炸期： 孩子可能一天学 7～12 个新词——语言学家称之为"快速映射期"； 开始用句子； 喜欢听歌，玩手指游戏，读故事书

孩子从你的回应中学到了什么

就其定义而言，交流本身就是双向的。在孩子试图弄清一些母语语音的意义时，爸爸妈妈们也在做类似的思维活动："翻译"另一种语言，即世界通用的婴儿语——啼哭。啼哭是孩子传递饥饿、疲劳、恐惧、疼痛、孤独等信号的主要方式。回应孩子的啼哭，找出原因，让他不哭，这样做不单是给他安全感，培养亲子关系，而且还有其他的好处。每次你迅速地回应孩子的啼哭或其他信号，都等于给他积极正面的加强信号，帮助孩子理解语言在生活中的作用。类似地，你对孩子发出的微笑（始于 4 ～ 7 周）做出回应，也起到了相同的作用。如果孩子能用言语描述内心想法的话，他会说："好的，我明白了，我哭了，你会安慰我，我笑了，你也会笑。"

这种非言语的交流，信息量可不小，意义非凡：

- 这让他知道，他能用声音表达需求，因为这样做，需求就能得到满足。记住，大脑喜欢规则规律。
- 这有助于他理解交流对话的基本交接模式：我说，然后你说，然后再我说。
- 这有助于建立信任感、安全感、依恋感，因为这样做让孩子感到他的"话"有人听，很重要。
- 你的声音有助于他的大脑学习处理语音，进而学习母语。

开展交流：在不同年龄段能做哪些事

因为孩子达到某个成长阶段的时间各不相同，所以我强烈建议，与其关注孩子能做什么、不能做什么（其实你一般也控制不了），不如关注你自己作为孩子的看护人能做什么，加强与孩子的交流，促进孩子的语言发展。表13-2、表13-3、表13-4罗列了各种行为表现，如何做到这些行为，其细节问题将在后面4章详细解释。

表　13-2

新生儿：0～6个月
有意使用"宝妈腔"，刺激大脑的语言处理区域，扩展孩子的注意范围
整天不断地与孩子交谈，描述日常生活中碰到的物件和进行的活动。比如，穿衣服、喂奶、买东西、清扫、做饭
根据兴致的高低、情感的强弱、意义的轻重调整语音语调，改变面部表情
面对面说话，让孩子能清楚地看到你说话时嘴部的运动和面部的表情
会双语的话，自然地使用第二语言与孩子说话
在一天不同的时段播放音乐，唱些简单的歌谣
在婴儿床、婴儿车、车载儿童座椅或地板上方，挂一些照片，激发孩子早期视觉分辨能力

表　13-3

婴儿期：6～18个月
在这一阶段的初期（6～9个月），时不时地刻意使用"宝妈腔"，刺激大脑的语言处理区域，扩展孩子的注意范围，然后过渡到以正常对话的语速语调与孩子对话
整天不断地与孩子交谈，描述日常生活中碰到的物件和进行的活动。比如，穿衣服、喂奶、买东西、清扫、做饭
根据兴致的高低、情感的强弱、意义的轻重调整语音语调，改变面部表情
面对面说话，让孩子能清楚地看到你说话时嘴部的运动和面部的表情
会双语的话，自然地使用第二语言与孩子说话
在一天不同的时段播放音乐，唱些简单的歌谣
在婴儿床、婴儿车、车载儿童座椅或地板上方，挂一些照片，激发孩子早期视觉分辨能力
有意识地指出物件的名称，给各种物件贴上语言标签。比如灯开关、玻璃柜、盘子
有意识地指出物件属性的说法。比如光滑、粗糙、热、大、方的、圆的、蓝的、红的、条纹的、湿的，等等
有意识地指出相同的物件，或者相似但有一方面性质相反（比如，粗/细、冷/热、大/小、上/下、开/合、干/湿，等等）的物件
有意指出并讨论不同的感受。比如累了、饿了、高兴、生气、很痛等
一旦发现有耳朵感染的迹象，立即就医

（续）

婴儿期：6 ～ 18 个月
每天定期抱着孩子读塑料的、纸板的或布料的图书，分享新词汇，反复给孩子念他喜欢并熟悉的故事书
经常给孩子念文词押韵的故事，做词语押韵游戏，指出词语发音哪里相似，哪里差异大
让孩子学搭积木，培养孩子眼手协调能力
给孩子提供机会，让他自己抓取面包片、甜甜圈、香蕉等物体，练习精准运动能力
让孩子看一页上只有一两句话的书
如果是硬板书，请让孩子自己翻页
念书时要有绘声绘色的表演。比如模仿动物的声音等
问："这只狗说什么？"鼓励孩子参与到故事中来，也可以问他喜欢的书中的图片对应哪一个实物
一遍又一遍地讲同一个故事，念同一本书
念书时抱紧孩子
给孩子念书时要做出脸部表情

表　13-4

幼儿期：18 个月～ 3 岁
整天频繁地与孩子交谈，描述日常生活中碰到的物件和进行的活动。比如，穿衣服、喂奶、买东西、清扫、做饭
根据兴致的高低、情感的强弱、意义的轻重调整语音语调，改变面部表情
直接与孩子对话，注意面对面的目光交流，以确认孩子能够理解
会双语的话，自然地使用第二语言与孩子说话
在一天不同的时段播放音乐，唱些简单的歌谣
在婴儿床、婴儿车、车载儿童座椅或地板上方，挂一些照片，激发孩子早期视觉分辨能力
有意识地指出物件的名称，给各种物件贴上语言标签。比如，灯开关、玻璃柜、盘子
有意识地指出物件属性的说法。比如光滑、粗糙、热、大、方的、圆的、蓝的、红的、条纹的、湿的，等等
有意识地指出相同的物件，或者相似但有一方面性质相反（比如，粗 / 细，冷 / 热，大 / 小，上 / 下，开 / 合，干 / 湿，等等）的物件
有意指出并讨论不同的感受。比如累了、饿了、高兴、生气、很痛，等等
一旦发现有耳朵感染的迹象，立即就医
每天定期抱着孩子读塑料的、纸板的或布料的图书，分享新词汇，反复给孩子念他喜欢熟悉的故事书

（续）

幼儿期：18个月～3岁
经常给孩子念文词押韵的故事，做词语押韵游戏，指出词语发音哪里相似，哪里差异大
让孩子学搭积木，培养孩子眼手协调能力
给孩子提供机会，让她自己抓取面包片、甜甜圈、香蕉等物体，练习精准运动能力
让孩子看一页上只有一两句话的书
如果是硬板书，请让宝宝自己翻页
念书时要有绘声绘色的表演。比如模仿动物的声音等
问："这只狗说什么？"鼓励孩子参与到故事中来，也可以问他喜欢的书中的图片对应哪一个实物
一遍又一遍地讲同一个故事，念同一本书
念书时抱紧孩子
给孩子念书时要做出脸部表情
在这一阶段末期，开始利用键盘或小提琴学习简单的音乐课程
唱爱唱的歌谣，学唱新的有相应简单动作的歌谣
开始让孩子辨认环境文字。餐馆品牌标识、食物产品标签、街道标识等
提开放性问题。比如，"你觉得接下来会发生什么？"
带着热情读书——念书时配上不同的语音语调和情绪感受
紧随孩子的智力发展，想孩子之所想，谈孩子之所谈，查阅与这些话题相关的书籍

日常对话：谢天谢地，不用花钱！

-------什么时候开始跟孩子说话？该说什么呢？

-------什么是"宝妈腔"？这样说话行吗？

-------孩子保姆英语说得不好怎么办？

-------给孩子上外语培训班还是听磁带？

-------教孩子唱歌怎么样？

大家都在找促进大脑发育的下一方良药，终于有科学家找到了，而且这一良方家家户户随手可得，保证促进智力发展，防止日后可能出现的某些学习障碍。获得如此良药，你无须花钱购买，也无须学习任何特殊的新技术，事实上，它是免费的，而且就在你的眼皮底下：说话聊天。

日常对话简单、重复，但对孩子大脑发育却极为关键，所以美国儿科学会主席史蒂芬·伯曼（Steven Berman）在 2001 年《儿科学》杂志上呼吁所有学会成员，把这一重要理念传递给新生儿的爸爸妈妈们。他写道："我们应该先开展一个项目，动员父母或其他婴幼儿看护人多跟孩子说话，多鼓励、赞许孩子。"然而我很少听到新生儿的父母们说听到过这样的建议。这可不行，因为这个简单的建议具有巨大的、直接的、立竿见影的效果。我和同事告诉新上任的父母们这个好消息时，他们往往十分高兴，因为他们觉得自己拥有了影响孩子智力发育的巨大力量，方法如此简单。后来我们做跟踪访问时，他们反映说现在会有意多与孩子说话。

日常言语的确不值钱，但对幼小的孩子来说却是无价之宝。

科学告诉我们：日常言语是头号益智佳品

幼儿 0～3 岁听到的言语，不管你说什么，用什么语言，其数量的多寡，都会直接影响其日后智商的高低。你想想看，它是多么重要！无论你是唠叨工作的繁忙，还是念书本中的故事，你对孩子说的任何言语都有用！

堪萨斯大学的贝蒂·哈特（Betty Hart）博士和托德·李斯里（Todd Risley）博士带领的研究团队，在 20 世纪 90 年代中期跟踪 42 个不同社会经济背景的家庭，研究长达两年半，孩子从 7～9 个月一直到 3 岁不等。团队里认真仔细的研究员们亲自到这些人家里去，记录他们说话的单词数量，同时也记录他们说话的语调，分辨语气内容是积极的还是消极的。然后研究团队评估话语总量与孩子日后智商值的关联性。家里说话总量越大，话语越积极正面，孩子 3 岁时智商得分越高，得分高低与其社会经济地位没有关联。满 4 岁时，语言最丰富家庭的孩子，比语言贫乏家庭的孩子，多听了 3200 万个词。这项研究表明从出生起接触语言更多的孩子，总体来讲更聪明。高智商也与说话方式有关，有些家庭的孩子比其他孩子听到更多积极正面的话语，有更多的对话互动，听到的请求多、命令少，他们往往在智力测试中表现更好，得分更高。

亚利桑那州立大学研究员比利·恩兹（Billie Enz）博士以典型的母子互

动为例，比较研究了家庭语言模式的不同之处。研究再次证明，美国家庭的话语总量差异悬殊。请看下面三段日常语言案例：

宝妈甲：好啦，克里斯特，吃饭了。

宝妈乙：好啦，保利，咱们要吃午饭了，看下今天吃什么？对，今天就吃胡萝卜。

宝妈丙：好啦，泰利，午餐时间到。你饿不饿？妈妈很饿哟，我看看今天冰箱里还有什么？这是什么？橘子。会不会是桃子？还是杏仁？我看一下，看到罐子上的图片没有？对了，就是胡萝卜。

从上面的三个例子中，可以明显地看出哪个孩子将来会有最大的词汇量。用丰富的语言说话，可以扩大孩子的词汇量，帮助他的大脑形成更多的概念，这是提高标准智商测试得分的一个重要因素。对孩子说话的词汇量，日积月累，会产生巨大影响，造成重要差别。在这次堪萨斯大学人与智商关系的研究中，虽然经济地位也有一定的作用影响，但是有一些经济上最贫困家庭的孩子却在智力测试中得分最高。以积极正面的口吻跟孩子交流，加上对孩子的细心呵护和关爱，有效地弥补了经济状况的不足。

下面这个列表是不同组家庭在1小时内所说言语的单词数量对比，可见累积的差异之大。

单词数量	小时
616	A 组
1252	B 组
2153	C 组

图 14-1 直观地反映了话语总量与日后可测智商的关联性。

对孩子说话培养了两种形式的语言能力：

1. 听力（语言接受能力）。这里指的是孩子理解你说的话的能力。比如，

"指一指你爸爸的嘴巴！"这个能力在孩子会说话之前就开始发展，经常跟孩子说话，给他念书，孩子的语言接受能力就开发得更早。比如，一个 7 个月大的孩子，当你提到他熟悉的人或物时，你可以看看他的目光是否转向你所提到的人或物。孩子会动时（爬或走），这就更容易观察到。你叫孩子去拿妈妈的钱包，听到后他就跑去找。年轻的宝爸宝妈们看到孩子在这么短的时间里就能理解他们的话语，对孩子的"智慧"无不感到惊叹！

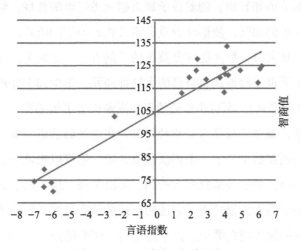

图 14-1 孩子说话：越多越好

言语指数是代表家庭谈话的数量和质量的综合指标，其数值高意味着家庭环境充满高质量谈话，数值低意味着语言环境不丰富。

2. 口才（语言表达能力）。大部分孩子在大概 1 岁的时候才会说真正的话语，过完第一个生日后几个月，他们大多能用单个词表达自己的意图（"不要！""我的！"之类）。更复杂的遵循语法规则的口头交流通常要 2 ～ 3 岁才开始，这时孩子一般能构建两个或多个词的句子。到 3 岁时，许多孩子掌握了几百个词，能理解并运用这些词，此时语言习得就开始爆炸性地发展。

孩子学说话的步骤

为了学说话，孩子的大脑必须通过4种循序渐进、交流互动的方式解码话语。

（1）首先，孩子必须掌握母语的节奏特性。这指的是重音语调模式如何落在不同的音节上。到两个月大时，孩子能通过重音模式的不同分清不同的语言，比如英语和日语。随着孩子越来越熟悉母语的特性，他们的辨音能力得到了进一步的加强，能够区分重音模式相近的不同语言，比如英语和荷兰语。到5个月大时，婴儿能区分英语的不同方言，比如美式英语和英式英语。同时，孩子也慢慢地调整自己的大脑神经元，集中加工处理那些母语中的话语声音（即音素），而对非母语的语音逐渐失去了敏感性。

（2）接着，孩子开始学母语中的词汇。在连续的话语交流中，有时候很难分清一个词断在哪里，下一个词从哪里开始。你可以想象一下，听一门你不熟悉的外语时，是不是感觉所有的词汇都混杂到一块，根本分不清里面有几个词？而孩子的大脑很神奇，它能用出现的频率概率，识别语言的变化模式，分清词与词的界线在哪里，这个过程叫"词汇切分"。在6～11个月之间，孩子的大脑慢慢成熟，开始区分音节，接着很快就能辨清词的界线。比如在"漂亮宝宝"这个词组中，"宝"这个字（即音节"bao"）经常叠用，而不会与前面"亮"字配用，所以"宝宝"是一个词，而"亮宝"不是一个词。在孩子有这个意识之前，"你想要你的奶瓶吗？"这句话就只是一个能让他开心的调子，而不是一个有意义的交流。只有当词与词界线分明时，孩子听到的才是有意义的话语。

（3）然后，孩子开始学习语言中的语法单位。就像他们学习哪些音节可以组成哪些词一样，接下来他们开始学习哪些词可以构成词组、组成句子。

这时还是要靠大脑强大的计算能力，掌握接收话语的模式规则。有很多线索可供孩子获取，用于学习母语的词汇和语法。所以你跟孩子说的话越多，他获取的语言线索就越多，从而大大促进了他的语言发展。

（4）与此同时，词汇开始具有意义。你发出的声音在孩子耳朵里慢慢变成了词汇，词汇语音就开始获取相应的词汇意义。父母们在孩子面前给实际物件贴上词语标签，这种方式不知不觉中促进了这一进程：

"妈妈的鼻子在哪里？对了！好啦，轻点儿！请对妈妈的鼻子温柔一点。"

"蝴蝶安妮在哪里呢？你在书上找得到它吗？"

在这个发展阶段，孩子通常能够辨认"奶瓶""妈妈""爸爸"等词的认知含义。他们的接收词汇或者说听力词汇扩展得很快，但是表达词汇或者说口头词汇还需要几个月才跟得上。

纵观上述过程，大脑海马区的功能越来越强大。海马区位于大脑的中心位置，是大脑边缘系统的一部分，协助进行记忆编码和归档。随着孩子器官的成熟，逐渐形成记忆，能够调用熟悉的人和物的词汇标签，记住物件所处的位置，能回想起在某处发生过的事情，比如曾在诊所里打过针，在面包店看到的糖果饼干。随着海马区大脑的发育成长，形成了更复杂的神经网络，单个的词能够唤起许多相关的概念和记忆。这时大脑编织成了一张神经大网，网罗所有大脑接收到的概念。对于出生不久的婴儿来说，在一个特定的时刻，有如此多的事情发生，有如此多感官刺激以信息输入的方式对大脑进行"狂轰滥炸"，大脑只好有效地将其简化，以更好地归类汹涌而来的信息，保存至关重要的内容。以概念的形式存储经历体验的精华所在，孩子的大脑就能保存精力能量，继续快速地学习。要完成这个过程，大脑会形成"梗概"，或者叫"事情发生的主旨"。婴幼儿的大脑开始形成新的"梗概"，把反复出现的体验经历捆绑成一堆一束，存储外部世界总体情况的信息。

　　比如，我们可以看看孩子如何学习"猫"这个概念。孩子第一次看到猫，他会好奇地仔细观察它。旁边的大人就会给猫贴一个词汇标签："宝宝，这是一只猫。"下次孩子看到猫的时候，由于对猫已经有了一定的认知，他还会继续观察研究它，但是不会像第一次看到猫时观察那么久。图 14-2 显示了这一学习过程的快速曲线变化。

　　孩子很快就理解了什么是"猫"，那他以后就知道了那个叫"猫"的东西是什么。这个整理归类的过程解释了为什么孩子有时会把其他 4 脚毛茸茸的小动物误认为是猫。比如第一次看到一只小狗，由于之前对猫的认知，他可能会自豪地说："妈妈，看，一只猫！"这时在大人的帮助指导下，他错误的归类会被纠正过来，他脑中的范畴概念会变得更清晰、更准确。如果他有兴趣和机会接触更多的猫，用不了多久，他就能分清美洲野猫和曼克斯猫，也能很快地区分狮子和老虎，等等。

　　图 14-2 展示的学习曲线是大部分人类学习的典型特征：

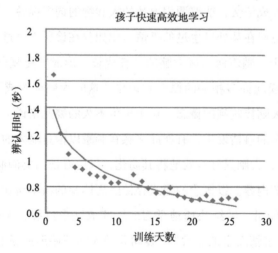

图 14-2 "猫是什么"之类的概念，孩子学得很快

⚙ 起初付出巨大的努力

⚙ 开始阶段继续努力

⚙ 不断地重复

⚙ 可以不费力地重复

⚙ 终于，"我学会了！"然后便永不忘记

每一个概念都是通过不断接触和反复体验获得的，比如"猫"这个概念，孩子就反复接触到了书上猫的图片、公园里真实的野猫、可以触碰的宠物猫、《戴帽子的猫》故事中的猫等。说话的语境和话语的音调也能帮助学习中的大脑整理出词汇的意义。

到孩子满 1 岁的时候，前额叶皮质（大脑中负责深度思索和逻辑推理的部位）以很快的速度形成大量的神经元突触，这样就构成了越来越强大的学习能力，加上已经发展起来的运动能力和身体灵活性，使孩子的好奇心和探索欲望越来越强烈，使他迫切地想了解外部世界的运行状况。孩子的大脑在神经系统上做好了生理准备，加上无数次"咿咿呀呀"重复发音练习，再加上父母体贴关怀的言语交流，孩子开始说话的条件已经成熟，他可以开始模仿说话了。当然孩子刚学说话时的词汇量，个体差异很大。

道理讲得太多了！还是直接讲策略吧：

聪明的主意：日常言语

1. 与孩子言语交流，越早越好，越多越好！

从一开始你就要跟孩子说话，不要等到他咿呀学语的时候。学说语言不是要正式地教他名词、动词，或者各种词汇，而是要让他反复听到各种自然的语言对话。

下面是一些大家比较关心的问题：

"宝宝刚出生，要等几个月大才适合跟他说话呢？"

不要等，立即开始。新生儿能识别母亲的声音，分清日常谈话中言语模式的细微差别。到 6 个月大时，孩子能模仿很多他听到的周围的声音。别傻傻地认为，说话是大人"教"会的，或者孩子"学"会的。只要开口跟他说话就行，随着孩子的成长，他自然能跟上来。

"我不知道说啥。"

只要你开口说，说什么并不那么重要，重要的是用温和的语气表达正面积极的意义。比如：

- 唠唠家常。"今天去姥姥家还不错吧？我喜欢到你姥姥家串门。姥姥很喜欢你哟！现在咱们开车回家，哎呀，这路上车真多，到家就可以见到你爸爸了，还可以一起吃晚餐，是不是很好玩啊？"
- 边做边说。"你要换纸尿裤吗？好嘞，你看这是一个新的纸尿裤，哎呀，真的，你真的要换纸尿裤了！"给孩子喂奶、穿衣、洗澡的时候，做饭菜的时候，开车回家的路上，不管做什么，只要孩子在旁边，都可以用这样的描述性语言跟他说话。
- 给孩子大声地念书。给孩子念书和跟他对话一样，能让他接触到新的词汇和新的句子结构（更多具体信息参见第 15 章）。

"感觉怪怪的。"

有些家长觉得自言自语地跟不会回答的孩子说话很尴尬，不自在，这是因为他们以前没有与婴幼儿接触的经历，或者没见过别人这样与不会说话的孩子交流。如果人们只把婴儿看作一团稚嫩的肉体，他们自然就不会跟孩子说话。然而，现在我们知道孩子的大脑神经元如何吸收并加工处理他所听到的声音，那么你就应该清楚，与婴儿交流，等于给他丰富的精神食粮，能让他健康成长。初为人母，初为人父，还有很多事情不熟悉，感觉怪怪的（比如换尿布、安抚哭闹的孩子），这需要你去适应，不在于你感觉对不对，而在于是否对孩子的成长有利。

"我的母语不是英语怎么办？"

因为我的工作单位在亚利桑那州，所以经常碰到说西班牙语的年轻父母，他们说在家里会很小心地尽量避免说西班牙语，因为他们想让孩子在英语环境中长大。他们的想法是，等孩子大一点，送孩子到正规的学校由老师教孩子英语。这个出发点是好的，但结果是，他们对孩子说话就说得少了。我跟他们讲，不管说什么语言，对孩子都有巨大的价值，他们感到如释重负。在幼年时期听到多种语言，不会挫伤孩子学习语言的能力，而且正如我在本章末尾所言，生活在双语环境中实际上对孩子是有利的。

再举个例子，第一语言不是英语的保姆可能不愿意跟孩子说他们的母语（或者雇主要求他们只说英语），而且说起来也感觉别扭，因为英语不是很好，结果就很少跟孩子交流。这可不是好事，可能会造成大问题。

让孩子听到自然的语言（不管是什么语言）比刻意让他听某种语言好得多。沉默会让人"失聪"，因为大脑听不到语言的节奏模式，无论是英语还是其他什么语言，都是如此。而且最好要让孩子听说话者说得最流利的语言，也就是他的母语。为了习得语言的所有细微之处，你得让孩子能听到连贯的语法和正确的发音。如果母语非英语的人只说英语，而他的英语又不是很流利，孩子就更有可能碰上语言学习障碍。所以最好让孩子先学会父母说得很流利的语言，然后再来学英语。或者更理想的办法是，让孩子同时接触多种流利规范的语言（比如孩子的爸妈和保姆说不同的语言，或者爸爸妈妈

分别说不同的母语）。你平时正常表达"我爱你"的语言就应该是你跟孩子
经常说的语言，他们会在有必要的时候转换成英语。小孩子学说第二语言是
很容易的。

"有没有话说得太多这种事？"

有，那就是你走极端了。就像所有跟大脑发育相关的建议一样，我得加
一个限制条件：记住婴幼儿需要睡眠时间，安静的休息时间！孩子累了、烦
了，你就别说了。在孩子休息的空当，你得让他自然地休息、入睡，不要再
说话或念书了。

同样要记住的是，孩子学习语言，首先要理解语言对话是一个你来我往
的双向过程。即使在孩子不会用语言回答你的时候，你也要在话语中留下空
当，观察孩子的反应，让孩子用其他方式回应你。早在孩子开始咿呀发声的
时候（6～8个月），他就会用自己的方式填补你留下的空当，回应你的话。
这时你可以跟孩子进行一个很有趣的"对话"。

2. 学会用"宝爸宝妈腔"

在老电影《三个奶爸和一个娃》（*Three Men and a Baby*）中有一个场景
我很喜欢：汤姆·塞立克把孩子放在大腿上，大声朗读体育杂志上的新闻。
画外有人很疑惑地问："你在读什么？"他用刚刚读报的腔调回答说："读什
么都没关系，重点在我朗读的调子……哦，我读到哪儿了？"这个场景本是
幽默搞笑，但是塞立克指出，孩子在意的是说话的语调和话语中对他反应的
关注，而不是具体的词汇意义，这话是绝对没错的！

全世界不管在哪里，年轻的爸爸妈妈们总是以哼唱的语调对孩子说话：
"哎——呀——，看看你！你真棒！真是个乖宝宝！"这种说话模式就叫"宝
妈腔"，以这种腔调说话是有生理上的原因的，这样说话是因为这种语音、

语调、语速正是孩子的大脑更能接受的方式。

你可以用平时说话用的词，只不过要：

- 说得更慢一些
- 列举得更详细些，用更重的口吻
- 音调更高一些
- 拖长元音，特别是一些词中的长元音

没必要刻意学说"宝妈腔"，你天然就会，而且情不自禁！它是父母们回应孩子的关注时自然使用的说话模式。婴儿只关注他们能够处理的信息输入。我们根据他们表现出来的喜好，调整我们的言语行为方式。作为父母，我们都爱孩子，随时仔仔细细地看护着孩子，所以我们知道他们需要什么关注什么，因此会根据他们表现出来的状况，随时调整我们的言语行为，这听起来好像很神奇，但是这是你做父母的天性，顺其自然就可以了。

另外，神经科学的研究表明，这种说话方式正契合婴幼儿大脑处理声音信息的速度。婴儿听得最清楚的声音是那些语速慢、频率高、清晰突出的声音！精心抚育婴幼儿的家庭，无论在世界上哪个国家，都掌握了这个科学方法，虽然他们不能像神经科学家一样给出科学的解释。"宝爸宝妈腔"是人的自然本能之一，这种本能是可靠的，有其科学依据。不断地仔细观察，你的孩子会告诉你他喜欢什么，听到了什么，又需要什么。

不要把"宝妈腔"跟婴儿语混为一谈。婴儿咿呀学语都是无意义的声音："喔——啊——吧——哇——哗，嘎，嘎……"有时你可能会学孩子这样的声音，逗孩子玩，但是这种无意义的发音不能让正在学习语言的大脑接触到真实的语言，大脑就不能总结语言的法则，而"宝妈腔"是真实有意义的自然语言，只不过为适应婴儿大脑的接受能力做了一些调整。它用的是日常使用的词汇和句子结构，只不过语速更慢，语音语调夸张，让孩子的大脑更容易处理语音信息输入。

有趣的是，孩子慢慢长大了，没人指导你，你也会放弃这种调子，用正常的语调语速跟孩子说话，自然无意识地根据孩子给你反馈的信息调整说话的方式。这个过程很漫长，几乎让你感觉不到，但是突然有一天你会发现小查理已经能完全听懂你的话了！

3. 跟孩子轮流对话

发展语言能力，关键要理解词汇和语音是用来传递双方都能理解的意义的。让我们感到很惊奇的是，婴儿在很早的时候就有一种交互传递的意识，交互传递是言语对话的基本模式。在几个月大的婴儿身上就能看到这种现象。孩子咿呀发声时，你做出回应，他会和你"对话"。这样你就让他意识到：对话交流是来回往复的互动。斯坦福大学研究员苏珊·约翰逊（Susan Johnson）博士设计了一个很巧妙的实验，实验证明还不会说话的孩子能理解谈话是一个双向轮流的过程。研究者先用英语跟一个没有五官的人偶进行对话，人偶只会发出无意义的声音。实验中的 14 个月大的婴儿以前没见过研究员，也没见过人偶，但是在看过他们两三次交流对话之后，孩子听到一方发话就会自然地把头转向"接话人"，等着他回答。然后研究者离开房间，让孩子与人偶单独相处。不一会儿孩子就发出声音，发起"对话"，然后惊奇地发现，人偶"接话"了，然后孩子又"回话"，并且盯着人偶，等它回答。之后两者间的"对话"完全是模仿之前孩子所看到的人偶与研究员之间的"对话"。

你可以用木偶、洋娃娃（家里自制的、店里买的都可以）跟孩子一起做一些语言学习和交流技巧的附加练习。人偶的新样式能让孩子感兴趣，吸引孩子的注意。你的孩子 1 岁大的时候就开始喜欢与人偶"交谈"。约翰逊的研究正好表明，人偶玩具的样式不需要跟真人一模一样，任何会"说话"的洋娃娃、木偶都可以。（参见第 7 章"木偶戏"部分。）

4. 营造交流互动的家庭氛围

家里有很多日常交谈的机会，比利·恩兹（Billie Enz）博士是亚利桑那州立大学研究员，早期教育和学前教育方面的权威。在利用谈话机会进行早期教育方面，她提出以下建议：

卧室话语

- 说说玩具的颜色、质地、特征："哇！快看！挠痒娃娃（tickle me elmo）动起来了！"
- 描述衣服，说说衣服的颜色、款式、质地。"今天我们穿毛茸茸、暖暖的毛衣，因为外面有点冷。"
- 在家搞卫生的时候，哼唱歌谣。

卫生间话语

- 描述洗澡的过程：滑滑的肥皂，暖暖的热水，水里的泡泡，洗脚趾的痒痒。
- 说说澡盆里的玩水工具：鸭子在水上漂，杯子可以舀水倒水，小鱼吹泡泡。
- 哼唱洗澡歌。

起居室话语

◎ 给孩子念故事书。

◎ 偶尔和孩子一起看婴幼儿节目，讨论里面的人物："你喜欢哪个天线宝宝？""他是什么颜色？""你会那样跳舞吗？"

◎ 描述某一样玩具，叫孩子把他捡起来："小乔，把那个有 4 个蓝色轮子的玩具捡起来。"

厨房话语

◎ 描述你在做的菜：颜色、质地、气味。

◎ 说说你把菜切得多碎、炒得多熟。

◎ 讲讲你铺桌子的动作。

◎ 让孩子玩木勺子、水壶、不会摔碎的盘子、量杯、量勺等厨房用具：说说它们的大小，讲讲它们发出的声音。

◎ 桌上分餐的时候，教孩子使用"请""谢谢"等礼貌用语。

5. 辅助孩子的语言习得

孩子学说话需要的是精心辅助，而不是刻意纠正。你会听到孩子犯很多"错误"，那主要是因为孩子的大脑通过"尝试－犯错－更正"的方式总结语言的规则。大人对孩子尝试使用语言的努力要给予支持辅助，最好的办法是语言学家称为"延伸和扩展"的方式。

"延伸"是指把孩子说话的主要意思重复一遍，但是转换成更为通顺的句子。比如，孩子说："度（读）——数（书）——"，这时你可以问他："你想我读故事书给你听吗？"这样做，孩子就能模仿正确的语法，学会通顺地表达，也可以帮助他扩大词汇量。

　　"扩展"是指用温和的方式重塑孩子的语言认知，使他说的话语法正确，用词得体。比如，孩子说："我们过去迪尼斯，"这时没必要纠正她的话（"不是说'过去'，应该说'去过'"），可以先对他表达的意思表示肯定，然后补充正确的说法："没错，我们是去过迪士尼乐园。"

　　所有国家的父母们都会以某种方式鼓励孩子学说话。看看在后面我列的各种辅助手段中，你在日常谈话中已经自然地采用了多少种？

　　"扩展"：把孩子的意思重新表达一下，使用正确的语法，这样做可以引入新的词汇，帮他扩大词汇量。

　　孩子说：猫咪吃。

　　大人说：猫咪在吃东西。

　　"延伸"：把孩子电报式的语言表达变成完整的表达，还可以加一些新的信息。

　　孩子说：猫咪吃。

　　大人说：猫咪在吃东西。

　　孩子说：猫咪吃。

　　大人说：猫咪饿了。

　　"重复"：整体重复或部分重复孩子的话语，以助其掌握新的句子结构。

　　孩子说：猫咪吃。

　　大人说：对，猫咪该吃东西了，猫咪该吃东西了。

　　"旁白"：描述孩子的行为动作，这是形成新词，汇掌握语法结构的方法之一。

　　孩子说：猫咪吃。

　　大人说：吉米在看猫咪吃东西。

　　"自言自语"：描述自己的行为动作，像旁白一样，这有助于孩子形成新词汇、掌握新语法。

　　大人说：你看，我在喂猫咪。

　　"垂直建构"：用提问的方式鼓励孩子说更长更复杂的句子。

　　孩子说：猫咪吃。

　　大人说：猫咪在吃什么？

　　孩子说：猫咪在吃东西。

　　"填空"：在你的话语中留下空白，让孩子填空，补充完整。

　　大人说：猫咪在吃东西，因为它——

　　孩子说：饿了！

6. 构建双语大脑（尽早开始）

　　如果你会说多种语言，或者保姆会说多种语言，那你不用做任何改变。以前的观点认为，双语儿童因为容易混淆两种语言，所以语言发展更慢。实际上，孩子认识的两种语言的词汇加在一起通常并没有超出孩子的脑力范围。其实，如果日常家庭生活中就自然地使用两种语言，孩子的大脑能够很容易地同时接受两种语言，而且我们现在知道，双语儿童比单语儿童在某些认知方面表现更好。有些研究者，如达特茅斯学院劳拉·安·佩蒂托（Laura-Ann Petitto）博士认为，处理两种语言，对孩子的大脑提出了更高的运算要求，实际上提升了大脑的运算速度。不列颠哥伦比亚大学阿黛勒·戴尔蒙德（Adele Diamond）博士也认为，双语儿童因为要在两种语言的不同语法规则间转换，学会了不受之前习得规则的束缚。这种"转换"的技巧促进了孩子大脑前额叶皮质的发育，使其更早成熟，根据马萨诸塞技术学院苏珊娜·弗林（Suzanne Flynn）博士的研究，能说两种语言的孩子抽象思维（从具体现象中提取普遍规则）能力也更强，因为他们更深刻地认识到事物的名称是任意性的。比如，在英语和西班牙语双语环境中长大的孩子都知道衬衫可以叫"shirt"（英语），换一套编码，也可以叫"camisa"（西班牙语）。

但是如果你身边没有说其他语言的人呢？要不要请一个来教孩子？如果说孩子幼年有能力接受多种语言，是不是意味着进行外语培训的黄金时间就在婴幼儿时期？要不要买些磁带、录像，让孩子学西班牙语、俄语、中文？答案是否定的。虽然科学家认为3岁前接触第二语言以后学语言更容易，但并不是说西班牙语、俄语、日语就要成为孩子的日常课程。如果你刚好有一个说外语的保姆，那可以成为你孩子走双语之路的良好开端。但是记住，孩子上学后一旦不再说这种语言，早期的训练效果就无法持续。如果孩子没有机会经常性地使用外语，辨识不同重音和语音的能力就会慢慢消失，不会在大脑中留下痕迹。

即使孩子错过了学习外语的关键期，以后再让他学也不迟。很多中学课程都有外语，孩子在课堂上也能学好外语。大脑的语言区域弹性很强，经过大量的听说练习，孩子在成年前能以接近学习母语的速度学习一门新的语言。幼儿中文课也许好玩有趣，但是孩子学不到多少中文，除非他整个童年身边都有会说中文的人，并能和他进行日常交流。

外语学习，无论是有机会从婴幼儿时期开始，还是到中学才开始，都是有益无害的，除了培养了敏捷的思维，还有其他的益处。在这个商业、旅行、交通、教育高度发达的社会，外语成为现代人必备的一项技能。我14岁尝试学西班牙语，17岁试着学德语，我的学习的经历让我意识到，快成年时才开始学外语会学得很艰难。因此我决定要让在凤凰城长大的克里斯汀尽早学习外语。幸运的是，她上的学校从幼儿园到高中都有西班牙语课程。5岁开始学另一种语言已经比较早了，而且她每年都坚持学，中间还作为交换生到西班牙参加夏令营活动。现在她可以说已经是"双语人"了，而且很喜欢读西班牙语小说。你看，这就是年轻有弹性的大脑所能取得的成就！

教孩子手语怎么样

最近几年流行教孩子手语，很多人认为手语比口语学得快，能更早地建立起交流渠道，所以会手语的孩子更聪明。

到目前为止，据我所知，没有任何可重复的研究有确凿的证据证明学手语可以提升孩子的智商，让孩子更早开口说话。不过，我个人认为，将来的研究最终可能发现手语与智商有正相关关系，因为很多人认为语言本身源自早期的手势系统。手语能让孩子认识到自己可以在对话交流中扮演积极主动的角色，这是可以确定的。这种意识有其价值，知道用某种符号（手势或声音）表达饥饿或兴趣，孩子就不会那么焦虑沮丧。顺畅的交流互动让大人孩子都感到轻松愉快，没有压力，有助于加强亲子联系，减轻焦虑感，可以带来很多好处，进而提升学习效率。手语对语言发展的作用不在手语本身，而在于手语带来了亲子融洽关系。

孩子天生就有交流的需求。父母能做的最重要的事就是鼓励孩子自己认识事物，在语言发展方面，就是要创造一个安全稳定、规律可靠、语言丰富的环境氛围，既有不变的生活常规，又有变化的新体验，两者达到丰富孩子认知的平衡。

7. 警惕语言滞后

虽然语言发展遵循一定的规律，但是孩子说第一个词、讲第一句话并没有一个固定的时间。表 14-1 是语言成长指南，其所标时间段只是多数孩子达到某种能力的年龄段，如果你的孩子在这个年龄段做不到，那并不意味着一定有问题。不过，语言发展是需要密切关注的事项，因为身体发育容易看到，认知发展却不易察觉。而语言发展是孩子认知能力正常发展的一个指标。

如果孩子的语言发展比最高上限还滞后两个月，请咨询一下医生。比如，耳背或耳聋会造成认知滞后，如果及时发现、及时处理，认知缺陷很容易弥补。

表 14-1　典型的语言发展进程

年龄（月份）	大部分孩子在左侧标明的年龄段具有右侧相应的语言发展表现，如果在一定的年龄段没有相应的表现，最好能咨询一下医生
0～3	• 主要表达方式是啼哭，因为喉部未发育完善
	• 听到家人说话，转头朝向声音传来的方向
	• 听到巨响或突然爆发的声音，有警觉反应
3～6	• 开始发出咕咕的声音，吸引看护人的注意
	• 开始练习发声
	• 对他说话，会观察你的脸，往往会学你的口型
6	• 叫他的名字，会有反应
	• 不需要视觉提示，听到人声有反应：转头或移动目光
	• 对友好亲切的声音和生气愤怒的声音有恰当的回应
12	• 能用上一个或多个有意义的词（词的发音可能不完整）
	• 能理解简单的指示，可能需要比画手势
	• 意识到语言的社交价值
18	• 有大概 5～10 个单词的词汇量
	• 这些词主要是名词
	• 很多表达情绪的声音
	• 能听从简单的命令
24	• 会叫周围环境中常见的物体名称
	• 能组词成句，但句子短，主要是名词加动词的组合
	• 孩子说的话约 2/3 可以理解
	• 有大约 150～300 的词汇量
	• "这是我的"——私有意识开始出现

（续）

年龄（月份）	大部分孩子在左侧标明的年龄段具有右侧相应的语言发展表现，如果在一定的年龄段没有相应的表现，最好能咨询一下医生
36	• 会用一些名词复数和动词过去式——"我们玩了很久。"
	• 完全掌握了 3 个词的句子，如 "我要糖。"
	• 有大约 900 ～ 1000 的词汇量
	• 孩子说的话约 90% 可以理解
	• 动词开始占主导，比如 "我们走吧，我们去玩吧，我们爬上去吧。"
48	• 能叫出熟悉的动物的名称
	• 能叫出图画书或杂志图片中常见事物的名称
	• 知道一种或几种颜色和常见的形状
	• 报慢一些，能背出 4 位数
	• 一般能跟读 4 个音节的词
	• 常玩 "假装" 游戏
	• 进行活动的时候边做边说，说很多话
	• 有对比时，能理解 "更长" "更大" 等概念
	• 经常自言自语，重复词组、单词、音节，甚至无意义的声音

孩子不爱说话了

有这么个相当普遍的现象：孩子刚学会说些简单的话，突然耳朵感染发炎，用抗生素消炎之后，孩子好像恢复正常了，但是总感觉有些不对劲，也许你注意到孩子看电视时声音调得更大了，或者要叫好几遍孩子才会过来，而且通常孩子不看着你，就不会回应你说的话。接着你就会发现孩子蓬勃发展的语言表达能力好像突然中断了。

这个问题就是中耳炎（OM），也叫分泌性中耳炎（OME），即中耳感染发炎。因为它往往不疼，所以有时被称为 "静态中耳炎"。如果很严重，不加治疗，或者拖的时间长，重度中耳炎（AOM）会导致语言发展迟缓，语言表达畸形，最终产生读写障碍。4 个儿童中有 3 个会在 3 岁前得重度中耳炎。事实上耳部感染是婴幼儿最常见的疾病，每年有 160 多万例。中耳感染通常是咽鼓管功能失常导致的，咽鼓管是连接中耳与鼻喉后部的管道，可以平衡外耳与中耳之间的压力。如果感冒或鼻窦炎导致这个管道堵塞，正常情况下从中耳流出的液体就被堵住了，导致耳膜后积液。液体无法正常排出，耳道里的细菌和病毒就会滋生，造成中耳炎。婴幼儿特别容易得中耳炎，因为他们的咽鼓管很短，不利于排出液体。

当积液挤压耳膜时，中耳炎就会导致暂时性失聪。因为压力妨碍耳膜振动，影响了声波传递，进而扭曲模糊了声音。这样孩子往往听不到词尾发音，耳鸣使说话声音混成一团。

有些孩子容易反复得中耳炎，有些感染后几个月不能完全恢复，抗生素也不起作用。这种情况下，有时会放一根细管到耳膜的开口处，这样可以保持中耳通畅，防止积液。这种处理慢性中耳炎的方法比较普遍，一年估计有 200 万例。

一般中耳炎的症状经常出现在感冒或呼吸道感染之后，可能并没有疼痛感。（疼痛和发热症状更多地出现于急性重度中耳炎，这也可能导致听力丧失。）因此，注意孩子的行为变化特别重要，这些行为变化包括：揉擦耳朵，突然很安静，不唱歌，不爱说话，电视音量调得很大，对他说话经常要重复好几遍，说话口齿不清，用手比画变多，说话时提高音量，语言进步迟缓，等等。

听力问题也可能不是耳朵感染，也有其他原因，比如先天性耳聋。尽早发现，尽早处理，问题就更好解决，也就不会影响孩子语言发展。下面是一些要引起高度注意的现象：

出生后：
听到突然巨响不会惊觉啼哭
听到说话声不会停止动作或啼哭
3 ～ 4 个月：
听到声音不会转头

5～6个月:

没看到你就不知道你过来了

6～7个月:

更喜欢听振动性声音

不会咿呀发声

12个月:

还不会说简单的词语，比如，爸爸、妈妈、拜拜

2岁:

说的话很难听懂

不会跟你学说话

任何年龄:

叫名字没有回应

有些声音听得见，有些听不见

第 **15** 章

Bright from the Start

日常阅读：苏斯博士说得对

-------读书给孩子听真的有那么重要吗？
-------什么时候开始合适呢？
-------大声朗读对孩子有什么好处？
-------什么样的幼儿读物最好？

在孩子面前大声朗读《戴帽子的猫》之类幼儿经典，应该是你作为母亲或父亲所做的最美妙有趣的事。但是读书给孩子听，不仅仅是一种快乐。就像对孩子说话一样，给孩子念书也有助于在大脑发育关键期"塑造"孩子独特的神经元束，使孩子更快地学会说话、读书识字。从出生那一刻起，一直到孩子上学，这几千个小时的亲子互动，为日后语言学习和读书识字打下了基础。

你很可能听说过这句话："阅读是基础性的。"但是对处于婴幼儿时期的孩子来说，这句话有什么意义？我碰到的很多年轻父母对这句话甚为疑惑，不知道阅读跟自己不到 3 岁的孩子有什么关系。所以我们先消除一些思想误区，为"宝宝读书"运动正本清源。

"我觉得给孩子压力不好。读书，不能等到上幼儿园再说吗？"

读书给孩子听不是说教他读书识字。神经科学绝对不会说 1 岁小孩就要开始学拼音或者 2 岁小孩就要开始写字母。实际上，从孩子成长的角度来看，上学之前就开始读书识字没什么好处。有些孩子是这么做的，本身没什么问题，但是提前读书识字，与日后的智力发展表现没有任何关系。而读书给孩子听就不一样了，这样做可以大大拓展孩子听到、接触到、了解到的词汇总量。而孩子掌握的词汇概念的数量，我们现在知道，对智力的整体发展十分关键。念书给孩子听也为日后孩子自己掌握阅读技巧打下了基础。

"宝宝现在都还不会说话！"

不要等到孩子求你讲故事的时候，才开始给他读故事书。你应该早一点开始，坐下来静静地与孩子分享一本书，慢慢地形成阅读习惯。以我的经验，我发现孩子 4 个月大的时候就可以放到大腿上给他读书；不到 4 个月，你就只能让他听到你的声音，因为他还缺乏看清书页、欣赏色彩的视力，他还不能伸手触碰书页。6 ～ 7 个月大时，他的视力就基本完整了，柔软的布料书或塑料书就可以成为孩子眼里的"好东西"。重要的是你开启了一个仪式活动：阅读。也就是说，因为你开始得早，所以阅读成了孩子日常生活天然的一部分。

"我不知道读什么好。"

起初，你读什么书关系不大。用"宝妈腔"，加上合适的语调，不管你读什么，都能吸引 4 个月大的孩子的注意。就算你读刚买的新款烤肉架的说明书，也一样有效，因为你的目标是让孩子接触到词汇和语音。到 6 个月时，孩子的大脑就已经形成了永久性神经网络，能够辨认母语中语音的微妙差异和节奏模式。到 1 岁时，孩子通常能辨识家里常用的词汇，对词汇意义也有了一定的认知。他们的听力词汇（或称接受词汇）增长很快，能够从儿童故事书中获得快乐了。

西奥多·盖泽尔（Theodore Geisel），即苏斯博士，喜欢做文字游戏，编顺口溜和绕口令。他是我最喜欢的儿童文学作家之一，因为他编的故事听起来既有趣，又能激发大脑辨识规律和变异。各年龄段的孩子们都喜欢苏斯博士的书，因为他的书有 3 个文体特点：有节奏、有押韵、有叠音重复。

婴幼儿还喜欢那种图形简单、色彩鲜亮的图画书。你手指着多彩的图案，小家伙的眼睛会跟着你的手移动，你就可以开始向他介绍解释每一幅图案。图片上有没有说明文字无关紧要，你的描述和讲解就是孩子爱听的故事。选择什么样的读物，怎样给孩子念书，本章提供了很多建议。

科学告诉我们：读书要尽早

我们经常通过考察问题产生的根源，发现对孩子有益的活动。耶鲁大学的医学博士班尼特·施威茨（Bennett Shaywitz）和莎莉·施威茨（Sally Shaywitz），针对儿童阅读困难问题（特别是阅读障碍症）曾开展了一项纵向研究。研究结果表明，有效阅读缓慢的根源是听觉处理缺陷，即缺乏听辨细微语音差异的能力。正是听觉皮层，联通着大脑神经中枢，加工处理所获取的声音，使我们能听到某些音频和语调的差异。针对阅读障碍症的研究表明，听辨语音微妙差异有困难的孩子，在阅读相应的文字时也有困难。

读书给孩子听是一个很好的预防措施，在大脑最需要刺激输入的时候提供强有力的听觉刺激。在生命的头三年，孩子的大脑对声音的变化特别敏感。

长期以来，有阅读困难的 7 ～ 10 岁孩子经常听到一些严厉的指责："只要你再用点儿功，这个怎么能学不会呢？"然而，两组孩子的脑部扫描表明

（见图 15-1），有阅读困难的孩子和一般的孩子在脑部活跃程度上并没有很大的差别。真正的差别是，有阅读障碍者在阅读过程中用错了大脑部位！他们使用的是大脑额叶，通俗地说，每次面对阅读材料，他们总是试图重新"解码"，而不会在大脑靠后部的视听关联区域对文字材料进行加工处理。记住：大脑后部区域主要是在 5 岁之前发育健全的。如果错过了这一关键时期，左脑这些更有效的区域就得不到充分的发展。但是实践证明，由专业人员主持，通过深入的治疗，重新"塑造"大脑，还是可以再次激活这些区域的，这是好消息。更好的消息是，我们可以采取一些预防措施，在学前阶段大量朗读押韵的儿童读物，唱节奏性强的童谣，玩简单的"语言文字游戏"，这些活动能取得同样的效果。

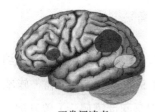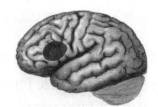

正常阅读者　　　　　　　　　　阅读障碍症患者

图 15-1　阅读障碍症的神经标记：大脑后部神经系统的钝化

左图，正常人阅读时主要激活了大脑左侧靠后的神经系统；右图，阅读障碍症患者未能激活这些大脑后部的阅读系统，而他们的大脑前部区域活跃度过高。

即便读绘本，也可以大大增加孩子听到的词汇总量。比如，表示座位有多个词汇，如板凳、竹椅、沙发等，你家里不全都有，平时生活中用不到其中的一些词。而书本会介绍很多孩子日常生活中没有的事物，比如长颈鹿、货车厢、丛林、大雪等。接触更多的新词汇、新事物，能促进孩子形成概念体系。更重要的是，阅读还能让孩子从你的语音语调中感受到字里行间的各种情感情绪。

你也许会想，为什么不 24 小时给他放朗读磁带？因为只听到孤立的词汇语音，没有面对面的交流，无法替代给孩子念书讲故事，没有那种复杂多样、生动活泼的乐趣。阅读是你能给孩子提供的最好的活动，因为阅读活动完美地结合了我们这里讲的早期大脑发育 ABC 三大要素：

- 注意力：父母满怀兴致和热情地给孩子讲解图片或故事，这样做能抓住孩子的注意力，延长孩子注意力集中的时间。
- 亲子联结：依偎在父母的怀抱里看书听故事，对孩子来说是最美妙的时刻。这一举动本身就能给孩子安全感、幸福感，让他们心情放松，乐于接受知识。
- 交流：父母读书给孩子听，让孩子接触到了新的词汇，也巩固了熟悉的概念。与孩子分享书籍，能给孩子很多思考、很多可讨论的话题。

就是这种大人与孩子之间的直接互动构成了语言学习的关键，世界各地的孩子都通过指物求证的方式（"这个？那个？"）向父母询问周围物件的名称，而大人们都会回答。心理学家把这一人类行为称为"共同视觉关注"（如之前提到的"共同注意"），这是语言词汇发展所必需的。2003 年马里兰大学研究员阿曼达·伍德沃德（Amanda Woodward）博士与其同事针对 7 ~ 8 个月的婴儿做了两项试验。两项试验都让研究人员给孩子看一个不常见的物体，并给它取一个无意义的名字。第一项试验，研究人员告诉孩子这个物件叫什么，并与孩子对这个物体进行"共同视觉关注"：两人同时观察这一物件。第二项试验，研究人员告诉孩子部件名称时，目光转向别处，不构成"共同视觉关注"。当天晚些时候，研究人员叫孩子从一堆类似的物件中，找到这一物件。结果发现，在第一项试验（"共同视觉关注"）中，孩子们很快就准确地找到了之前看到的那个物件，而在第二项试验中，孩子们很难找到那个物件。这一发现表明，孩子需要大人以实际指认的方式支撑其语言词汇学习。也就是说，孩子学习新物件的名称时，需要大人的视觉"拥抱"。让孩子在你怀里看书并听你念书，这是视觉"拥抱"的最自然的方式。

你是孩子的第一任文化启蒙老师。"文化"这个词有时会吓到一些年轻的家长，因为虽然每个人都想让孩子变成读书识字的文化人，但不是所有父母都对自己的文化程度有信心，他们不知道如何教孩子阅读。但是阅读写作实际上是一个漫长的过程，必须从非正式阅读活动开始。每天都让孩子接触到书籍等文字材料，能给孩子一些基本的阅读概念，开启人生阅读旅程。下面是关于学龄前婴幼儿读书的建议，道理很简单，但至关重要。

聪明的主意：关于阅读

1. 经常读书（4个月以上）

在理想状态下，阅读应该是日常经历体验，而不是一个特别的活动。很小的孩子注意力集中时间短，所以最好一次不超过5分钟，每天两到三次，不要一次读半个小时。把阅读时间与午休时间、睡觉时间、游戏时间相结合，把它变成每天的生活常规。

阅读活动锻炼了大脑的听觉系统，增加了孩子的词汇量，除此之外，还有其他一些基本的功能作用：

⑨ 文字不同于图画。学习阅读的过程中，孩子最早形成的一个概念（大概到3岁时）就是意识到文字符号与视觉形象的差异。如果你叫一个3岁的孩子写下自己的名字，他们在纸上留下的印记跟你叫他们画的画有

本质差异。这一差异很重要，因为与图画的差异确立了文字的独特属性，让孩子开始了解文字的功能和结构。

⑨ 文字有意义。研究人员发现，很多孩子 3 岁时就知道文字符号有意义。你也会发现，孩子们看到标语、包装、菜单时会问："上面说什么？"大一点的孩子会在空白纸上做些记号，然后跟你说："这个是……"这都表明孩子们知道文字符号有所指。

⑨ 文字有社会功能。文字材料在日常生活中可完成很多事情，比如看菜单点菜，了解学前户外踏青，祝某人生日快乐，看菜谱做菜。

⑨ 语素意识和自然拼读能力。语素意识是指孩子听清单词发音的开头、中间、结尾的能力，大部分孩子从 3 岁开始具有这种听辨能力。自然拼读能力是指能持续连贯地将特定的语音与对应的字母符号联系起来。大部分孩子都要等到五六岁才能将口头语音与书面字母联系起来，但经常听读有助于孩子较快地获得这种能力。

⑨ 行文惯例。解析文字材料需要了解一系列的基本规则：我们从左往右读，从上往下看，单词之间有空格，阅读还有特定的术语（字母、单词、页码、封面等）。父母朗读时，孩子听着故事、看着书就熟悉了这些行文惯例。

2. 既要多样化，也要家常化（2 岁以上）

记住，孩子接触的材料既要让他感觉熟悉，又要让他感觉新鲜，这样才能激发他的大脑活力。你可能会想买一大堆书给孩子，随着他长大，攒到越来越多的书。其实，公共图书馆就是看书的好地方，每周翻几本新书就可以了，没必要花钱买书。旧书店也有很多儿童读物，题材范围很广，因为很多家庭在孩子长大后就把小时候看的书卖给二手书商。如果你加入了某个育儿社团，也可以考虑和社团的其他成员交换用书，流转共享。

当然，值得拿在手里一遍遍反复阅读的经典读物，你把它买下来也很划算。每次孩子听到书中故事，看到书中图画，都有新的感悟，学到新的东西。反复阅读往往能引导孩子以自己的方式复述书中故事。

在家里给孩子的书专设一个位置，最好是在他的房间，或者是他玩耍区域的一个角落。旁边放一把摇椅或沙发，这样你和孩子可以依偎在一起看书。书，应让孩子随手可得，孩子想拿玩具时得经过自己的个人书房，那么他就可能会停下来，选一本自己喜欢的书和你一起看，或者自己拿着看。

大一些的孩子喜欢在"阅读巢穴"（由他的宝贝玩具、以前的慰藉物和枕头丢到一块构成）或者"故事帐篷"（毯子盖在桌子上，外加一个手电筒）里翻找自己喜欢的书。

3. 鼓励孩子触摸书本（6个月到3岁）

刚开始时，孩子可能更喜欢撕书咬书，而不看图画，不听你讲故事。这是这个年龄段的正常表现，不要试图纠正这一行为。记住，嘴和手是孩子收集外部信息数据的重要渠道。孩子像玩其他东西一样"亲手操作"书本，是把书本当作他的世界中正常的、好玩儿的一部分，去体验感受它。孩子能够捧起书翻书页，就等于亲身参与体验了阅读活动。还要记住，刚开始时孩子从后到前、从前到后随意乱翻书，也是完全正常的。没必要强迫这么幼小的读者从前翻到后，从左读到右。

把这些表现都看作是正常积极的，那你可以给孩子一本撕不烂的书。用更脆弱易碎的硬皮书，或者用你童年最喜欢的书，都没问题。但是要记住，如果一直说"小心点！""别弄坏了！"，那读书的乐趣就荡然无存了。

最好的选择是：

⑨ 牢靠的硬板书

⑨ 布料材质书

⑨ 塑料材质书（拿来玩或在澡盆里阅读很好）

4a. 构筑文字丰富的环境（18 个月以上）

不是所有的阅读都需要拿着书本！孩子在 18 个月时就开始意识到生活中文字的存在。到 3 岁时，很多孩子能够辨认常见商品名称、餐馆招牌、道路标识，知道它们的意义。看到这些文字标记，即使孩子说不出准确的词，往往也能想到相关的事物。比如，给他们一瓶百事可乐，看到"百事"商标，孩子就有可能会说"可乐"或者"苏打"。

阅读能力就是大脑用符号代替实际物件的能力。从 1 岁到 3 岁，孩子的大脑逐渐成熟，慢慢具有以图画形象替代实物的能力。之后不久，大脑就学会了运用符号（字母和词汇）替代事物的图画形象。这种能力被称"具象思维"。读书识字就取决于孩子的大脑能否以符号替代实物的想象力。

全面接触环境文字有助于加快这一进程。"环境文字"指的是日常真实生活环境中出现的各种文字符号，比如，包装盒上的"麦圈"或者麦当劳餐馆门前的"金拱门"——巨大的字母"M"。孩子进入了环境文字的大语境之中：商品标识、各种颜色、形状、图案，比如麦圈包装盒上金闪闪的字母"O"，麦当劳的金拱门"M"，构成真实语境。孩子慢慢长大，渐渐学会了识别脱离实际语境的文字。在两三岁之前，如果孩子生活在文字丰富的环境中，他就能学到以下知识：

⑨ 猫的图片不是猫本身，而是代表小猫的平面图像。

- "猫"这个字的发音代表猫的图像，也代表真实的猫。
- 一个符号不是一串潦草的笔画，它代表着平时说话中的字词"猫"，因此也代表着猫的图像和真实的猫。

4b.利用环境文字评测具象思维能力

刚开始时，幼儿看到的是文字所处的整体环境——标识、颜色、形状、大小，不会只关注构成单词的字母符号。研究发现，环境文字的辨识有一个普遍的发展进程：

- 1级：三维立体的实物（如"金鱼"牌饼干包装或"培乐多"玩具桶）。
- 2级：整个标识的二维平面彩色图画，上面的彩色艺术字。
- 3级：标识的二维平面黑白图画，上面的黑白艺术字。
- 4级：二维平面黑白标准字体的单词（"金鱼""培乐多"）。

普通3岁孩子百分之百达到1级水平，毫不费力地认出实物："那个我看得懂，那是培乐多。"到第2级，给孩子看标识的叠层卡片，他也能正确回答："这是培乐多。"但是到第3、4级，标识符号的颜色没有了，字体变了，孩子就很难辨认出来了。父母们很容易看出孩子处于哪个阶段，可以开始做些简单的单词或字母游戏，鼓励孩子进行视觉辨析，为孩子进入下一阶段做准备（见第17章）。

5.边读边问

无数研究证明，父母帮助孩子将文字与语言对应起来的最有效办法是给孩子读故事书。可惜的是，研究人员发现，许多父母看到孩子反应不强烈，对读故事书就失去了热情。

解决办法是"对话式阅读"，就是让孩子参与到整个阅读活动之中。名为"对话式"，就是要在讲故事的时候与孩子展开对话，不时地停下来，向孩子提问，要求他：

- 描述插图（那只傻傻的鸭子穿着什么衣服？）
- 说说这一页的故事内容（有多少只青蛙想帮这只鸭子？我们一起数一数。）
- 预测一下接下来的故事情节（你觉得后面会出现哪些动物？）
- 联系自己的经历，说说书中的概念（你看这个秋千，还记得上次到奶奶家荡的那个秋千吗？）
- 说说对故事中事物的感受（这让你很难过吧？我也很难过。）

在1994年的一项"起步优势"研究中，两三岁的孩子在家里和学校接受了一年"对话式阅读"，他们与接受普通阅读的孩子相比，在语文能力测试的诸多方面得分更高。比如，他们在将字母与语音相联系方面，能力提升了93%，而这一能力是阅读基础的关键要素。

6. 边读边演（6个月以上）

如果能给阅读活动增添一点乐趣，就能丰富孩子的阅读体验，也就能让他保持专心听讲的时间更长。

- 带一点激情热情。不要念经一样语调单一，使人烦躁。要让孩子觉得没别的地方可去，没什么更好玩的东西，只有坐下来看书，听你讲故事。
- 给故事人物角色赋予不同的声音。不是说要你拿出冲击奥斯卡奖的表现，只要简单地变变调，换种口音，变换一下语速节奏，就可以，使你的声音更丰富、更有感染力。

⑨ 即兴"表演"——带上表情和动作。即兴表演就是没有剧本和事先准备的台词，临时发挥，即兴添加动作和表情。挑个熟悉的故事、童话，里面要有台词和动作（即故事人物有话说，有事做）。道具可有可无。比如，讲《金发姑娘和三只熊》的故事，可以用手比画碗、椅子、床；讲《三只坏脾气的山羊》的故事时，拿椅子当作故事中的桥，拿动物玩偶当故事中的怪物。

7. 选择与孩子的大脑发育水平相匹配的书

基本上读任何书对孩子都有益，但是有些书更能抓住孩子的兴趣，因为这些书经过特别的设计编排，正好符合孩子的认知发展水平，适合他阅读。所以你可以通过自己对阅读材料的挑选，给孩子的大脑提供它正需要的精神食粮。

我们简单地看一下阅读能力的发展阶段：

第 1 阶段：关注图画，但不形成完整故事。孩子看书中的图画，说出图中物体的名称并略加点评，不需要把各个概念串起来，构成一个完整的故事。在这个阶段，孩子会对单一孤立的物体、动物、人类的图片感兴趣，而不注意故事发展脉络。

第 2 阶段：关注图画，形成口头故事。孩子看书中图画，根据自己的理解把图片内容编织起来，创造他自己的故事。虽然孩子说话的腔调好像是在讲故事，但是你要看着图片才知道他实际在讲什么。

第 3 阶段：关注图画，形成书面故事。孩子通过看图片阅读，孩子的用词和腔调听起来像在念书。听者一般无须看图片也能理解孩子在讲什么。

第 4 阶段：关注文字：孩子想读故事时关注文字内容，而不再关注图片。孩子复述故事内容时会用手指着书中的文字，但不会每个字都念出来。

最佳幼儿读物

孩子的第一个书单应包括下列几种书：

新生儿期（0 ～ 6 个月）

颜色对比鲜明，图形清晰的书：

White on Black. Hoban, T. (1993). New York: Greenwillow Books.

What Is That? Hoban, T. (1994). New York: Greenwillow Books.

Baby Animals Black and White. Tildes, P. (1998). Watertown, MA: Charlesbridge Publishing.

婴儿期（6 ～ 18 个月）

形象简单的彩色图书：

Colors. Shooter, H. (2003). New York: DK Publishing.

Spot Looks at Colors.Hill, E. (1986). New York: Putnam Publishing Group.

Brown Bear, Brown Bear, What Do you See? Martin, Jr., B. (1992). New York: Henry Holt.

I Love Colors. Miller, M. (1999). New York: Little Simon.

Happy Colors. Weeks, S. (2001). New York: Reader's Digest Children's Books.

Little Blue and Little Yellow. Lionni, L. (1995). New York: Mulberry Books.

有质感的书（触摸体验增加了阅读的乐趣，促进了孩子感官功能的完善）：

Sunny Day Activity Book. Minneapolis: Manhattan Toy.

Baby Brain Box Touch and Learn. Carrington Brain Research.

Touch and Feel: Baby Animals. Kindersley, D. (1999). New York: Dorling Kindersley Publishing.

That's Not My Teddy. Watt, F. & Wells, R. (1999). London: Usborne Publishing Ltd.

Kipper's Sticky Paws. Inkpen, M. (2001). London: Hodder Children's Books.

Night, Night Baby. Birkinshaw, M. (2002). London: Ladybird Books.

让孩子认识事物名称的图书：

Touch and Feel: Clothes. Kindersley, D. (1998). New York: Dorling Kindersley Publishing.

Match Shapes with Me. Hood, S. (1999). New York: Reader's Digest Children's Books.

Baby Faces. Miller, M. (1998). New York: Little Simon.

Buster's Bedtime. Campbell, R. (2000). London: Campbell Books.

The Going to Bed Book. Boynton, S. (1995). New York: Little Simon. *Froggy Gets Dressed*. London, J. (1992). New York: Scholastic.

幼儿期（18 个月至 3 岁）

互动或立体图书（更高层次的触摸体验）：

Baby Dance. Taylor, A. (1999). New York: Harper Festival.

Where is Baby's Belly Button? Katz, K. (2000). New York: Little Simon.

Fit-A-Shape: Shapes. (2000). Philadelphia, PA: Running Press.

Where's My Fuzzy Blanket? Carter, N. (2001). New York: Scholastic Paperbacks.

Where Is Baby's Mommy? Katz, K. (2001). New York: Little Simon.

The Wheels on the Bus. Stanley, M. (2002). Bristol, PA: Baby's First Book Club.

Touch and Talk: Make Me Say Moo! Greig, E. (2002). Bristol, PA: Sandvick

Innovations.

Quack, Quack, Who's That? Noel, D. & Galloway, R. (2002). London: Little Tiger Press.

让孩子认识亲属关系、动作、感受名称的图书：

Winnie the Pooh: Feelings. Smith, R. (2000). New York: Random House–Disney.

WOW! Babies. Gentieu, P. (2000). New York: Crown Publisher.

Faces. Miglis, J. (2002). New York: Simon Spotlight.

Where the Wild Things Are. Sendak, M. (1988). New York: HarperTrophy.

Alexander and the Terrible, Horrible, No Good, Very Bad Day. Viorst, J. (1987). New York: Aladdin Library.

The Selfish Crocodile. Charles, F. & Terry, M. (2000). New York: Scholastic.

Glad Monster, Sad Monster: A Book About Feelings. Emberley, E. & Miranda, A. (1997). New York: Scholastic.

No David! Shannon, D. (1998). New York: Scholastic Trade.

语言押韵、有节奏感的童谣故事书：

Each Peach Pear Plum. Ahlberg, A. & Ahlberg, J. (1978). London: Penguin Books Ltd.

Moo, Baa, La La La. Boynton, S. (1982). New York: Little Simon.

Down By the Bay. Raffi, & Westcott, N. B. (1990). New York: Crown Publishers.

Five Little Ducks. Raffi (1999). New York: Crown Publishers.

Five Little Monkeys Sitting in a Tree. Christelow, E. (1993). St. Louis, MO: Clarion.

This Old Man. Jones, C. (1990). New York: Houghton Mifflin Co.

The Itsy Bitsy Spider. Trapani, I. (1993). Watertown, MA: Charlesbridge Publishing.

Find the Puppy. Cox, P. (2001). London: Usborne Publishing Ltd.

能让孩子涂鸦（涂鸦是为学写字做准备）的书：

Crayon World. Santomero, A. (1999). New York: Simon Spotlight.

Figure Out Blue's Clues. Perello, J. (1999) New York: Simon Spotlight.

Blue's Treasure Hunt Notebook. Santomero, A. (1999). New York: Simon Spotlight.

Harold and the Purple Crayon. Johnson, C. (1981). New York: Harper Collins.

Get in Shape to Write. Bongiorno, P. (1998). New York: Pen Notes.

Messages in the Mailbox: How to Write a Letter. Leedy, L. (1994). New York: Holiday House.

利用环境文字的书：

The M & M's Counting Board Book.McGrath, B. B. (1994). Watertown, MA: Charlesbridge Publishing.

The Cheerios Play Book.Wade, L. (1998). New York: Little Simon.

Pepperidge Farm Goldfish Counting Fun Book. McGrath, B. B. (2000). New York: Harper Festival.

Kellogg's Froot Loops! Counting Fun Book. McGrath, B. B. (2000). New York: Harper Festival.

The Sun Maid Raisins Playbook.Weir, A. (1999). New York: Little Simon.

The Oreo Cookie Counting Book. Albee, S. (2000). New York: Little Simon.

From Vukelich, C., Christie, J., & Enz, B. J. *Helping Young Children Learn Language and Literacy: Birth through Kindergarten*. (Second Edition)

Published by Allyn and Bacon, Boston, MA. Forthcoming 2008 by Pearson Education. Adapted by permission of the publisher.

8. 让孩子看着你读书

我们常说父母要以身作则，言传身教。父母读书看报、借书还书、爱书藏书的行为，给孩子树立了一个榜样，让孩子耳濡目染，在书香中成长。虽然大脑能够自然地学习语言，最终都能掌握一门语言，但是大脑里并没有天生的机能，能让孩子自然就学会阅读。从人类历史来看，学说话是自然天生的，而读书识字是后天培养的。让阅读自然地融入你的生活，成为你生活中不可缺少的一部分，学习就不再是一件难事。

第 **16** 章

日常音乐：莫扎特的神话与事实

-------听音乐孩子就能变聪明？

-------婴幼儿时期听音乐对以后上学有影响吗？

-------什么样的音乐体验对我的孩子最好？

-------要给孩子报音乐培训课程吗？

1993 年，勃拉姆斯、巴赫、贝多芬取代了小恐龙班尼动画童曲，成为家长们经常给孩子听的音乐，因为那一年加利福尼亚大学的研究人员发现，考前几分钟听莫扎特奏鸣曲的大学生，比没听音乐或只听其他音乐的大学生，考试成绩更好。这一发现很快就被理解为孩子听经典乐曲也一定能提升智力。教育官员像普通人一样急于求成，因此很快整个佛罗里达州的学前教育机构都被要求播放经典乐曲。1998 年佐治亚州州长泽尔·米勒建立了一个私募基金，给该州每个新生儿提供一张莫扎特、舒伯特、维瓦尔第等古典音乐家的光盘。今天，市面上有几十种针对婴幼儿的音乐光盘，声称能提升孩子智力。

然而这只是宣传的噱头，所谓"莫扎特效应"（即听听古典音乐就能促进大脑发育的想法）纯属子虚乌有。听首古典乐曲当然对你和孩子有益无害，但其作用不过是让你们放松身心。正如前文所述，古典乐曲具有抚慰人心的效果，能让孩子安静下来，培养孩子时间意识和节奏感，而且一般音乐都能让孩子习得时间长短、声音大小、速度快慢等概念。但是如果只是听一听莫扎特或者其他古典乐曲，那对孩子大脑的结构、容量、功能并没有什么深远影响。

如果音乐与大脑发育有一点关系的话，那主要在于实际弹奏音乐。现在许多研究表明，音乐训练对口头记忆有积极的影响。还有些研究发现，成年音乐家有跟普通人明显不一样的大脑结构。

下面先介绍我们目前知道的音乐与大脑发育的关系，接着就如何理性地在孩子的生活中选择播放音乐给大家一些建议。

科学告诉我们：音乐也许有用

音乐益智的说法源自一个偶然事件。20 世纪 90 年代初，加利福尼亚大学有位物理学研究生，名叫戈登·肖（Gordon Shaw），他突发奇想，想把脑电波转换成声波，看看听起来会是什么样子。他对一位正在专心解数学难题的人进行脑电图扫描，然后把扫描波动图像输入音乐合成器，合成的曲子听起来就是一曲古典音乐！（所以有人猜测，像莫扎特这样的音乐神童就是倾听大脑脑电波进行音乐创作的，也就是直接把脑电波转换成了声波，便成了传世的经典！）由此衍生出这么一种理论：如果大脑处理复杂问题时发出的脑电波听起来像古典音乐，那么反过来说，古典音乐就能唤起一种特别的脑电波模式，提升大脑处理复杂问题的能力。

为了进一步探讨这一关联，肖博士与弗兰·劳舍尔（Fran Rauscher）博士（现为威斯康星大学神经科学专家）合作，进行了一个系列实验，实验结论后来俗称"莫扎特效应"。他们认为既然古典音乐的旋律与空间思维发出的脑电波相似，那么古典音乐能在大脑进行空间思维时，激发其神经兴奋模式。于是他们用实验验证这一假设，将一群大学生分成三组，一组在做空间推理测试题前听 10 分钟莫扎特的《D 大调双钢琴奏鸣曲》；一个对照组听背景杂音；另一个对照组听英国电子合成流行音乐。结果显示，听莫扎特的那一组测试成绩明显比另外两组高。

然而这种奇妙的效果只能维持 10 分钟。实验虽然有趣，但只是短暂的提升，并不意味着听莫扎特奏鸣曲就能让一个人变得更聪明，实验只能说明在劳舍尔博士设定的实验环境中莫扎特奏鸣曲某种程度上激发了某一种解决问题的思维能力。之后也没有其他研究者重复过这样的实验并得出相同的结果。不管怎么说，现在很明确的是，这一实验结果不适用于婴幼儿。也还没有任何其他研究表明听古典音乐能让孩子变聪明。

更有意义的是对器乐培训的研究。许多相关性研究表明，器乐培训与记忆力和空间思维能力的提升呈正相关。但是科学家们在这个领域的研究才刚刚开始，这方面的研究是长期性的，耗时费力，需要严格控制干扰因素，科学家们希望通过这些研究回答音乐与智力的关联性问题：学习弹奏乐器是不是真的能造成永久性的大脑器质性变化，培养更高的智商？如果是的话，学习哪种乐器有用？对哪一门文化课程促进更大？

音乐与智力两者存在关联，这种说法确实不成熟，但也似乎是个合情合理的结论，因为这在成年人身上已经有了大脑神经图像证据。哈佛大学的戈特弗里德·施罗格（Gottfried Schlaug）博士对音乐家和非音乐家的大脑进行了成像扫描，发现两者有明显的差异。第一个差别就是，音乐家的胼胝体（大脑左右半球的沟通桥梁）比非音乐家更大。胼胝体更大意味着大脑两半部分交流能力更强。第二个差别是，大部分非音乐家的大脑是不对称的，负责语言的左脑天然地比右脑大。而音乐家的大脑左右两边大小相等结构对称，所以音乐家的右脑比非音乐家的更大。右脑控制左手，而左手在音乐中要做很多事。音乐家右脑更大的部位是辨别声音的部位，同时也负责准备和执行动作。音乐家的小脑也比常人更大，而小脑在协调持续动作、捕捉动作时机过程中起关键作用。

音乐训练与大脑

由美国国家科学基金资助的一个研究团队正进行一项意义重大的长期研究，试图找到更直接的答案。波士顿学院的艾伦·温纳（Ellen Winner）博士与戈特弗里德·施罗格等同事一道，先获得参加培训之前 5 ～ 7 岁孩子的脑部扫描图像，然后把他们分成 3 组，每组 40 个孩子。第一组进行音乐培训（钢琴或小提琴），第二组在相同的时间进行一对一外语培训，第三组不学任何课程。在进行研究的 3 ～ 5 年间，研究人员主要看 3 个指标：音乐训练的直接影响（手指灵活度、读曲识谱等）；音乐训练对非音乐领域（数学推理、语音意识等）的影响；通过核磁共振成像得到的脑部生理器质性变化。

该项研究目前仅完成一半，主要探讨以下两个相反的假设：

（1）之前的研究发现音乐家大脑结构异于常人，这是不是因为他们年幼时就开始学习弹奏乐器，练习手指技巧（尤其眼手协调），锻炼记忆力？如果属实，则可以证明，这些因素共同起作用，促进了孩子的脑部发展，使其脑部异于常人。

（2）还是因为孩子们在参加音乐培训之前就已经有生理上的差异，有些孩子有音乐天赋基因，使他们对音乐感兴趣？

虽然完整回答这两个问题还需要几年的研究，但是这一研究课题目前已经有了一些初步的发现。在孩子参加任何培训之前的初期脑部扫描中，研究人员没有发现这3组孩子有任何突出的脑部差异，外部观察孩子也没有任何认知和智力上的明显差异。参加音乐培训的那组孩子起初与其他孩子并没有什么不同。但是仅仅15个月之后，科学家们就发现了他们脑部结构和相关音乐指标方面的差异。事实上，其差异主要体现在控制左手的脑部区域。当然，也有音乐技能（手指运动、识谱读曲等）方面的差异。音乐组孩子的数学技能比其他两组稍有提升，但这只是纯粹的关联性数据，还无法确定其真正的原因。

我觉得脑部扫描成像数据最为有趣。在需要辨别节奏感受旋律的环节中，参加音乐培训的孩子更多地使用大脑颞叶区域，这意味着他们可能更多地使用听觉大脑皮层。研究人员还发现音乐组小脑活跃度更高，而其他组没有变化。

我个人认为是乐器训练造成了这些差异和大脑的变化，我的想法来自多年的思考，源自我对大脑功能运行的了解。想想看，练习弹奏乐器，你要独立运用手和手指，要将可见的音乐小单元组合成音乐片段，要将看到的乐谱转换成手和手指的动作，识记能力也很关键，因为你得记越来越长的乐段，另外还要辨别声音旋律节奏的微妙差异，这些对大脑都是锻炼！

我还了解大脑是喜欢寻找规律模式的器官。寻找规律模式，是大脑最基本的运作原则之一。音乐就是规则化、模式化的声音：音调重复、节奏回环、构成序列。大脑对这种模式化的重复性信息输入有自然的反应。鉴于我们对早期大脑发育时机的认识，我认为3岁的孩子就可以进行这样的音乐训练，我想从3岁开始得出的结果更明显。

音乐训练与阅读

音乐训练与大脑发育关系课题研究中，最有意义的发现是，有证据表明，学习音乐的过程中，注意力系统也被激发了，这就解释了为什么音乐学习能促进其他学习领域的进步。罗格斯大学宝拉·塔拉尔（Paula Tallal）博士正进行的一项研究，旨在评估各种听觉训练（包括音乐训练）对大脑语言组织能力的影响。他的研究团队试图验证在语言学习障碍研究中观察到的语音缺陷（即无法辨别语音单元差异的现象），其根本原因是否为大脑的听觉区域发生了器质性变化，语言系统障碍的根源是否为听觉处理迟缓。音乐训练明显影响到听觉处理，提升了语音识别处理能力，除此之外，音乐训练还产生了其他影响，比如提升了注意力，锻炼了组织规划，这些都可能是关键因素，对语言组织和读写能力的提升有重要影响。

凯蒂·奥弗里（Katie Overy）博士也从另一个方面证明了这一点，她花了几年时间与戈特弗里德·施罗格合作，对大脑的音乐处理开展了多次神经成像研究，证明音乐训练，特别是节奏训练，能够提升语素意识。她进行的一项研究表明，失语症的孩子学习音乐能提升语素识别技能。语素意识指的是辨识语音片段，并将其破解成更小语义单元的能力。现已查明，语素能力弱是失语症的关键问题。所以，也许音乐训练真的有助于促进阅读能力的提高。

音乐训练与数学

马萨诸塞艺术学院副教授洛伊斯·赫特兰（Lois Hetland）对前期研究进行了统合分析，她发现在探讨音乐训练与空间技能提升关系的研究中，有实质意义的论文只有 6 篇。但她相信，有正规音乐训练经历的孩子在空间思维能力方面一定有所提高，而且这不是一时的发现。在我看来，这也很好理解，弹钢琴和拉小提琴需要多部位协调，而且要充分运用左手，而左手对应右脑。更多地用右脑，就意味着有更多的血液和营养进入右脑区域，根据大脑发育的一般规律，更多地使用造成更好地成长，这完全是合理的。有趣的是，加工处理数学概念的区域正好在靠近控制手指运动的大脑神经带的顶叶区域。

聪明的主意：音乐

1. 从唱歌开始（0～3岁）

虽然前面讲的实验研究都强调正规乐器训练，但是想让孩子体验音乐，不要忽视了一个简便易行的办法：唱歌。虽然我没看到歌唱对大脑认知的影响方面的科学研究，但是行为研究表明婴儿（6～9个月）在大人唱歌时能维持其注意力，就像读书能吸引孩子注意力一样。而且我也知道，世界各地都有摇篮曲，让孩子平静入睡。摇篮曲用的语言不一，但本质是一样的，它们都：

- 包含几个调子
- 重复几个简单旋律模式
- 节奏配合安慰哭闹婴儿的左右摇摆动作

最妙之处在于，孩子并不在乎你是否唱跑调了。唱摇篮曲和童谣是让孩子感受音乐节奏模式的绝佳方式。孩子大一点就可以跟着一起唱，一起拍手了，既锻炼了运动神经控制，也锻炼了声音和动作的协调能力。花点钱买本好的《鹅妈妈》之类的童谣书，复习一下小时候唱过的童谣。你会惊讶地发现，《玛丽有只小羊羔》《牧羊女小波》《滴答滴答钟声响》之类的儿童歌谣又回到了你身边。

我们还可以把这些经典的童谣融入日常生活中：

- 开车时，哼起"班车轮子转啊转……"
- 在厨房做菜时，唱"拍个饼，拍个饼，我是面包师……"
- 看着窗外下雨，唱"小小蜘蛛……"
- 一起遥望夜空，唱"一闪一闪亮晶晶……"

2. 引入手指游戏

随着孩子慢慢长大，你可以把音乐的乐趣与简单的游戏结合起来。《5只小猴跳上床》之类的手指谣能锻炼大脑对重复性、节奏性刺激的反应能力。我喜欢的手指游戏歌谣有：

- 《依奇比奇小蜘蛛》(*The Itsy Bitsy Spider*)
- 《我是小厨师》(*Pat-a-Cake, Pat-a-Cake, Baker's Man*)
- 《南瓜哪去了》(*Where is Thumbkin?*)
- 《这只小猪猪》(*This Little Piggy*)
- 《十个印第安小人》(*Ten Little Indians*)
- 《四肢歌》(*Head and Shoulders, Knees and Toes*)

通过音乐培养想象力、情感交流能力还有一个办法，那就是配合无歌词的奏乐编一些小故事。比如，配合节奏轻快的音乐，讲一只快乐的小老鼠活蹦乱跳地跃过地板抢奶酪吃；配合舒缓的音乐，讲一位小公主被摇晃着入睡的故事。发挥你的想象力，编一个故事，你和孩子一起把这个故事续下去，讲故事的时候还要有一套手势语。

下面的音乐能力发展表可以作为一个参考，抛砖引玉，让你想想其他的办法，增加孩子学习音乐的乐趣。

典型的音乐发展进程

本表有意涵盖更广的年龄范围，但并不意味着它就是发展里程对照表。本表可视为音乐兴趣自然发展的概况，用于观察孩子成长中可能感兴趣的方向。

0～个月：

⑨ 从出生起辨认父母的声音

⑨ 开始倾听声音

⑨ 听到人的声音能平静下来

⑨ 开始咿呀发声（模仿听到的声音）

9 个月至 2 岁：

⑨ 对各种声音产生兴趣

⑨ 开始辨别语音细微差异

⑨ 可能对音调变化有所反应

⑨ 开始用拍手等重复性动作配合音乐节奏旋律

⑨ 对进行曲和摇滚等节奏性强的音乐特别感兴趣

2～3 岁：

⑨ 自发地哼唱

⑨ 能唱经常听到的歌曲片段

⑨ 能识别皮鼓、钢琴、唢呐等乐器

⑨ 对熟悉的歌曲反应强烈

⑨ 听到摇滚、跳跃、节奏强烈的舞曲手舞足蹈

3～4岁：

⦿ 控制发音能力增强

⦿ 喜欢有词的歌曲

⦿ 喜欢自编或与他人一起编歌曲

⦿ 喜欢配乐的活动（比如舞蹈、蹦跳）

⦿ 开始有响亮、柔和、轻快、舒缓等音乐概念意识

3. 考虑参加音乐培训（2岁半～3岁以上）

如果有兴趣有条件，我建议可以从2岁半开始学习音乐。我特别喜欢铃木小提琴。早期课程包括孩子可以跟着自己弹奏的小提琴的标准节奏"哼唱"。这一教学策略强调以"听"助学，而不是读谱练习。这种"查–查–蹦–蹦"的节奏训练重复二十几次，听起来也许很刺耳难受，但是对孩子在大脑中"创作音乐"却很有帮助。

要不要参加音乐培训，学习什么乐器，孩子的兴趣和热情始终是主要考虑的因素。以下是我的一些建议：

⦿ **孩子两三岁时，让孩子听现场弹奏的音乐。**不是说要跑到很远的地方去听音乐会，找几个朋友、学生在孩子面前弹奏一样乐器就可以了。这样你可以了解孩子对音乐内在的兴趣水平。还可以买个钢琴或键盘玩具。比如，我女儿克里斯汀2岁时，她外婆带她到集市第一次看到钢琴。在一个摊子上有个小舞台，你往旁边的罐子里扔几毛钱，幕布就会打开，里面就有个孩子在拉小提琴。克里斯汀看着里面的小女孩拉着简单的铃木小提琴曲，看得入迷了，看了一遍又要看一遍，最后我母亲都没钱了！后来不久，她就要我给克里斯汀报名学小提琴，那

时候我还没听说过有铃木小提琴课！几个月后，孩子开始上铃木小提琴课，一直学了好几年。现在孩子长大了，她还在学小提琴，而且很喜欢拉小提琴。是不是有些人生下来就有音乐天赋兴趣，还是因为较早地接触到音乐，改变了大脑的构造，或者两者兼而有之？这真是个有趣的问题。

- 选一个适合两三岁孩子的乐器。比如，铃木小提琴课程，针对初学者采用小型的小提琴。有些孩子学钢琴，先用更小的键盘练习，等大一些再学正规的钢琴。对钢琴、小提琴学习的研究有很多，这些研究都证明钢琴、小提琴训练能提升多种认知能力。其他包含钢琴小提琴学习元素的乐器训练也有类似的效果，只是没有相关的研究支撑。

- 音乐学习不要勉强。如果孩子一开始就害怕音乐学习，不愿练习乐器，或者有其他抗拒情绪，那么音乐就会给孩子留下负面印象，更无法给孩子大脑发育产生正面的影响。记住，大脑喜欢能让它乐在其中的活动，如果孩子觉得音乐训练无趣，他就不能从中获益。

- 整体性音乐培训课程（比如"童乐"）能让孩子全面、充分地了解音乐。学习整体性音乐课程的孩子能体验到各种形式的音乐，感受其节奏和动感。这些课程都是大班课，与一对一的乐器培训相比，孩子的心理压力更小。我觉得大部分孩子在这样的课程中都能有所收获。

- 如果孩子没能上这样的音乐培训课，或者没钱报名参加培训，那也不要愧疚自责。虽然我前面建议参加正式的音乐培训，但也是有所保留，因为不是说每个孩子都必须学音乐，也不是说孩子没学音乐就比别的孩子差。很多绝顶聪明的神经科学家也从没学过钢琴！如果没有条件，没钱报名，让孩子大一点读小学时上音乐课也无大碍。大脑有强大的适应、改变能力，孩子在中小学也能得到之前错过的音乐训练。

4. 听音乐也要适可而止（0～3岁）

孩子天生就能欣赏各种音乐。因为古典音乐特别能放松身心，所以孩子睡觉之前放点古典音乐是个不错的选择。但是我要说，听音乐也要适可而止。这话听起来有点怪，但是我的确碰到过每天24小时播放古典音乐的父母。这就过度了，尽管其本意是好的。孩子在接受熏陶的过程中需要暂停，需要歇息。大脑需要没有背景声音的休息时间。音乐对大脑而言也是一种刺激，太多了也无益其成长。

更好的办法是让音乐伴随其他活动，用于其他目的，比如：

⊚ 过渡时间（饭前、睡前的做游戏时间）
⊚ 安慰孩子的时候
⊚ 太激烈或者太安静的时候，改变活动的节奏

同时，我也怀疑把音乐当作提升认知能力的工具是否真正有益社会。音乐应该是人生的乐趣！"音乐抚慰了我的灵魂""音乐让我心旷神怡"这样的话表达的是无法与音乐分割的强烈情感。把音乐体验与大脑发育联系起来，这种理论不应减弱我们欣赏音乐时纯粹自然的乐趣。音乐真正的力量在于增强我们的人生乐趣，提升我们的人文修养，而不是提高我们的智商。

孩子们喜欢的交流活动

为什么我们要做提升孩子交流能力的游戏活动……

交流活动为看护者提供了帮助孩子学会倾听语言声音的机会。年幼的孩子也可以学会享受听故事的乐趣。研究发现，听辨单位语音的差异（这叫语素意识）很重要。这种听觉上分辨声音差异同时视觉上分辨字母构成差异的能力，直接影响日后孩子阅读能力的发展！

能轻松辨认单词及其意义的孩子学得好、学得快！

为什么我们要进行音乐活动……

研究也发现，频繁地接触音乐（包括听音乐、唱儿歌、弹奏乐器）对日后智力发展很重要。音乐聚合了各种学习要素，比如肢体动作协调性、捕捉时机的敏感性、纪律性、自信心、记忆力、想象力、语言表达。

进行音乐训练的孩子学得好、学得快！

正如前面几章讲的活动一样，本章要介绍的游戏活动也是为了给孩子提供机会，练习听力、发音、音乐，识别规律模式。我要强调的是，这些活动是趣味性的，如果孩子没有兴趣，并不表示孩子有什么问题。如果做这些活动的时候，孩子明显不喜欢，那么别勉强，换个时间再试试。还是要玩得开心才好！

每项活动的后面，都有几小段，介绍一些附加的信息，让你理解这项活动怎么有助于锻炼孩子的大脑：

- "关联大脑"告诉你这项活动对孩子当前的脑部发育有什么影响。
- "关联学业"告诉你这项活动对孩子以后上小学有什么潜在益处。
- "变化模式"告诉你相关的一些有类似功能的活动。
- "理念提示"让你回顾本书提到的相关育儿理念。

适合新生儿（0～6个月）的交流活动

会叫的鞋子

很多婴儿用品店出售会发出响声的鞋袜。如果你有这么一双鞋袜，注意观察孩子对自己能控制发出的怪声是多么感兴趣！

方法：

- 孩子清醒愉快时，给他穿上一双会响的鞋子或袜子。
- 观察孩子如何注意到他的脚会发出的声音。
- 拿起并摇晃孩子的脚，让孩子通过脚发出的铃声"发现"自己的脚。
- 观察孩子如何发现他自己可以控制脚发出声音。看看是不是很好玩？

关联大脑：这一活动刺激听觉、视觉、运动等脑部神经连接区域，同时也刺激到处理存储语言信息的大脑区域。

关联学业：培养了欣赏声音和音乐所必需的听力技能，有助于提升自控能力。

还是认识身体部位……不过配上韵律与节奏

方法：

⊙ 找本介绍人体五官或四肢部位的带押韵词的儿童读物，我喜欢的有：《眼、鼻、手指和脚趾》(*Eyes, Nose, Fingers and Toes*)，《足部》(*The Foot Book*)，《手、手指、大拇指》(*Hand, Hand, Fingers, Thumb*)。

⊙ 把孩子抱在胸前，让孩子背对着你坐在大腿上，或者让他坐在座位上，面对着你，这样他能看到图画，还可以看着你翻页。

⊙ 大声热情地读这本关于身体部位的书。如果你读的是词句押韵的书，如苏斯博士的书，要把词句的韵律和节奏读出来。孩子喜欢听有节奏、有韵律的声音。

⊙ 手指书中图片，并描述图片，然后指自己的身体部位。

⊙ 让孩子摸一摸你的耳朵、嘴巴、头发、鼻子、手指。孩子手眼协调性越好，就越能准确地抓住你的身体部位。

关联大脑：此活动刺激了大脑情感、认知、听觉、视觉、运动神经，也刺激了加工存储语言的脑部区域。

关联学业：读押韵的词句，培养了孩子的听辨技能，听辨词句是阅读的前奏。同时也培养了孩子对书籍的兴趣，这对日后接受学校教育极为必要。

理念提示：大脑是寻求规律模式的人体器官，幼儿的大脑在听、看的过程中搜寻规律模式。有韵律、有节奏的书，孩子们很喜欢。

唱傻歌

方法：

☺ 在带孩子的日常事务中，边做边唱唱傻歌。可以自编词曲，比如换尿布时，你可以唱《松饼人》的调，配上歌词：

> "现在该换你的尿布了，该换咯！该换咯！该换咯！哎呀呀，真的该换啦！大早上的，就要换了。"

☺ 想怎么唱就怎么唱，不管歌词编得有多傻，即使唱跑调了，孩子也会喜欢的。

大脑关联：有押韵、有节奏的哼唱，能帮助孩子熟悉人类语言的声音。

理念提示：大部分孩子喜欢反复听熟悉的歌声和故事，重复是有效学习的关键因素。孩子每次听到重复的模式，这种模式就在他脑海中得到巩固加强，每次重复都形成更强的记忆。

躲猫猫（3个月以上）

这一经典的游戏对阅读能力的前期准备也有意义，因为它让幼儿形成物体客观存在的意识，具备这一意识才能衍生出物体代称的概念（即不在场的客观存在，可用符号代指），物体代称的概念是阅读的前提。

方法：

☺ 把一块布放在自己面前，让孩子暂时看不到你的脸。

☺ 突然从布后面冒出来，说"喵-喵"，给宝宝一个惊喜。

☺ 每次冒出来的时候要面带笑容，发出笑声。

孩子普遍喜欢这个游戏，这个游戏培养了他对物体客观存在的意识：事物即使看不见，也是客观存在的。

变化模式：每次都变换不同的游戏方式，比如用你的手、衣服挡住自己的脸，或是躲在椅子、书、玩具的后面。嘴里同时说道："宝宝去哪了？"或是"妈妈去哪了？"

适合婴儿（6～18 个月）的交流活动

辨别颜色

孩子能从视觉上分辨物体或书中图片的细微差异，是一个重要的开端，为日后辨识字母组合打下了基础，而辨认单词是学习阅读的关键因素。这一认知发展历程可以从婴幼儿期开启，先给孩子指出物体的异同，最早可以从比较颜色开始。

这一活动要等孩子能坐起来才能进行。可以用彩色的塑料环（商店里能买到）、积木和其他玩具，要成套的颜色，每种颜色要有几样。

方法：

- 让孩子坐在地板上，在他前面铺上餐具垫，以吸引其注意。
- 拿 6～8 个彩色塑料环，把它们混在一起，然后说："看——"
- 将塑料环按颜色配对起来，动作要缓慢，轻柔，有意让孩子看清楚。把相同颜色的塑料环并排，把所有塑料环都配对好。要注意孩子有没有认真看你摆弄塑料环。
- 然后把塑料环打乱，把一种颜色放到餐具垫上，说："轮到你了。"
- 看着孩子做配对。有必要的话，手把手教孩子做，把所有颜色配好对。
- 然后再把塑料环打乱。拿出一个橘黄色的环，放在垫子上，说："找一找另一个橘黄色的。"有必要的话，教一教他。

⊙ 这样重复下去，让孩子完成所有配对。

关联大脑：刺激了大脑视觉功能区域，同时也刺激了大脑顶叶区域，顶叶是形成数学概念的区域。

关联学业：培养了规律配对思维，配对思维是日后语文、数学学习中辨认字母、数字、符号所必需的思维模式。

变化模式：

⊙ 在家里找东西配对：拿家庭日用品给孩子做配对，比如，可以用袜子、手套、鞋子、蔬菜、水果、饼干等，讨论它们的颜色和形状。

⊙ 在周围环境中找东西配对：出去走走，收集石头、树叶、花朵，确认其属性，讨论其颜色形状，把颜色一样的放在一起组成一对。

理念提示：孩子能学会辨别物体和形象的异同，鼓励孩子认真仔细地观察世界。

唱童谣

买张跟唱 CD，或者买本童谣书，让自己再熟悉一下童年经典的歌谣。

方法：

⊙ 听买来的 CD，选一首你最熟悉的童谣。

⊙ 看着歌曲手册，唱歌给孩子听，孩子有回应的话，可以带着孩子唱。

⊙ 唱歌时要有动作表情，并表现出热情。

⊙ 把孩子的名字编进歌谣里去，比如，《玛丽有只小羊羔》这首歌，在你这里可以唱成："比利有只小羊羔。"又如：

拍个饼，拍个饼，我是面包师，

快点烤个面包给我宝宝吃！

拍一拍，滚一滚，上面刻个字，

放进箱子烤一烤，给我（孩子的名字）吃！

如果孩子冲你发出"咕－咕－咯－咯"的声音，那么他感觉到了你脸上的笑意，意识到说话唱歌是双向的交流活动。以后慢慢地孩子就会开始和你一起唱。

关联大脑：此活动刺激了大脑的情感、听觉、视觉神经连接带，也刺激了大脑加工存储语言的区域。

关联学业：培养了一些阅读理解所必需的基本概念，也认识了一些新词汇。

变化模式：

- 孩子大一点，可以在哼唱时停顿一下，或拖延一下，让孩子接上歌词或曲调。
- 用上简单的乐器，拍打出歌曲的节奏。
- 和孩子一起边唱边跳。
- 把孩子说话和唱歌的声音录下来，以后可以拿出来播放给他听。

开启对话的阅读活动

到你附近的公共图书馆去一下，请负责幼儿读物的图书管理员给你推荐介绍亲子互动的书。孩子还太小，所以要找介绍常见物体的书，一页只介绍一两个物件的那种，比如一只鸟、一只鞋、一个杯子，有没有故事情节不重要。

这个年龄的孩子读书的目的是开启讨论书中物件的对话。图片简单清晰，能让孩子对你们讨论的物体看得更清楚。

方法：

- 把孩子抱在胸前，让孩子背对着你坐在大腿上，或者让他坐在座位上，面对着你，这样他能看到图画，还可以看着你翻书页。

- 选一本材料柔软、质感丰富、互动性强、充满惊喜意外的书。如果你选的书打开封面会跳出房子、树之类的图片，那你可以先说："快把封面打开……看好了……变！啊，这里有房子……"

- 可以让孩子学着翻书页。

- 讲书中的故事内容。说说书的质感和颜色。介绍每一页上的物体和人。

- 停下来与孩子互动交流，引导鼓励他用手触摸书页。我们把这种与孩子的互动称为"与书对话"。边读书边与孩子交流，乐在其中！

关联大脑：读书活动刺激了大脑的情感、听觉、视觉神经连接带，也刺激了大脑加工存储语言的区域。

关联学业：培养了辨别音素的技能，音素辨识是读书识字的必备前提。同时也培养了孩子对书籍的兴趣，这对日后接受学校教育极为必要。

理念提示：不断描述孩子生活环境中常见的事物。研究表明，婴幼儿在日常环境中听到的词汇越多、越丰富，上学后对概念的理解就越深，对其运用就越熟练。介绍讨论非实体的概念。有可能的话，把你的描述与孩子每天的经历体验联系起来。随着孩子慢慢长大，他的体验是会变的，所以记得每天要扩展延伸一点点。

识读环境文字第一阶段：从实物开始

在房子游戏（过家家）、餐馆游戏（扮演吃饭）、商店游戏（扮演买东西）等角色扮演游戏中使用实物。保留以下几类物件：

- 装饮料的塑料容器（空果汁盒、汽水塑料瓶等）

- 空的糖果盒、麦片盒

- 餐馆食物袋（麦当劳或汉堡王的）

⊙ 卡通纸板（《口袋妖怪》《蓝色斑点狗》）

⊙ 创可贴盒子，还有家里每天用的一些物件

玩游戏时，鼓励孩子说说这些物件的商品标识，讲讲这些盒子上的食物标签。孩子说出来了，要给予热情的肯定，让他知道你很高兴看到他能"认字"了！

关联大脑：开发了大脑皮层在实体与其符号间建立关联的能力。

关联学业：意识到某个符号代表某个实体或某个概念，这是读书识字的前提条件。

适合幼儿（18 个月至 3 岁）的交流活动

打玩具电话

幼儿学说话是通过模仿大人说话并不断重复练习进行的。孩子从大人打电话的对话中快速地学了很多语言技能。给孩子一个玩具电话机，他会"吧啦吧啦"说你听不懂的话。长大一点后，孩子就会用真正的语言打玩具电话。

方法：

⊙ 给孩子一个玩具电话机或玩具手机，自己拿起无线电话或手机，开始简单的对话："你好！"

⊙ 等片刻，如果没回应的话，引导鼓励孩子："跟我说'你好'啊。"

⊙ 说："你叫什么名字呀？"等片刻。

⊙ 开始简单有趣的对话。

⊙ 在打电话的游戏中给孩子介绍新词、新概念。你会发现孩子用道具（比如玩具电话）说话比平时直接对话更放松，表达更自由。

关联大脑：此活动刺激大脑听觉神经和运动神经，同时也刺激了加工存储语言的大脑区域。

关联学业：此活动提升了孩子的交流能力，学校所有课程都需要孩子有较好的表达交流能力。

变化模式：

- 鼓励孩子给家人和亲戚朋友打真的电话
- 教孩子打报警电话。孩子学会后，还要经常练习回顾。很多很小的孩子因为练习过打报警电话，所以在家人处于危急之中时成功打通了报警电话，搬来了救兵。

串扣紧珠

找规律是学会阅读的重要前提。辨别异同，通过相同相似的特征进行整理归类，寻找模式规律，这是阅读的基础。

方法：

- 让孩子坐在地板上，或餐桌前，或高凳子上，你坐旁边，铺一张餐具垫。
- 拿出安全无害的彩色扣紧珠，说："看。"
- 把两个颜色不同的珠子扣在一起，比如红色的和黄色的扣在一起（如果你的珠子形状不同，那就忽略形状，只看颜色）。
- 说："现在轮到你了，你能照我的样子把你的珠子连起来吗？"有必要的话，可以帮帮他，手把手教他选珠子扣上。孩子每完成一步，记得表扬他。
- 接下来做一串颜色规则变化的珠子，叫孩子照样子做一串。说："做一串跟我这个一样的珠子。"第一次简单一点，少用几个珠子，孩子更有信心完成，之后可以慢慢增加珠子个数。还是要记得多鼓励、多表扬孩子。

⊚ 然后把珠子解下来打乱，说："现在轮到你了，你做一串珠子给我看，我照你的样子做。"看着孩子做，有必要的话教一教他。这样做了几遍之后，自己假装不会，让孩子来教你，或者有意做错，让孩子纠正你的错误。

关联大脑：大脑是寻求规律模式的器官，幼儿的大脑在观察事物、摆弄物体时试图寻找规律模式。配对和排列活动刺激了大脑的视觉区域。

关联学业：培养了灵敏性和眼手协调性，锻炼了分类梳理能力，有助于形成日后读、写、算思维中所必需的概念和解题能力。

变化模式：

⊚ 用彩色的 O 型麦圈做一个简易的规则排列：红－蓝－红－蓝……引导孩子做一个相同的排列。慢慢地增加难度，把排列变长，规则变复杂，但是要保证孩子基本能做出来。太难做不出来，容易打击孩子的积极性。

⊚ 在家里找一些可以根据颜色、形状、大小做规则排列的物件，比如积木、小车、娃娃、盘子、盒子、饼干。两三岁的孩子还喜欢搜出鞋子做这个排列游戏，比如妈妈的鞋、爸爸的鞋、孩子的鞋、……这个游戏他可能会玩大半天，乐此不疲！

多米诺骨牌

这也是一个培养分类整理能力的游戏。

方法：

⊚ 把一块纸板裁成多个像多米诺骨牌一样的小方片。把多个质地不同的材料粘贴到小方片的两面，比如手感不同的布料（灯芯绒、毛毡、丝绸等）、砂纸（粗细不一）、橡胶皮、墙纸等。

◉ 把这些做好的"多米诺骨牌"放进一个袋子里。

◉ 让孩子先从里面抓取一个出来。

◉ 先做个演示：把手伸进袋子里摸一摸，找到那些材质一样的"骨牌"，把它们一一取出来，与孩子拿出来的"骨牌"排列在一起。

◉ 演示完，让孩子做一遍，他会喜欢这个摸骨牌的游戏。

关联大脑：大脑是寻求规律模式的器官，幼儿的大脑在观察事物、摆弄物体时试图寻找规律模式，这个游戏锻炼的是孩子的触感。

关联学业：培养了灵敏性和眼手协调性，锻炼了分类梳理能力，有助于形成日后读、写、算思维中所必需的概念和解题能力。

变化模式：

◉ 按形状配对排列，可能孩子更喜欢。我喜欢用劳瑞早教玩具（Lauri Learning Toys），因为它可以按颜色，也可以按形状，在小钉板上进行分类排列。

路边粉笔画

方法：

◉ 买一些大号的彩色粉笔，给孩子示范怎样在路边人行道上做标记，甚至可以和孩子一起在路边水泥地上画线。

◉ 你画粉笔画时，向孩子描述如何画直线和曲线，和孩子讨论你的路边"创作"。

◉ 画一个"跳房子"游戏的大格子，和孩子一起玩跳房子游戏。

⑨ 也可以让孩子自己拿着粉笔进行自由的"创作"（不要让孩子独自玩粉笔，婴幼儿可能会把粉笔放入口中，导致窒息危险）。

关联大脑：画画活动给孩子提供了很好的锻炼机会，锻炼了孩子的灵敏性、运动控制能力、眼手协调性，同时增加了意义丰富的语言交流体验。

关联学业：文字书写等学习活动需要人体各部位动作协调，而精准运动控制对提升动作协调性很重要。

变化模式：

⑨ 你也可以在纸上用超大号彩色蜡笔画画。可以手把手教孩子在纸上画画涂鸦。让他自由地乱涂乱画，他很快会对自己的"鬼画符"有一套自己的解释。这一行为要鼓励表扬，因为这意味着他开始意识到纸上做的标记能传达意义。（当然，要注意不让孩子用嘴咬蜡笔，两三岁的孩子还可能有这个习惯。）

厨房鼓手

方法：

⑨ 让孩子坐在厨房一个安全的角落。
⑨ 给他一个塑料大碗和一双木制汤匙，碗倒扣放置。
⑨ 向他演示如何在碗上敲打出声音，让他自己用工具敲打出各种音乐和节奏。
⑨ 加上水壶、罐子或其他型号的碗，让他打出不同的声音。

关联大脑：唱歌、玩乐器玩具刺激了大脑认知和运动神经连接。音乐节奏刺激了大脑语言区域，有助于日后阅读能力的发展。

关联学业：最近的研究发现节奏感有助于提升阅读中大脑的解码能力。

故事涂鸦

让孩子感受创造性的、自由的原始写作体验很重要。孩子有乱涂乱画的行为，这是认知发展的重要里程碑，因为这意味着孩子意识到了纸上的圈圈点点是有意义的！下面这个活动适合大一点的孩子：

方法：

- 和孩子并排坐在桌前，桌上放一大张白纸、一支铅笔、一支记号笔。
- 说："来吧，你想画什么就画什么！"
- 等孩子画完，让他讲讲画的是什么，有什么故事。说："讲讲你画的是什么故事，"或者"说说你上面写了什么。"孩子介绍他的涂鸦时，用笔记下他讲的故事。
- 把你记的内容读给孩子听，鼓励他说说自己的想法。可以说："这是你刚刚跟我讲的，还有别的要讲吗？"
- 把他讲的故事打印出来，附到孩子的画上，以后可以拿出来一起朗读。

关联大脑：刺激了大脑顶叶和感觉运动带控制触感的区域，同时刺激了处理语言的大脑区域（颞叶）。

关联学业：此活动锻炼了孩子身手敏捷性和精准运动控制以及触摸感知能力，为以后学写字做必要的准备，同时培养了对以后学业成功很关键的视觉和语言技能。

变化模式：

- 换其他书写工具，比如蜡笔、手指颜料等。
- 在墙上或地板上贴一张大纸，让孩子用颜料在纸上画，或让孩子用颜料笔在路边涂鸦。

⑨ 让孩子在空白作业本上画画，画完，作业本就变成了一本"故事书"。叫孩子讲一讲每一页包含的故事。你可以在每一页图画下面把孩子讲的故事写下来。

⑨ 给家庭相册配上文字说明：和孩子一起看家庭相册，每一张相片都让孩子描述解释一下。把孩子的描述写下来装订成册，或者把这些描述文字放到相册中。

识读环境文字第二阶段：看"商品标识"找对应实物

整理一下家庭日用品，看其中哪些物品在社区周边能找到对应的品牌标识。从网上下载这些商品标识，打印出来，做成卡片。可视为环境文字的商品包括：将军麦圈盒、"培乐多"小罐子、"邦迪"创可贴小包、麦当劳购物袋、"奶品皇后"杯、自制的小型"停"字牌。然后做 9 个小卡片，上面印有代表环境文字的商品标识。

方法：

⑨ 铺上餐具垫。

⑨ 一次拿出一件物品，问："这是什么？"如果孩子不知道，你就说出来。

⑨ 叫孩子重复说一遍。接着再拿出一件物品，再让孩子熟悉这个物品，重复几遍直到孩子基本熟悉了这些物品。

⑨ 然后拿出标识卡，第一次不要超过 3 张。

⑨ 拿起一件物品，叫孩子找到相应的标识卡。比如，你可以说："你能看着麦当劳的袋子找到麦当劳标识卡吗？"

如果孩子有困难，给他示范一遍，或者引导鼓励他找到相应的卡片。然后要他说出物品的名称。

⑨ 过段时间再做这个游戏，一次增加一件物品，提高难度，直到最后孩子能正确地配对 10 件物品。孩子每找对一个标识卡，就要给以鼓励表扬。这就是最早的阅读活动！有趣吧？

变化模式：

开展环境文字大搜寻

（1）到商店买东西或跑腿时，和孩子一起开展一次"环境文字大搜寻"。

（2）指出路标、招牌、商品标识、快餐标识。你可以说："你知道这个东西叫什么吗？"孩子有回应就应予以表扬，然后重复正确的答案。

（3）稍后可以告诉孩子标识上面单词的第一个字母是什么，怎么读。

记住，这就是早期的、非正式的阅读活动！

匹配卡片游戏

（1）从一叠标识卡中选一张拿出来，看看孩子能否找到相对应的物品。

（2）增加难度，拿 4 张卡片出来，组成 2 乘 2 的方格（类似于宾果卡），让孩子找到匹配的物品放在卡片上。

（3）稍后，再增加难度，做成 3 乘 3 的卡片方格。

后　记

　　我撰写本书，旨在将以往流传于大学课堂和学术刊物中的关于早期智力发展的科学知识信息，传递给年轻的父母或监护人，他们最需要这些知识。你对本书投入的时间，对头3年育儿方案的精心规划，一定能使你有所收获，影响孩子的一生。你尽力给孩子营造一个充满关爱的环境，最大限度地发挥你的影响，必能增强你做父母的信心，使你坚信，自己就是孩子智力潜能的开发者。

　　但是你所处的社区环境对孩子影响也很大。每位父母，每个关心婴幼儿成长的人，都应该有机会学习掌握相关的育儿知识技巧，呵护、培育孩子的智力成长。我们单位在亚利桑那州，名为"新方向婴幼儿大脑发育研究所"，现在是亚利桑那州儿童协会会员机构。我们研究院强调，当今社会要投入资金和精力，为所有的孩子提供一个"上游解决方案"，从源头预防以后可能出现的智力和认知行为问题。有个古老的故事，形象地说明了这个解决方案：

　　一天，有个人走在湍急的河畔，突然看到有人在水里呼救，他跳入水中把这个人救了起来。回到岸边，又发现有人在下游水里呼救，一个接一个，不断有人喊救命。于是他叫来朋友邻居，和他一起营救落水的人，此时在下游求救的人越来越多。于是他叫住一位从旁边经过的朋友，要他来帮忙。没想到朋友继续往上游走去，他问朋友，这么危急的时刻怎么不来帮忙？朋友回答说："我就是去帮忙，我要到上游源头去看看怎么有这么多人落水，看我能否防止他们落水。”

本书的理念和新方向婴幼儿大脑发育研究所的工作一致，旨在为读者提供一个"上游解决方案"，防止"下游"出现巨额修复补救费用。补救性阅读培训、学习障碍治疗、辍学预防项目、青少年罪犯监禁管教、吸毒酗酒行为矫正，这些项目对整个社会来说是一笔巨额开支，对受训的孩子来说往往是痛苦不堪的折磨。我们的社会是充满关爱的社会，面对需要帮助的人，我们总会伸出援助之手。现在我们要充分利用科学知识，帮助人们运用早期干预策略，提升每个孩子的学习潜能，开发每个孩子的大脑智力，为正式的学校教育做准备。因此我鼓励大家与身边的人分享本书知识，传递本书信息，在社区倡导科学育儿，呼吁高质量的托管服务。

聪明的父母们总有一种敏锐的观察力，总能察觉到孩子发出的微妙信号。然而，这种信号接收能力事实上是他们有心努力的结果。虽然很多父母天生就有这种潜能，但潜能要变成实际能力，用心刻意的努力是关键。对婴幼儿心智成长的精心呵护培育，正是我们新方向婴幼儿大脑发育研究所的宗旨所在。如果你对我们育儿培训项目感兴趣的话，请登录网址 www.newdirectionsinstitute.org，查找相关信息，也可以登录其他相关的全国公益性网站。

学习照看幼儿的具体做法，说起来相当简单，而要真正带好孩子是很难的，尤其是第一个孩子。高质量的育儿，需要时间投入，需要时间学习总结，积累经验，需要时间专注于积极回应的持续看护。

"正是你浪费在你的玫瑰花上的时间，使你的玫瑰花显得如此重要。"

"是你浪费在我的玫瑰花上的时间，"小王子说，这样他就一定能记住这句话。

我想再次向你保证，你和孩子玩游戏互动，绝不是白白浪费时间，一定会有所回报。运用本书有科学根据、易懂易记的早教基本知识，就像学英文ABC 一样简单（这里 A 代表 attention，注意力；B 代表 bonding，亲子联结；C 代表 communication，交流能力）。你能享受到为人父母的快乐，使你：

⑨ 每天提醒自己做一些活动，吸引孩子的注意力，让孩子观察他所处的世界；引导孩子与爱他的人建立亲子联结；让孩子重视交流沟通，与身边的人和谐相处。

⑨ 正确评估孩子其他生活学习环境（以使孩子的保姆、托管机构的阿姨、带孩子的亲戚，与你的育儿理念保持一致）。

一旦你有意识地关注孩子的成长健康，你就一定能亲眼看到孩子的学习变化、成长发展。

附　录

大脑概况：图片指南

　　大脑是中枢神经系统的一部分，由左、右两个大脑半球组成，每侧半球各分 4 个叶。大脑的不同部位有着不同类型的功能，但是大脑的许多部分几乎总是同时协作才能产生我们的行为。枕叶与视觉有关。颞叶的一些功能包括听觉、语言、记忆、情感和复杂的视觉感知等。顶叶涉及感觉过程、注意力和语言。额叶的功能包括推理思维、存储记忆、决策、计划、语言和运动过程。感觉皮质是触觉的主要接收区；运动皮质参与运动的规划和执行。

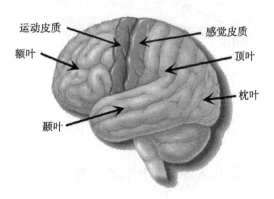

大脑的外侧面视图，从侧面显示 4 个叶

大脑边缘系统对学习、动机、记忆和情绪至关重要，它是包括杏仁体、海马体、丘脑、下丘脑、基底神经节和扣带回在内的多种结构的组合。杏仁体参与情绪的处理和编码，特别是恐惧和攻击情绪。海马体就像一种归档系统，可以形成新的长期记忆并对其进行检索。丘脑将来自感官的信息传递到大脑皮质的不同部分，调节机体的意识和活动水平。丘脑监控外部输入，而下丘脑调节内部的自动活动，如血压、心率、饥饿。基底神经节是一组细胞核团，控制着运动和特定方向的学习活动，如序列的学习。伏隔核，基底神经节中的一种核细胞，是奖赏通路的一部分，与快感和成瘾有关。扣带回控制注意力的分配。胼胝体是连接大脑两个半球的一条纤维束。小脑负责协调运动和认知，包括精确的时间安排。脑干位于大脑的底部，连接脊髓和大脑半球，控制呼吸、心脏收缩和其他人体自动机能。

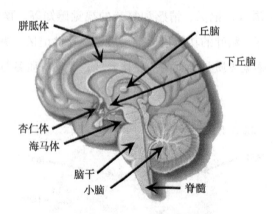

大脑的内侧面视图，从中部显示内部结构

研究大脑内部状况的仪器手段

世界各地的大脑实验室中，科学家们正在使用以下几种技术，观察大脑发育状况，了解大脑功能在什么时候，哪个部位发展起来：

PET 扫描（正电子发射断层扫描技术）

PET 扫描通过追踪大脑如何利用能量，显示大脑在特定时间的工作区域。将一种类似于脑活素葡萄糖的放射性示踪化学物质导入血液。随后，该化学物质被带入脑组织，据此研究人员能够测量不同大脑区域的活动水平。除了检测大脑活性水平，如果使用其他类型的示踪剂，研究人员还可以测量血流、氧气消耗以及神经传递素的释放和结合，神经传递素是一种用于神经元之间交流的特殊化学物质。PET 扫描有助于确定特定心理功能在大脑发生的区域。由于这项技术利用了放射性成分，所以一般多大的儿童都不能使用，除非病情严重。

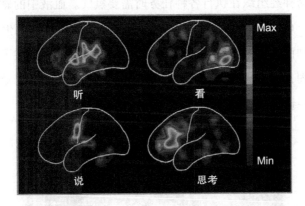

PET 成像显示当人体听、看、说、思考词汇时大脑工作的区域

sMRI 扫描（结构性磁共振成像扫描技术）

结构性 MRI 是一种用于获取不同脑组织类型详细图像的技术。磁场和无线电波的结合可用于形成大脑结构的电脑图像。目前，研究人员正使用

sMRI 更好地了解大脑不同部位在发育过程中如何生长。

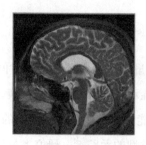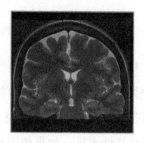

侧面（左）和正面（右）的大脑结构 MRI 图像

fMRI 扫描（功能性磁共振成像扫描技术）

功能性 MRI 可以测量血容量和血流的变化，通常用于测量血液中氧气的使用，因为神经组织在执行各种任务时需要氧气。血液中的磁性随氧气的消耗而变化，fMRI 扫描仪记录这些磁性的变化。计算机随之生成大脑中因神经活动增加而消耗最多氧气区域的图像。由于该项技术提供了大脑被"点燃"的动态图，所以广泛应用于探索大脑如何协调从视觉、听觉到学习、记忆和语言等一切人体机能。

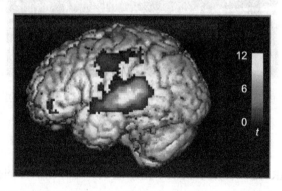

功能核磁共振成像显示人体听到一种新语言时大脑的反应

EEG 成像（脑电图成像技术）

新改进的 EEG 技术通过记录位于头皮上的电极，测量神经元的电子活动。电脑从录音中"过滤"掉无关的电子背景杂音，以便隔离特定的大脑活动，并形成随时间变化的大脑活动的电子模式图像。

分子成像技术

利用一系列分子和细胞成像技术，科学家们现在可以研究大脑切片，探索神经元如何在微观层面上实时地进行连接，信号如何通过突触从一个神经元传递到另一个神经元。

在迅速发展的神经科学领域，有许多新技术走在前沿——脑磁图（MEG）、经颅磁刺激（TMS）、近红外光谱（NIRS）之类的光学成像技术等——这些技术对我们更多地了解大脑及其运作非常有用。请持续关注技术发展，也许在不远的将来，这些医疗科技术语就会家喻户晓，耳熟能详。

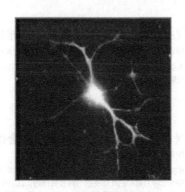

一个放大的神经元

全 年 龄 段

《叛逆不是孩子的错：不打、不骂、不动气的温暖教养术（原书第2版）》
作者：[美] 杰弗里·伯恩斯坦 译者：陶志琼

放弃对孩子的控制，才能获得更多的掌控权；不再强迫孩子听话。孩子才会开始听你的话，樊登读书倾力推荐，十天搞定叛逆孩子

《硅谷超级家长课：教出硅谷三女杰的TRICK教养法》
作者：[美] 埃丝特·沃西基 译者：姜帆

"硅谷教母" 埃丝特·沃西基养育了三个卓越的女儿，分别是YouTube的CEO、基因公司创始人和名校教授。她的秘诀就在本书中

《学会自我接纳：帮孩子超越自卑，走向自信》
作者：[美] 艾琳·肯尼迪-穆尔 译者：张海龙 郭霞 张俊林

为什么我们提高孩子自信心的方法往往适得其反？
解决孩子自卑的深层次根源问题，帮助孩子形成真正的自信；
满足孩子在联结、能力和选择三个方面的心理需求；
引导孩子摆脱不健康的自我关注状态，帮助孩子提升自我接纳水平

《去情绪化管教，帮助孩子养成高情商、有教养的大脑！》
作者：[美] 丹尼尔·J.西格尔 等 译者：吴蒙琦

无须和孩子产生冲突，也无须愤怒、哭泣和沮丧！用爱与尊重的方式让孩子守规矩，使孩子朝着成功和幸福的人生方向前进

《爱的管教：将亲子冲突变为合作的7种技巧》
作者：[美] 贝基·A.贝利 译者：温旻

美国亚马逊畅销书。只有家长先学会自律，才能成功指导孩子的行为。自我控制的七种力量和由此而生的七种管教技巧，让父母和孩子共同改变。在过去15年中，成千上万的家庭因这7种力量变得更加亲密和幸福

更多>>>   《儿童教育心理学》 作者：[奥地利] 阿尔弗雷德·阿德勒 译者：杜秀敏
《我不是坏孩子，我只是压力大：帮助孩子学会调节压力、管理情绪》 作者：[加]斯图尔特·尚卡尔 等 译者：黄镇华
《如何让孩子爱上阅读》 作者：[澳] 梅根·戴利 译者：卫妮